北京旅游发展研究基地 标志性成果

A RESEARCH REPORT
OF ONLINE TRAVEL INDUSTRY
OF CHINA IN 2015

中国在线旅游研究报告 2015

李宏 主编

北京·旅游教育出版社

编委会成员

联席主编	夏杰长	计金标		
执行主编	李　宏			
编委会	韩玉灵	李　伟	陈　刚	
编务组	张劲丽	宋宛津	姚涤洁	杜敬宇
	薛新月	王洪娜	陆　雨	史海霞
	赵　宁	杨　晶	王　瑜	

总　序

北京旅游发展研究基地是北京市首批市级哲学社会科学研究基地,成立于2004年。北京第二外国语学院作为主要建设单位,通过四方共建协议与北京市教育委员会、北京市旅游发展委员会、北京市哲学社会科学规划办公室共同建设基地。基地的建设宗旨是:以北京第二外国语学院北京市重点学科——旅游学科为基础,依托本校旅游管理学院、酒店管理学院、会展与经贸学院、国际商学院、中国旅游人才发展研究院、旅游教育出版社,以及校外北京市旅游发展委员会、首都旅游集团、北京高校旅游研究机构等单位,整合旅游及相关研究优势资源,紧紧围绕我国尤其是北京旅游业发展过程中亟待研究解决的重大理论和现实问题设计研究项目,推动我国及北京旅游研究领域的拓展、研究方法的创新和研究水平的提高,有效拉升北京旅游教学、研究和旅游业发展在国际上的层次和地位。

在前三个三年建设周期中,基地在北京市教育委员会和北京市哲学社会科学规划办公室等各级领导、部门的关心和指导下,在北京第二外国语学院校领导的大力支持下,通过与北京市旅游发展委员会及各区县旅游局、各有关旅游企业、高等院校和科研院所的合作,取得了一批高质量的成果,连续举办了具有社会影响并逐步形成品牌的重要学术会议,为北京市及全国旅游研究和旅游行业发展做出了基地应有的贡献,实现了基地的建设目标,取得了优异的成绩。

新一轮建设周期中(2014—2016年),基地将继续秉承"前瞻视野、开放平台、权威报告、理论高地"的建设理念,努力实现"在充分满足北京市各类决策支持需求的前提下,抓住中国和国际旅游发展前沿的重大问题进行研究,做到'北京旅游发展智库'和'中国一流旅游学术研究机构'的统一"的建设目标。从前三个建设周期的经验来看,"狠抓标志性成果建设,打造权威报告,提供观点和理论研究成果"是实现基地建设目标的重要途径。今年乃至今后几年,基地陆续出版的标志性成果主要体现在两个方面:面向北京市政府及其旅游管理部门和企事业单位的《北京旅游发展研究报告》;面向旅游学术研究领域、致力于旅游学科建设和人才队伍培养的《中国旅游企业发展年度报告》(联合)《中国旅游目的地发展年度报告》《中国休闲研究学术报告》《北京旅游研究》《中国会展研究报告》《中国在线旅游研究报告》《中国旅游法评论》等。

《北京旅游发展研究报告》作为北京市哲学社会科学重点规划项目,其目的在于对北京市旅游经济与旅游市场的整体发展、北京旅游各行业运行状况、旅游供需市场、旅游行政管理及年度热点与创新等问题进行充分研究和集中展示,以期对实践具有一定的指导作用。在历年报告的基本框架基础上,新的《北京旅游发展研究报告》做了局部微调,主要由北京市旅游行业态势报告、北京市旅游治理态势报告、北京市旅游新点热点报告三大板块组成。基地专家将尽最大努力,对每年北京旅游产业运行状况以及旅游研究热点和创新点进行全面阐述。

前期建设,我们编辑出版了《中国旅游研究》系列文集,其目的是通过收录一批在国内各个研究领域的优秀论文,体现我国旅游研究每一年度取得的成果与进展,并使之成为记录中国旅游研究发展的标志性文本。新一期建设中,我们将在《中国旅游研究》的基础上,出版《北京旅游研究》,汇集以基地专家原创为内容的研究成果,按照但不限于以下板块进行排列:研究综述、旅游者、旅游企业管理、旅游目的地、旅游产业、休闲经济、旅游新业态、基础理论研究等,充分展示基地专家原创和多视角的研究成果。

新一期建设,我们将在保持原有研究报告特色的基础上,紧随中国旅游业的发展,适时新推《中国休闲研究学术报告》和《中国旅游法评论》。《中国休闲研究学术报告》作为中国旅游经济、旅游管理理论与实践研究者的理论、思想交流平台,刊登原创性的旅游理论研究、休闲经济理论研究、旅游产业热点深度分析、大型案例深化研究以及高水平的定量实证研究五个研究领域的研究成果。为适应我国旅游法制建设的新发展推出的《中国旅游法评论》,将依托我校的外语、旅游优势,翻译借鉴国外旅游法及其最新研究成果,深层次地探讨旅游法研究的前沿学术问题,评判典型案例,记录我国旅游法的研究路径,展望旅游法研究趋势。

使上述报告和理论研究成果具有"权威报告和品牌效应",是基地每个研究人员努力追求的目标和共同的期待。至于说能否实现我们的预期,这不是通过简单的行政评价就能做出最终结论的,需要经过长期的积淀和时间的充分验证。如果经过10年、20年,当新一代旅游工作者或者研究人员或者学子们在学习、研究到相关旅游问题,还需要去翻开这些也许已经变得发黄的著作时,当几乎所有旅游研究或者从事旅游工作的人士要经常翻阅这些报告以期从中获得灵感时,我们就有理由相信我们的目标实现了。

作为中国旅游教育和研究的中心和基地之一,北京第二外国语学院始终将旅游学科的发展作为学校发展的重要战略。北京旅游发展研究基地依托于二外,除了完成作为一个北京市市级研究基地本身应完成的研究任务外,也直接服务于二外的整体发展战略。我们期望通过基地全体研究人员的不懈努力,推动我国旅游教育和旅游学科发展,促进旅游学术界与行业主管部门、旅游业界的密切合作,为国家建设旅游强国、为北京市旅游产业发展提供更优质的研究成果和最直接的智力服务,以承担起时代赋予我们的责任,完成学者的历史使命。

北京旅游发展研究基地负责人、学术委员会主任
北京第二外国语学院党委副书记、教授、博士生导师

前　言

在线旅游与互联网的发展及应用相伴相生，经过十几年的发展，行业规模不断壮大，商务模式逐渐走向成熟。在线旅游交易的便利性和及时性极大地促进了旅游者消费行为模式的变迁，对中国旅游消费市场的形成与迅速壮大起到了不可低估的作用。

从2014年起，北京旅游发展研究基地立项开展中国在线旅游研究，以年度报告的形式呈现成果。2015年9月《中国在线旅游研究报告2014》出版发行，全书分为上下两篇，上篇为中国在线旅游发展态势总论，下篇为典型案例。该报告在业内产生了较好的影响，被基地认定为标志性成果。本书为年度报告的第二本，在体例上进行了明显的改变，全书分为四个部分，分别总结了传统旅游电商的发展情况、传统旅行社的线上发展、BAT大型电商在线旅游发展概况和旅游APP移动应用，对在线旅游几大板块的发展态势进行了全面总结。董慧云、王旭、杨杰和马姣为课题组成员，全程介入调研和书稿撰写。

2015年，在线旅游市场风云变幻，各大在线旅游商之间的结盟、并购、封杀等战略动作令人眼花缭乱。下一本年度报告正在酝酿之中，希望能够与前两本报告一起，记录在线旅游业的发展轨迹，总结发展脉络，分析发展趋势，在积累资料的同时发现规律，成为学界和业界进行行业研究时的得力参考，在科研和咨询领域发挥应有的作用。

目 录
CONTENTS

第一篇 在线旅游电商发展态势篇

第一章 在线旅游电商发展特征及趋势 … 3
第一节 2014年在线旅游电商概况 … 3
一、在线旅游市场发展情况 … 3
二、交易规模及市场营收 … 3
三、机票、酒店及度假业务 … 5
四、主要在线旅游电商月度覆盖数量 … 5
第二节 2014年在线旅游电商发展特征 … 7
一、价格战为主导,竞争趋于理性 … 7
二、商业联盟增加,合作主体多元化 … 8
三、度假旅游市场异军突起 … 9
四、OTA平台趋同化发展 … 9
五、移动互联网成为主战场 … 9
第三节 在线旅游电商发展趋势 … 10
一、OTO趋势明显,产业链向线下扩张 … 10
二、在线旅游竞争市场细分化 … 10
三、以技术为核心提高用户体验 … 11
四、移动旅行代理商和移动旅行助手 … 11
参考文献 … 11

第二章 B2C类综合性旅游电商介绍及企业解读 … 13
第一节 携程旅行网 … 14
一、企业简介 … 14
二、携程旅行网2014年企业财报分析 … 14

三、2014 年大事记 …………………………………………………… 17
　　四、战略剖析与企业解读 …………………………………………… 19
　　五、2015 年发展布局 ………………………………………………… 22
　第二节　艺龙旅行网 ……………………………………………………… 23
　　一、企业简介 ………………………………………………………… 23
　　二、艺龙旅行网 2014 年企业财报分析 …………………………… 23
　　三、2014 年大事记 …………………………………………………… 24
　　四、战略剖析与企业解读 …………………………………………… 25
　　五、2015 年发展布局 ………………………………………………… 29
　第三节　去哪儿网 ………………………………………………………… 30
　　一、企业简介 ………………………………………………………… 30
　　二、去哪儿网 2014 年企业财报分析 ……………………………… 31
　　三、2014 年大事记 …………………………………………………… 33
　　四、战略剖析与企业解读 …………………………………………… 35
　　五、2015 年发展布局 ………………………………………………… 39
　第四节　途牛旅游网 ……………………………………………………… 39
　　一、企业简介 ………………………………………………………… 39
　　二、途牛旅游网 2014 年企业财报分析 …………………………… 40
　　三、2014 年大事记 …………………………………………………… 41
　　四、战略剖析与企业解读 …………………………………………… 42
　　五、2015 年发展布局 ………………………………………………… 45
　参考文献 …………………………………………………………………… 46

第三章　B2B2C 类综合性旅游电商介绍及企业解读 …………………… 48
　第一节　同程旅游网 ……………………………………………………… 49
　　一、企业简介 ………………………………………………………… 49
　　二、2014 年大事记 …………………………………………………… 49
　　三、战略剖析与企业解读 …………………………………………… 51
　　四、2015 年发展布局 ………………………………………………… 54
　第二节　欣欣旅游网 ……………………………………………………… 54
　　一、企业简介 ………………………………………………………… 54
　　二、2014 年大事记 …………………………………………………… 54
　　三、战略剖析与企业解读 …………………………………………… 55
　　四、2015 年发展布局 ………………………………………………… 58
　参考文献 …………………………………………………………………… 58

目录

第四章　垂直搜索引擎类旅游电商介绍及企业解读 ... 60
第一节　旅游垂直搜索引擎平台简介 ... 60
第二节　酷讯旅游网 ... 61
　　一、企业简介 ... 61
　　二、2014年大事记 ... 61
　　三、战略剖析与企业解读 ... 62
　　四、2015年发展布局 ... 64
参考文献 ... 65

第五章　社区点评攻略类旅游电商介绍及企业解读 ... 66
第一节　社区点评攻略类在线旅游服务平台简介 ... 66
　　一、社区点评类在线旅游服务平台：到到网 ... 67
　　二、社区攻略类在线旅游服务平台：蚂蜂窝＋穷游网 ... 67
第二节　蚂蜂窝 ... 68
　　一、企业简介 ... 68
　　二、蚂蜂窝2014年企业数据分析 ... 68
　　三、2014年大事记 ... 69
　　四、战略剖析与企业解读 ... 70
　　五、2015年发展布局 ... 72
第三节　穷游网 ... 73
　　一、企业简介 ... 73
　　二、2014年大事记 ... 73
　　三、战略剖析与企业解读 ... 74
　　四、2015年发展布局 ... 76
参考文献 ... 76

第二篇　传统旅行社在线发展篇

第六章　2014年传统旅行社在线发展概况 ... 81
第一节　旅行社在旅游产业中的角色定位 ... 81
第二节　在线旅游近年来发展情况 ... 83
第三节　传统旅行社在线运营状况 ... 85
　　一、传统旅行社自建门户网站 ... 85
　　二、传统旅行社利用第三方零售商进行旅游产品推广 ... 85
　　三、充分利用在线营销平台的优势 ... 86

第七章 旅行社自设在线平台简介 ……………………………………… 87
第一节 邀游网 …………………………………………………………… 87
一、邀游网简介 ………………………………………………………… 87
二、发展历史及现状 …………………………………………………… 89
三、主要产品 …………………………………………………………… 90
四、特征分析 …………………………………………………………… 90
第二节 芒果网 …………………………………………………………… 91
一、芒果网简介 ………………………………………………………… 91
二、发展历史及现状 …………………………………………………… 94
三、主要产品 …………………………………………………………… 95
四、特征分析 …………………………………………………………… 95
第三节 国旅在线 ………………………………………………………… 96
一、国旅在线简介 ……………………………………………………… 96
二、发展历史及现状 …………………………………………………… 97
三、主要产品 …………………………………………………………… 98
四、特征分析 …………………………………………………………… 98

第八章 第三方零售商 …………………………………………………… 100
第一节 途牛旅游网 ……………………………………………………… 101
一、途牛旅游网简介 …………………………………………………… 101
二、发展历史及现状 …………………………………………………… 102
三、主要产品 …………………………………………………………… 103
四、特征分析 …………………………………………………………… 104
第二节 携程旅行网 ……………………………………………………… 106
一、携程旅行网简介 …………………………………………………… 106
二、发展历史及现状 …………………………………………………… 108
三、主要产品 …………………………………………………………… 109
四、特征分析 …………………………………………………………… 110
第三节 阿里旅行·去啊 ………………………………………………… 112
一、阿里旅行·去啊简介 ……………………………………………… 112
二、发展历史及现状 …………………………………………………… 113
三、主要产品 …………………………………………………………… 114
四、特征分析 …………………………………………………………… 116

第九章 在线营销平台 …………………………………………………… 119
第一节 微信营销与微博营销 …………………………………………… 119

一、微信营销 ··· 119
　　二、微博营销 ··· 121
第二节　春秋国旅 ··· 122
　　一、春秋国旅简介 ··· 122
　　二、发展历史及现状 ··· 123
　　三、营销平台的利用 ··· 125
第三节　众信旅游 ··· 127
　　一、众信旅游简介 ··· 127
　　二、发展历史及现状 ··· 128
　　三、主要产品 ··· 129
　　四、众信旅游"微营销" ·· 130
第四节　凯撒旅游 ··· 132
　　一、凯撒旅游简介 ··· 132
　　二、发展历史及现状 ··· 133
　　三、主要产品 ··· 133
　　四、凯撒旅游的"微时代" ······································ 134
参考文献 ··· 135
附录　企业发展历史大事记 ··· 137

第三篇　大型电商在线旅游发展态势篇

第十章　大型电商在线旅游总体发展态势 ····························· 147
第一节　2014年大型电商在线旅游市场总体发展形势 ················ 148
第二节　百度进军在线旅游市场新动向 ····························· 149
　　一、为O2O寻找更多应用场景 ·································· 150
　　二、2014年百度投资的去哪儿网在线旅游态势 ··················· 150
　　三、百度旅游新态势 ··· 151
第三节　阿里巴巴进军在线旅游市场新动向 ························· 152
　　一、看准出境游市场，战略投资百程旅行网 ······················ 153
　　二、快的打车牵手手机淘宝，实现与阿里全面对接 ················ 153
　　三、联手石基信息，阿里巴巴打造酒店业生态链 ·················· 153
　　四、推出"旅游宝"，试水旅游互联网金融 ······················· 155
　　五、推出阿里旅行·去啊，引发旅游品牌大狂欢 ·················· 155
第四节　腾讯进军在线旅游市场新动向 ····························· 156
　　一、悄然培训约租车，与阿里巴巴错位搭配打通租车市场 ·········· 156

二、领投我趣旅行网,或提前卡位目的地自由行 …………………… 157
　　三、投资太空体验公司 …………………………………………… 157
　　四、领投面包旅行,融资5000万美元 …………………………… 158
　第五节　京东进军在线旅游市场新动向 ……………………………… 159
　　一、收购今夜酒店特价:打响新年第一枪 ……………………… 159
　　二、上线旅行频道,主打中高端旅游牌 ………………………… 159
　　三、上线机票业务,正式加入OTA大战 ………………………… 160
　　四、与国航联手空中购物:电商新玩法 ………………………… 161
　　五、入股途牛旅游网 ……………………………………………… 161
　　六、瞄准邮轮游市场,独家签约精致高端邮轮 ………………… 161
　　七、授信爱旅行,支持其推出"旅游白条"自由行 …………… 162

第十一章　2014年团购网站在线旅游市场发展动向 ……………………… 163
　第一节　团购网站在线旅游市场发展态势 …………………………… 163
　第二节　美团网在线旅游市场新动向 ………………………………… 169
　　一、融资1亿美元,继续开辟新业务 …………………………… 169
　　二、推出"猫眼电影",酒店业务的兴起是意外之喜 ………… 170
　　三、融资进行曲:上市未雨绸缪 ………………………………… 171
　　四、2014年美团网获融资谜团不断 ……………………………… 172
　　五、团购"三足鼎立",大众点评最后时机反扑美团网 ……… 173
　第三节　大众点评网在线旅游市场新动向 …………………………… 173
　　一、腾讯投资大众点评网占股20%,互联网巨头O2O博弈升级 … 173
　　二、大众点评网向全球最大的旅游评论网站Trip Advisor取经 … 174
　　三、加码O2O入口,切入旅游领域 ……………………………… 175
　　四、滴滴打车宣布正式接入大众点评网 ………………………… 176
　　五、四万公里:做境外旅行版 …………………………………… 176

参考文献 ……………………………………………………………………… 179

第四篇　旅游APP移动应用篇

第十二章　旅游APP发展现状 ……………………………………………… 183
　第一节　移动互联网发展现状 ………………………………………… 183
　第二节　旅游APP现状 ………………………………………………… 184
　　一、旅游移动互联网应用的优势 ………………………………… 184
　　二、旅游移动应用现状 …………………………………………… 185

目 录
CONTENTS

第三节　旅游 APP 市场特征 …………………………………………… 185
　一、旅游 APP 数量迅猛增加 …………………………………………… 186
　二、移动客户端逐渐渗透到旅行全流程 ……………………………… 186
　三、用户需求多元化 …………………………………………………… 186

第四节　旅游 APP 出身基因 …………………………………………… 187
　一、传统旅行社出身 …………………………………………………… 187
　二、在线旅游企业出身 ………………………………………………… 188
　三、移动互联网基因出身 ……………………………………………… 189

第五节　APP 应用对旅游业的影响 …………………………………… 190
　一、推进智慧化旅游 …………………………………………………… 190
　二、改变了"预订旅游"的方式 ……………………………………… 190
　三、改变了"导游"的含义 …………………………………………… 191
　四、让分享变得"随时随地" ………………………………………… 191

第六节　旅游 APP 发展趋势 …………………………………………… 191
　一、用户体验 …………………………………………………………… 191
　二、应用创新 …………………………………………………………… 192
　三、市场细分 …………………………………………………………… 192
　四、支付手段 …………………………………………………………… 192

参考文献 …………………………………………………………………… 193

第十三章　预订类旅游 APP …………………………………………… 194

第一节　发展现状 ………………………………………………………… 196
　一、预订类 APP 含义 ………………………………………………… 196
　二、预订类 APP 分类 ………………………………………………… 196
　三、预订类 APP 前景 ………………………………………………… 197

第二节　案例分析 ………………………………………………………… 198
　案例 1：携程旅行 APP ………………………………………………… 198
　案例 2：酒店类预订 APP ……………………………………………… 207

参考文献 …………………………………………………………………… 209

第十四章　攻略类旅游 APP …………………………………………… 210

第一节　发展现状 ………………………………………………………… 210
　一、攻略类 APP 含义 ………………………………………………… 210
　二、攻略类 APP 分类 ………………………………………………… 210
　三、攻略类 APP 现状 ………………………………………………… 211

第二节　案例分析 ………………………………………………………… 211

7

案例1：小软件大旅行——浙江 APP ·········· 211
案例2：玩伴——最佳私人导游 ·········· 217
参考文献 ·········· 220

第十五章　工具类旅游 APP ·········· 221
第一节　发展现状 ·········· 221
一、工具类 APP 含义 ·········· 221
二、工具类 APP 分类 ·········· 221
三、工具类 APP 现状 ·········· 222
第二节　案例分析 ·········· 222
案例1：地图类 APP ·········· 222
案例2：打车软件 ·········· 224

第十六章　分享类旅游 APP ·········· 228
第一节　发展现状 ·········· 228
一、分享类 APP 含义 ·········· 228
二、分享类 APP 与攻略类 APP 的区别 ·········· 228
三、分享类 APP 面临的困境 ·········· 229
四、分享类 APP 前景 ·········· 230
第二节　案例分析 ·········· 231
案例1：在路上 ·········· 231
案例2：蝉游记——旅行回忆画卷 ·········· 234
参考文献 ·········· 237

第一篇
在线旅游电商发展态势篇

第一章 在线旅游电商发展特征及趋势

在线旅游是指依托互联网,以满足旅游消费者信息查询、产品预订及服务评价为核心目的,包括了航空公司、酒店、景区、租车公司、海内外旅游局等旅游服务供应商及搜索引擎、OTA、电信运营商、旅游资讯及社区网站等在线旅游平台的产业。因其主要借助互联网,与传统旅游产业以门店销售的方式形成了巨大差异。依据主要运营模式的不同,第一篇将传统旅游电商分为三类:综合性旅游电商、垂直搜索引擎类旅游电商及社区点评、攻略类旅游电商,其中综合性旅游电商又分为 B2B 及 B2B2C 类,并选取了 9 个主要在线旅游企业进行了典型案例分析。

第一节 2014 年在线旅游电商概况

在线旅游作为一个新的服务业态成形于 2003 年,是以携程旅行网上市为标志,派卡及电话服务逐步取代门店销售成为旅游产品销售的新渠道。作为当时旅游市场的主要商业模式,以呼叫中心为主的在线旅游电商成为中国在线旅游产业的发展和研究方向。随着去哪儿旅游网、驴妈妈旅游网、途牛旅游网等新网站的出现,正式标志着中国在线旅游产业新模式的出现。[1]2014 年在线旅游市场竞争激烈,用户需求细分化、移动化和碎片化趋势明显。此外,去哪儿网的崛起,"双程"(携程旅行网、同程旅游网)的结盟,多样化的战略融资事件等也促使旅游市场格局进一步发生了改变。

一、在线旅游市场发展情况

2014 年中国在线旅游市场保持持续增长态势,其中在线旅游企业的竞争加剧,主要旅游电商出现了不同程度的亏损。同时,在线旅游行业发展受明显的季节变化影响,但整体呈稳步上升趋势,市场发展较为稳定。随着人民生活水平的提高及旅游需求的增长,机票、酒店及度假领域均有较好增长态势,在线机票与在线酒店发展相对成熟,增长幅度较小,度假领域增幅最快。此外,移动在线旅游高速发展,其月度覆盖人数及营收比重大幅提高。

二、交易规模及市场营收

根据艾瑞咨询监测数据,2014 年中国在线旅游市场交易规模达 2772.9 亿元,比 2013 年增长 27.1%,占旅游业总收入的比重为 8.3%,比 2013 年提升 0.9 个百分点。从营收层面来看,2014 年中国在线旅游 OTA 市场营收规模达 142.6 亿元,比上一年增长24.6%。从市场竞争格局层面来看,2014年OTA市场集中度进一步加大。根据艾瑞咨询统计数据,2014年携程旅行网总营收约77.5亿元,占整体市场的份额为54.3%,比2013年提升4.3个百分点;除其他项外,艺龙旅行网占比8.4%,位列第二;同程旅行网营收占比5.3%,排名第三(见图1-1)。[2]

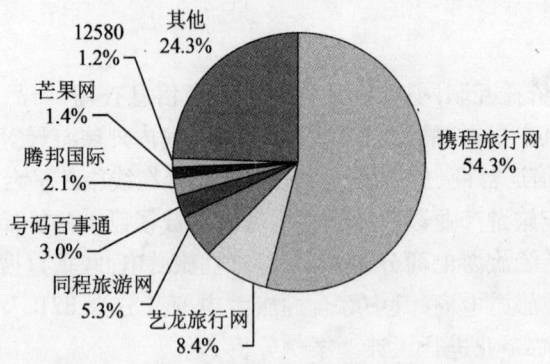

图1-1 2014年中国在线旅游OTA市场份额

数据来源:根据艾瑞咨询《2015中国度假行业研究报告》中相关数据整理。

2014年中国在线旅游市场的稳定增长主要受机票、酒店、度假三大核心板块的利好发展驱动。从细分领域来看,机票是在线旅游市场中发展最成熟的领域,由于其基数较大,因此发展增速相对较慢;近两年国内休闲用途住宿需求逐渐释放,酒店市场持续火热。总体看来,2014年中国在线旅游市场保持持续增长态势,其中在线旅游企业竞争加剧,主要旅游电商出现了不同程度的亏损,但市场总体发展较为稳定,达到了预期的效果(见图1-2)。

图1-2 2011—2018年中国在线旅游市场交易规模及增速现状及预测

数据来源:根据艾瑞咨询《2015中国度假行业研究报告》中相关数据整理。

三、机票、酒店及度假业务

机票是在线旅游市场中发展最成熟的板块,由于其基数较大,因此也是增速最慢的板块。2014年中国在线机票交易额为1607.3亿元,增速降至22.6%,占在线旅游整体市场的比重降至58%,艾瑞咨询预计2015年在线机票占比会降至56.5%。

2014年中国在线酒店市场交易额为636.1亿元,增速平稳。近两年休闲用途的住宿需求集中爆发,在线旅游企业加快签约民宿、客栈等非标准化产品,预计未来三年其长尾效应会逐渐显现。

中国在线旅游市场中,度假交易额占比持续上升,2014年中国在线旅游度假市场交易规模为426.5亿元,较2013年增长40.7%,占整体在线旅游市场的比重达15.4%,比2013年提升1.5个百分点。随着周边游和出境游市场的持续火热,预计2015年在线度假占比将达到16.5%(见图1-3)。2014年中国休闲游度假市场规模达4256.2亿元,其中在线度假占整体休闲游度假市场的比重达10%,比2013年增加1.9个百分点。其中,不含开放平台维度下,在线旅游度假市场中携程旅行网占比18.7%,位列第一;途牛旅游网交易占比14.1%,相比于2013年份额上升2.5个百分点;同程旅游网占比5.9%,位列第三。[2]

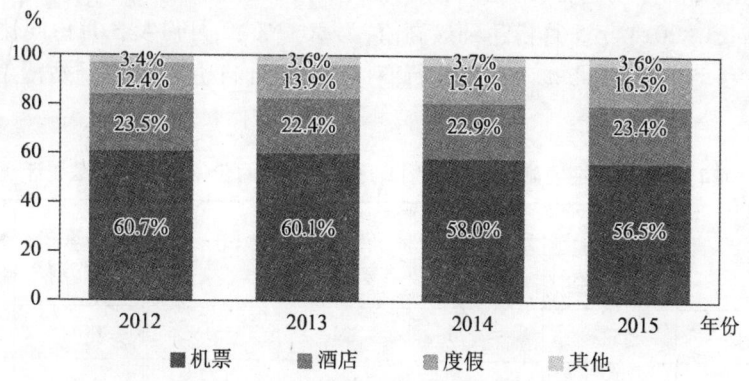

图1-3 2012—2015年中国在线旅游市场交易额结构分布

数据来源:根据艾瑞咨询《2015中国度假行业研究报告》中相关数据整理。

四、主要在线旅游电商月度覆盖数量

2014年在线旅游市场在线渗透率较低,但仍有极大的市场潜力等待被挖掘,在在线旅游企业不断地深化竞争与业务拓展的情势下,在线旅游市场规模将持续扩大,在线旅游市场份额也将得以不断提高。根据劲旅网月度监测报告,2014年月度覆盖率前五名大体上被携程旅行网、同程旅游网、途牛旅游网、芒果网、驴妈妈旅游网占据。[3]2014年1~11月中国在线旅游服务月度覆盖人数及比例见图1-4。

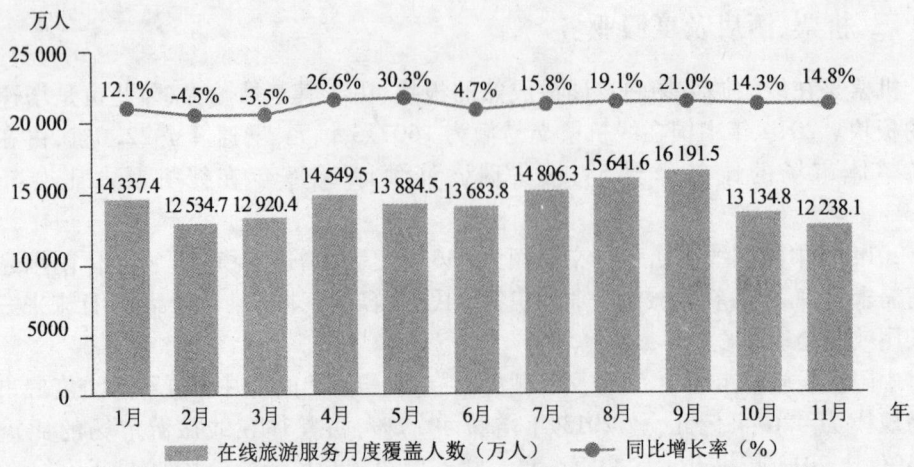

图 1-4　2014 年 1—11 月中国在线旅游服务月度覆盖人数

数据来源：根据艾瑞咨询《2015 中国度假行业研究报告》中相关数据整理。

2014 年中国在线旅游服务月度覆盖人数有轻微起伏。其中 2014 年 2 月份覆盖人数最低，为 12 534.7 万人，9 月份人数最高，达到 16 191.5 万人，整体呈现以 1 月、4 月及 9 月为波峰的浮动趋势，与五一、十一及春节黄金周旅游小高峰提前预订趋势符合。同比增长中 2014 年 5 月份达到最高值，为 30.3%，2 月份及 3 月份同比出现负增长，分别为 -4.5% 及 -3.5%。在线旅行商（OTA）1 日、4 月及 9 月网站覆盖人数统计见表 1-1。

表 1-1　各大在线旅行商（OTA）1 月、4 月及 9 月份网站覆盖人数统计

网站名称	1月覆盖人数（万人）	环比(%)	4月覆盖人数（万人）	环比(%)	9月覆盖人数（万人）	环比(%)
携程旅行网	1522	-2.70	524	55.6	340	21.9
同程网	770	-1.30	765	6.7	1225	85.6
途牛旅游网	475	-4.60	465	1.8	391	1.6
艺龙旅行网	133	-7.60	163	-0.3	218	19.8
驴妈妈旅游网	291	5.80	344	4.4	416	25.7

数据来源：根据劲旅网月度《在线旅行商（OTA）网站监测排名》中相关数据整理。

2014 年中国在线旅游电商月度覆盖人数排名变化较大，2014 年全年携程旅行网市场占有率为第一位，而 5—8 月及 11 月、12 月同程旅游网的月度覆盖人数超越携程旅行网排名第一。月度用户覆盖人数也随着主要旅游电商战略的调整及投资而改变。面对激烈的市场竞争，核心 OTA 企业战略调整频繁：

(1)2014年年初,携程旅行网调整了其两大主营业务,将传统酒店预订调整为包括酒店、客栈、旅馆等在内的大住宿预订业务,将机票、火车票预订调整为大交通服务;另一方面,携程旅行网相继投资酒店、短租、租车、度假、邮轮等多个领域,涉足产业链上下游。

(2)2014年艺龙旅行网坚持在住宿领域深耕,截至6月艺龙旅行网签约合作的国内酒店数量达12万家,国际酒店为32.5万家,前三个季度艺龙旅行网酒店预订共计2476.4万间夜。

(3)2014年同程旅游网先后获得来自腾讯、携程旅行网的两笔融资,市场动作不断,上半年掀起"1元门票"价格战,年末高调宣布将加大出境游和邮轮市场投入,意欲分羹市场。

(4)途牛旅游网将品牌建设、移动布局及区域拓展作为其2014年三大发展战略,从第二季度起途牛旅游网加大电视及网络渠道的品牌营销投入,并积极扩充旅游顾问团队,向二三线城市扩张,截至2014年年底,途牛旅游网在全国共发展75个区域中心,而且二三线城市贡献的交易额已达50.0%。[4]

第二节　2014年在线旅游电商发展特征

2014年在线旅游电商竞争加剧,逐渐出现"两强、多极"的局面,以携程旅行网、去哪儿网的两强将面临艺龙旅行网、途牛旅游网、同程旅游网、驴妈妈旅游网、去啊旅行网、美团网等多极竞争,但格局并不稳定,多极化在线旅游电商各有优劣势,但能否充分利用并保持优势、摈除劣势,很大程度上要看各企业对行业大势的把握能力及执行力。

一、价格战为主导,竞争趋于理性

2014年,在线旅游市场发展迅速,价格战及各种商业促销成为在线旅游的市场主要竞争活动,多数企业盈利情况不容乐观。根据2014年第一季度OTA三巨头财报数据,可发现在新一轮市场份额争夺战中,彼此都付出惨重代价。携程旅行网利润下滑,去哪儿网亏损扩大。同时,三巨头在这场竞跑中也逐渐拉开距离:去哪儿网2014年一季度总体营收为3.355亿元,艺龙旅行网总体营收为2.63亿元,艺龙旅行网酒店和机票两块传统主营业务预订量和营收增长远低于携程旅行网及去哪儿网,同时,度假业务的缺失和移动端的弱势,使艺龙旅行网进退两难。2014年价格战也呈现出一些新的特点:

首先,战略目标优先于战术目标,价格战被提升到了战略高度,短期的销售业绩提升则基本被忽略。"用利润换市场"成为2014年业界主要在线旅游电商对价格战的共识。阶段性的价格战也正在成为巨头消灭潜在威胁的手段,而新兴力量也慢慢开始将其作为吸引投资的策略,2014年年初"双程"的门票价格战即为经典案例。

其次,形式上表现出"捉对厮杀",打击目标明确,尽量避免树敌过多。以往的价格战整体上就是一场混战,而2014年的价格战则相对有序,参战各方都尽量集中对抗一个企业,避免全面开战,例如去哪儿网 VS 携程旅行网、途牛旅游网 VS 同程旅游网等。

最后,理性的成分增加。与前两年相比,2014年在线旅游价格战虽然声势依然不小,但激烈程度有所下降,原来的直接返现金纷纷改成了返现金券,返现力度也不再是比拼焦点,总体上以综合的价格水平和资源优势对抗为主。[5]

二、商业联盟增加,合作主体多元化

在线旅游企业除依靠"价格战"作为发展驱动的策略外,同时加快了商业联盟的合作步伐。通过企业之间的合作形成优势互补,产生协同效应。如今在线旅游市场,"携约组织""去约组织""淘约组织"和"企鹅旅游组织"等联盟开始形成。以携程旅行网为例,2014年一季度注资途家网发力中高端公寓,入股途风网进入北美市场,投资易到用车和一嗨租车对接地接环节,产品类型得到全面扩充;5月入股同程旅游网,并与途牛旅游网达成协议;另外,国际 OTA 巨头 Priceline 在数月间分三次向携程旅行网投资了10.16亿美元,并引发了业界有关携程旅行网国际化的猜测。携程旅行网联盟的合作正式成员已经包括携程旅行网、同程网、途牛旅游网、7天酒店、汉庭酒店、如家酒店、途家网、快捷酒店管家、非常准、易到用车、一嗨租车、大都市旅行社、香港华闽旅游、慧评网、途风网、众安在线保险、太美旅行、蝉游记、松果网、中国古镇网、永安旅游、易游网和中软好泰等。去哪儿网也与众多商家达成商业联盟,除了去哪儿网、百度外,还包括去哪儿网6月3日刚刚投资的东南亚最大的移动打车应用公司 GrabTaxi。[6] 总体来看,2014年在线旅游行业发生了并购或融资事件使行业的集中度快速提升,主要在线旅游电商以资本手段基本控制了业内的主流企业(见表1－2)。

表1－2 2014年度在线旅游行业主要融资领域汇总

细分领域	融资次数	融资金额	典型融资
租车	19	近24亿美元	滴滴打车、快的打车、神州租车、一嗨租车、PP租车
出境游	11	约1亿美元	海玩网、百程旅行网、我趣旅行、路路行旅游网
长租	10	约2亿美元	爱屋吉屋、魔方公寓、蘑菇公寓、优客逸家
旅游度假	9	约4.6亿美元	途牛旅游网ipo、同程网、悠哉、驴妈妈旅游网、欣欣旅游网
周边游	7	约3000万美元	周末去哪儿、周末去哪玩、108天周边游、度周末网
攻略/社区/SNS	7	约1亿美元	面包旅行网、捡人网、在路上旅行网

数据来源:环球旅讯。

三、度假旅游市场异军突起

随着生活水平的提升,消费者对度假的要求也逐渐提升,在线旅游企业不仅要满足大众的休闲娱乐需求,还要满足细分人群的差异化需求,因而主题游产品发展火热。中国在线旅游度假市场稳步发展,成为在线旅游热度最高的板块,在线旅游电商也加大了对休闲旅游的投资力度。在机票、酒店、旅游三个板块中,度假旅游的毛利比机票稍高,行业的平均毛利为6%~8%。此外,作为度假旅游市场的重要板块,出境游市场的争夺尤为激烈。第二季度携程旅行网与百程旅行网进行了签证大战,2014年年底同程旅游网与途牛旅游网的公关战、广告战,全部都与出境游市场密切相关。携程旅行网与百程旅行网的签证价格战本质上是在争夺出境游市场的"入口",携程旅行网试图通过抢夺这一"入口"为其出境游业务输送流量。同程旅游网与途牛旅游网出境大战起因于途牛旅游网在其合作伙伴年会上发出的一个针对同程旅游网的"封杀令",后者迅速做出了全面反击,该事件是在线旅游行业整个2014年度围绕出境市场爆发的最激烈的对抗。

从国家层面上来看,中国出境游市场发展迅速,习近平总书记在2014年的APEC峰会上特别提及中国的出境游市场的发展,三年后国内出境游规模将达到5亿人次。此外美国、英国、墨西哥等国家纷纷推出了针对中国国民的签证新政,其中美国将中国公民旅游签证的有效期从一年延长到了10年,这些出境游利好政策在短时间内集中爆发,为在线旅游企业进军出境游市场营造了良好的条件。

四、OTA平台趋同化发展

价格战的背后是OTA和平台的不断趋同。首先,以去哪儿网为代表的平台逐渐不满足于垂直搜索引擎的模式,加速旅游产业链条的扩充,从单纯的导流演进到自己代理、上架产品。由于业务模式的趋近,去哪儿网成为携程旅行网的主要竞争对手。2014年12月初,携程旅行网的比价搜索平台面世,平台化战略迈出了实质性的一步,从而使其与去哪儿网之间的对峙进一步升级。去哪儿网则推出了激进的酒店前台"切客"之举,通过物质手段刺激酒店将携程旅行网等OTA的客人转化为去哪儿网的客人,其举动可以看作是加速"OTA化"的激进措施。[6]其次,以同程旅游网为代表的OTA则紧锣密鼓丰富产品线,从早期的机票、酒店预订,到门票代理、插手出境游。以多产品发展的旅游电商的差异逐渐隐没,从往日的合作更多地转为竞争。[7]

五、移动互联网成为主战场

根据中国互联网络信息中心发布的《第35次中国互联网络发展状况统计报告》数据显示,2014年在线旅游的2.22亿用户中,手机预订的用户规模达到1.34亿,占比60%,增长率达194.6%。[8]两年前,移动互联网的机遇和挑战对于在线旅游而言还仅仅停留在展望和猜想阶段,而2014年则已成为一个事实。从携程旅行网制定了"拇指+水泥"战略开始,移动互联网已经成为旅游电商的主要战略板块。去哪儿网和携程旅行网 2014 年的争斗焦点除了价格战外,就是移动端,双方投入巨资进行移动端的研发和推广,二者的客户端下载量排名在 2014 年 9 月份发生了逆转,携程旅行网超越去哪儿网成为行业第一,而同程旅游网则通过疯狂的"1 元门票"用几个月的时间也进入了前三名,三者的客户端总下载量均在 2 亿以上,远超过其他在线旅游企业。按照携程旅行网、艺龙旅行网、去哪儿网、同程旅游网等 OTA 官方公布的数字,目前酒店业务的移动端订单占比平均在 40%以上,机票业务移动端订单占比平均在 30%以上,景点门票订单移动端占比平均在 60%以上,出境游等非标准化产品的移动端订单占比略低。[5]移动互联网成为在线旅游企业竞争的主要战场。

第三节　在线旅游电商发展趋势

一、OTO 趋势明显,产业链向线下扩张

2014 年在线休闲度假市场爆发式增长,进入线上、线下、无线融合发展的新阶段。OTO 模式即是"线上到线下",其核心是把线上的消费者带到现实的商店中去,在线支付购买线下的商品和服务,再到线下去享受服务。在线旅游电商越来越注重核心服务的提升,而体验店是其拉近与用户距离,提升用户满意度的主要方式。2014 年 6 月 9 日,携程旅行网在北京首开旅游体验店,布局线下服务;同程旅游网连开 8 个旅游体验店,全面布局休闲旅游 O2O;2014 年年底,驴妈妈旅游网创始人洪清华在公司年会上发表题为《2015 年景域集团实现旅游 O2O 生态圈的关键年》的演讲。洪清华表示,在 2015 年驴妈妈旅游网在全国联合当地最强旅行社,开 50 家子公司,覆盖主要省会城市及重要旅游目的地,发展基于"产品+服务+互联网"的旅游 O2O 模式。

二、在线旅游竞争市场细分化

在线旅游行业的竞争主要是对上游资源的控制的争夺。通过 2014 年传统旅游电商的发展战略可得出,合作共赢才是发展的主题。OTA 将会在资源的协同性上将更加深入,竞争亦将更加激烈。预计未来几年,中国在线旅游市场交易规模将超过 4500 亿元,渗透率将保持 20%至 30%的速度迅猛增长。"OTA 战队联盟"的迅速建立,在线旅游市场的各个企业发展必须在自己主要的业务板块占据细分化市场,因为 OTA 市场的产业链条较长,供应和分销的机会很多,这为企业的差异化发展提供了较大空间。例如,途牛旅游网的 OTA,是把从旅行社采购来的旅游产品重新组合和包装,自行定价销售,赚取差价,主做服务品质和产品定制,主推出境游。携程旅行网、艺龙旅行网的 OTA,是把供应商提供的机票、酒店等旅游产品放到网络平台销售,从中赚取佣金,核心业务是机票和酒店的预订。同程旅游网的 OTA,把视线聚焦在短线周边游这项冷门业务,主做景区门票。去哪儿网的 OTA,是以搜索为工具,靠流量和点击赚钱。此外还有一些零碎区域,如驴妈妈旅游网做景区直销、蚂蜂窝网做攻略点评等。

为了迅速做大规模,在线旅游市场竞争将异常激烈,各个在线旅游企业应该发挥其特色服务,从细分市场等方面切入,才能在竞争如此激烈的市场上生存。[8]

三、以技术为核心提高用户体验

2015年的在线旅游市场竞争会更加激烈,移动OTA市场与出境游将会变成红海,在线旅游企业如果对这两者发动持久价格战,将会难以为继。移动端是获取用户的渠道,出境游是旅游产品。移动端发展是大势所趋,但并不是全部,而出境游也是如此,现在因为涉足的企业少,所以毛利高,但随着OTA企业的增多及竞争的加剧,小资本的企业将难以争夺市场份额;以同程旅游网、携程旅行网为主的旅游电商也会受到资金的影响,亏损可能继续扩大。

传统在线旅游企业并没有改变旅游本身,所以只能靠价格战维系,而市场格局进一步变动后可能会令在线旅游服务再升级。将会有一些OTA企业利用大数据技术,准确地预测到旅游线路,从而规避拥堵的旅游景点,提升用户整体旅游的体验,这是传统OTA所不具备的价值,[9]比如携程旅行网加大对市场研发的投资,2014年年底去哪儿网发力技术硬件,预推出的智能门锁,等等。诸如这样的技术带来的改变还会有很多。此外,UGC模式的代表穷游网和蚂蜂窝网也纷纷开始了商业化的尝试,其主要面向的是移动端跟踪旅行者旅行途中各种需求的推荐,但如何在产品推荐和预订之间找到一个准确的切入点将是这种模式的变现能力的试金石。

四、移动旅行代理商和移动旅行助手

移动渠道的兴起不仅改变了旅游分销模式,也改变了旅游公司与客户互动的方式,这一改变在2015年表现得越来越显著。未来几年内,旅游业公司不能光把注意力放在预订阶段,而是应该通过移动设备追踪消费者的整个旅程,为他们提供服务(如登机和酒店入住服务)、客户支持以及旅途中其他预订服务。因此,在线旅游代理商将逐步形成"移动旅行代理商"的新商业模式,而所有其他旅游公司则需要为客户开发移动旅行助手。移动旅行助手的开发不仅是个挑战,也为旅游业公司带来了机遇,因为旅行助手能够产生更多的预订机会,尤其是目的地旅游服务预订。这将在未来几年内带来在线旅游业务增长,而在线旅游市场将在2015年及以后保持良性但愈发激烈的竞争环境。[10]

参考文献

[1]i黑马.在线旅游市场分析:发展概况、分类与挑战[EB/OL]. http://news.iheima.com/show-6-58824-1.html.

[2]艾瑞咨询.2015中国度假行业研究报告[EB/OL].http://www.iresearch.com.cn.

[3]劲旅网在线旅游网站Top30排名[EB/OL].http://www.ctcnn.com/search.jsp.

[4]艾瑞咨询.2014年中国在线旅游市场交易规模突破2700亿元[EB/OL].http://www.iresearch.com.cn/view/245957.html.

[5] 盘点2014年在线旅游行业的六个关键词[EB/OL]. http://www.huxiu.com/article/104237/1.html.

[6] 戴明阳. 在线旅游兴起联盟热[N]. 工人日报,2014-07-09(05).

[7] 混战一年后2015在线旅游格局长这样[EB/OL]. http://it.sohu.com/20150120/n407917579.shtml.

[8] 新丁入局老兵不死,盘点在线旅游的2014[EB/OL]. http://it.sohu.com/20150221/n409105157.shtml.

[9] 在线旅游明年或将重新洗牌[EB/OL]. http://travel.sina.com.cn/china/2014-11-21/0933286163.shtml.

[10] 2015年在线旅游业的趋势和走向[EB/OL]. http://www.ikanchai.com/2015/0112/10301.shtml.

第二章　B2C 类综合性旅游电商介绍及企业解读

随着社会经济高速发展和人民生活水平不断提高,人们对旅游的需求增加,便捷性、多样化的在线旅游成为人们的首要选择。综合来看,在线旅游企业主要模式分三种:综合性旅游电商(OTA)、垂直搜索类和社区点评类(UGC)。三者在产业链中对应相应的盈利模式分别为:综合性旅游电商依靠佣金,垂直搜索靠 CPC 及广告等收费,UGC 靠广告收费或闭环分销。根据艾瑞咨询的数据,2014 年 OTA(Online Travel Agent,OTA)市场营收为 142.6 亿元,比上一年增长 24.6%。艾瑞咨询预计 2017 年营收规模将达到 279.2 亿元,2013—2017 年 CAGR 约 24%。从国外发展历史及中国目前发展现状来看,各种模式中,综合性旅游电商变现能力最强,是整个在线旅游市场的主流模式;垂直搜索模式为消费者提供比价功能,更加便捷,客户覆盖度增长较快;UGC 主要依赖于广告收费,往往会成为以综合性旅游电商模式为主的公司进行产业链整合和覆盖过程中的模式补充。从国内外经验来看,国内的在线旅游龙头企业携程旅行网是典型的以 OTA 为核心模式的在线旅游企业,而全球最大市值的在线旅游公司 Priceline、美国占据市场份额第一的 Expedia 均是以 OTA 模式为核心,可以说,OTA 模式是在线旅游行业中已经被验证的核心盈利模式。[1]

B2C 类综合性旅游服务电商是最为典型的旅游电商模式,他们专注于综合性的业务,并具有较高的发展潜力,这种形式的电子商务一般以网络零售业为主,借助于互联网开展在线销售活动。除携程旅行网、艺龙旅行网等传统旅游电商外,去哪儿网也通过业务的扩张从垂直搜索平台加入综合性服务电商的行列。此种类型的旅游服务电商大多从"机 + 酒"的传统模式发展而来,并不断地扩充板块,比如进军休闲旅游、门票市场等。携程 Ctrip.com 与艺龙 Elong.com 两家公司成分别于 2005 年和 2006 年成立,经营模式也较为相像,都是专注于旅游度假产品(如出境游、国内游、自由行、周边游、省内游等)的预订,二者侧重于"机 + 酒"商务旅行服务,运行方式基本上基于在线预订网站 + 呼叫中心的人工互动服务。去哪儿网 Qunar.com 创立于 2005 年,融资规模较为庞大,其经营模式是对机票、酒店、度假和签证等信息进行整合,为用户提供旅游产品价格查询和信息比较服务,亦为广告主提供定位于品牌推广和促成销售机会的广告服务。途牛 Tuniu.com 主要从事的是休闲度假旅游领域的组团游和自助游业务,并且专注于非标准、高客单价的出境游业务。此外,以上四家旅游电商均于美国纳斯达克成功上市,其竞争与合作也主导了 2014 年在线旅游市场的发展的方向。

第一节 携程旅行网

一、企业简介

携程旅行网(纳斯达克代码:CTRP)是中国线上旅游行业的领导者,创立于1999年,于2003年12月在美国纳斯达克成功上市(见图2-1)。携程旅行网向超过9000万名会员提供集酒店预订、机票预订、度假预订、商旅管理、特惠商户及旅游资讯在内的全方位旅行服务,被誉为互联网和传统旅游无缝结合的典范。作为中国领先的在线旅行服务公司,携程旅行网成功整合了高科技产业与传统旅行业,凭借稳定的业务发展和优异的盈利能力,占据中国在线旅游50%以上市场份额,是绝对的市场领导者。[2]随着中国中产阶层的崛起,中国的旅游行业正在经历爆发性的增长,而携程旅行网正是这一人口结构变化的重要受益者。2014年,携程旅行网作为在线旅游行业的主角,在旅游电商的发展中起到了举足轻重的作用,多起融资与合作事件成为2014年在线旅游行业发展主线,面临巨大的市场竞争压力,携程旅行网战略布局频繁并成功占据了在线旅游的主要份额。

图2-1 携程旅行网徽标

二、携程旅行网2014年企业财报分析

根据雪球财经统计,目前携程旅行网的总市值为60.50亿美元,[3]同比2013年有所下降。但携程旅行网移动平台呈快速增长,其移动平台搜索收入占总收入的比重也在不断提升。根据携程旅行网企业财报,前两个季度携程旅行网总营收同比增速稳定,第三季度携程旅行网在艺龙旅行网、途牛旅游网之后发布财报,净利润大幅下降,携程旅行网净利润的下跌受到其投入资金方向侧重改变的影响,其多产品线投入也是影响因素之一。

(一)营业收入概况

2014年第一季度,携程旅行网的净收入增长强劲,同比增长36.2%;旅游交通票务业务的总销量同比增长了71%,其中机票预订量占据了大部分;此外,海上航行订票业务交易量和客户量处于行业领先位置。2014年第二季度,携程旅行网实现净收入人民币18.2亿元,同比增长37.8%,各项主要业务都实现了净增长(见图2-2)。携程旅行网2014年主要目标是占据更多的市场份额,其中第二季度的产品研发费用以及市场营销费用均大幅增加,分别同比上涨55%和77%;由于携程旅行网盈利能力的转变,其经营利润率从16%下跌至5%,净经营利润下跌54%。在第三季度中,携程旅行网净营收21.3亿元,同比增长38%;净利润2.17亿元,同比下降42%。第四季度净营收14亿元,同比增长31%;归属于公司股东的净利润2.61亿元,同比增长

36%。总体看来,2014年在线旅游电商大战中,携程旅行网主要以降利换取主要市场份额,净利润受到了一定程度的影响。

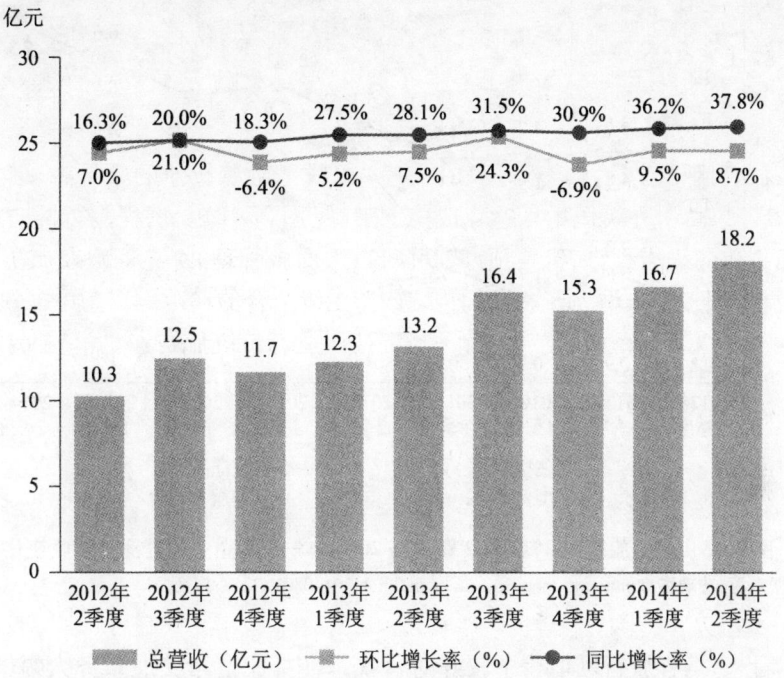

图2-2　2012年2季度至2014年2季度携程旅行网企业总营收趋势变化
数据来源:艾瑞咨询 http://report.iresearch.cn/html/20140801/235775.shtml。

(二)机票和酒店营业收入

携程旅行网的主要收入中,住宿与交通票务占据主要部分,并超过总营收增速。2014第一季度携程旅行网住宿预订营收达6.6亿元,保持45.8%的同比增速,占总营收比重为39.2%。第二季度携程旅行网住宿预订营收为7.5亿元,同比增长47.3%,预订量同比增加64.0%。第三季度住宿预订营业收入为9.5亿元,同比增长56%,增长主要来源于住宿预订量69%的同比增长,并被每间夜收入的同比下降部分抵消。

2014年携程旅行网第一季度交通票务服务营收为6.5亿元,同比增长42.6%,占总营收比重达38.9%,仅次于住宿预订。第二季度交通票业务营收7.3亿元,同比增长39.0%,预订量增幅达83.0%(见图2-3)。第三季度交通票务营业收入为8亿元,同比增长32%,增长主要来源于票务预订量98%的同比增长。2014年第三季度交通票务营业收入环比增长10%。此外,旅游度假业务与商旅管理业务增长迅速,营收入分别为3.58亿元及1.04亿元,增长主要来源于团队游和自助游预订量及商旅需求的大幅增加。[4]

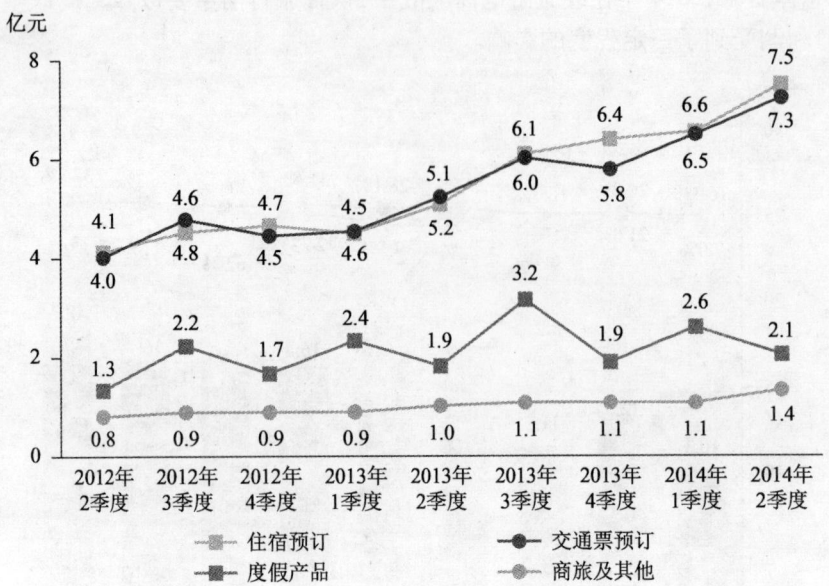

图2-3 携程旅行网2012年2季度至2014年2季度企业主营业务营收变化
数据来源：艾瑞咨询 http://report.iresearch.cn/html/20140801/235775.shtml。

总体看来，携程旅行网取得了较好的营收，其中，住宿与交通票务大幅增长，带动携程旅行网总营收的大幅提高。在住宿方面，携程旅行网向二线城市及低星酒店进行扩张，并加盟招待所及短租业务以增加市场份额，加之酒店优惠券活动，预订量增长迅速。受到2014年价格战及去哪儿网等竞争的影响，酒店佣金获取水平下降，对携程旅行网住宿预订的增长造成了一定的影响。在交通票务的增长中机票预订占主要部分，从2012年的4亿元增长到2014年的7.3亿元，但随着航空公司直营业务份额的扩大及携程旅行网退改签的高费用，携程旅行网机票的销售受到了一定程度的影响。

（三）毛利率

毛利率是毛利与营业收入的百分比，携程旅行网毛利率大体呈稳定发展态势，第一季度毛利率为71.6%，同比下降2.2个百分点，发展平缓；净利率为11.1%，同比下降12个百分点，下滑明显。携程旅行网第二季度毛利润12.4亿元，同比增长32.9%，毛利率72.2%（见图2-4）。第三季度毛利率为72%，2013年同期为75%，相比上季度基本持平。携程旅行网毛利率水平从年初的下降到增长到持平，表明携程旅行网在行业竞争中仍具有先天优势，并能保持较为稳定的发展，具有较大的增长潜力。

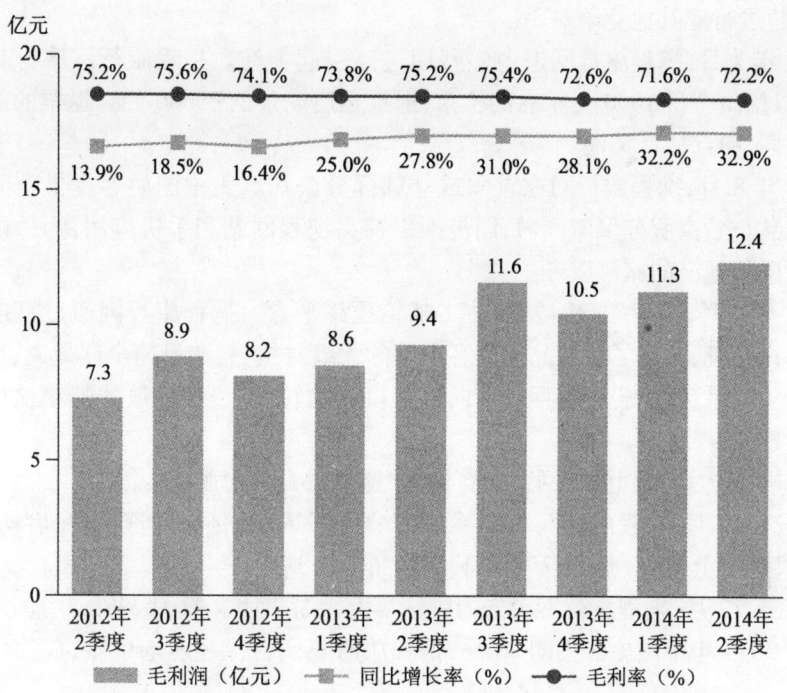

图 2-4 携程旅行网 2012 年 2 季度至 2014 年 2 季度毛利率趋势变化

数据来源：艾瑞咨询 http://report.iresearch.cn/html/20140801/235775.shtml。

三、2014 年大事记

(一) 企业事件

2014 年 3 月,携程旅行网首推出境游免费 Wi-Fi。为了满足移动互联网时代的旅游者需求,携程旅行网对外宣布,对携程旅行网出境游的旅游团用户提供境外免费 Wi-Fi 服务,服务范围将覆盖全球 100 多个目的地国家和地区,打造"指尖上的旅行社"。

2014 年 3 月,携程旅行网发生安全漏洞问题。漏洞报告平台乌云网在其官网上公布了携程旅行网络安全漏洞信息,携程旅行网发布了回应表示,共有 93 名用户的支付信息存在潜在风险,已经通知更换信用卡,并给予相应补偿。

2014 年 5 月,携程旅行网首设线下实体店,关注线下客源转移线上。携程旅行网针对不方便上网、不熟悉网络的群体,通过设置体验店使更多消费者从线下转移到网络和手机。

2014 年 6 月,携程旅行网首推签证新政。携程旅行网表示所有签证产品采用"领馆价+服务费"的定价模式,并且将信息全部在网站上公开。服务费根据代办的复杂程度和操作成本确定,明码标价收取。

2014 年 6 月,携程旅行网移动端下载量超 1.6 亿次。二季度携程旅行网手机应用的下载量加速增长,同时,携程旅行网手机应用的激活用户超过 8000 万,激活率高于50%,超过行业其他竞争对手。

2014年7月,携程旅行网退改签费用过高引起关注。携程旅行网旅行套餐被曝退改签费过高:全价1000元左右的机票,退票之后剩余低于600元。退票的旅客蒙受的损失加剧,引起广泛关注。

2014年8月,携程旅行网在首尔成立韩国分公司。为中国游客提供全面的目的地旅游产品与独家服务保障同时,同步推出韩文携程网站和手机应用,为韩国游客提供面向大中华地区的旅游服务。

2014年9月,携程旅行网发布中文邮轮预订平台。携程旅行网通过直连全球各大邮轮公司系统,实现了从产品端到客户端的无缝对接,打造目前全球最大、最先进的中文邮轮预订平台,宣告了携程邮轮向平台模式的转变,一个开放的邮轮预订业生态圈正在被建立。

2014年12月,携程旅行网发3.6亿元"避霾补贴"鼓励市民旅游。

2014年12月,携程旅行网CEO梁建章宣布投入10亿元巨资,用在启动2014年的"双12"大促上,推出1000万个零利润产品。

2014年12月,携程旅行网入选为中国最大旅游集团。12月11日,中国旅游研究院发布了2014年中国旅游集团20强,携程旅游集团首次超越港中旅,成为中国最大旅游集团。[5]

(二)战略合作

2014年1月,携程旅行网宣布战略投资易到用车,同时双方在用车服务上进行全面合作,并推出春节"1元专车接送机"活动。

2014年2月,微信支付牵手携程旅行网加速布局航旅业。腾讯与携程旅行网达成全面合作,用户在携程旅行网PC版进行团购和购买火车票时,可使用微信支付。携程移动APP及微信公众号也将支持微信支付,让"说走就走"的旅行变得更加简单。

2014年3月,携程旅行网与去哪儿网合作进一步加深,携程旅行网的酒店团购也进入去哪儿网酒店团购平台,接入了上万酒店团购产品。携程旅行网的酒店团购与艺龙旅行网、同程旅行网、去哪儿网直销团购在同一团购搜索中进行比价。

2014年3月,携程旅行网与同程旅行网展开广告大战。

2014年5月,携程旅行网与去哪儿网合并案搁浅,投资同程旅游网与途牛旅游网。携程旅行网投资2亿美元入股同程旅游网,成为仅次于同程旅游网管理层团队的第二大股东。此外,携程旅行网认购了1500万美元的途牛旅游网A类普通股,拥有途牛旅游网超过3%流通股,双方在酒店等资源上展开合作。

2014年5月,携程旅行网联手同程旅游网"围剿"去哪儿网。携程旅行网入股同程旅游网和途牛旅游网之后发生转变:"双程"联手下架去哪儿网门票、度假产品,携程旅行网表示去哪儿网流量不如预期,而去哪儿网表示自己"主动"下架了"双程"的门票和度假产品。

2014年6月,携程旅行网战略投资世纪明德,布局延伸至游学服务领域。携程旅行网旗下公司于6月完成了对北京世纪明德教育科技有限公司的战略入股,成为中国游学服务行业最大的一笔战略交易。

2014年8月,Priceline投资5亿美元,进一步加强与携程旅行网的商务合作(双方合作自2012年开始)。Priceline是中国最大的OTA。两家企业通过投资互相推广对方的酒店库存和其他旅游服务。

2014年9月,搜狗和携程旅行网达成独家战略合作,大数据开启青春旅行。搜狗、携程旅行网于北京召开新闻发布会,宣布双方达成开学季"说走就走,大学是青春的旅行"独家战略合作,该合作是继2014年春节期间,搜狗助力携程旅行网切入春运抢票市场后双方进行的又一次大规模合作。

2014年9月,携程旅行网与去哪儿网关系决裂。

2014年9月,携程旅行网战略投资华远国旅,涉足出境游批发市场。根据相关消息,携程旅行网出资5亿元左右,投资成为华远国旅的最大股东。投资华远国旅,携程旅行网试图在出境旅游,尤其是针对欧洲市场提供"一站式"服务。借助华远国旅在欧洲市场的优势打开市场缺口。

2014年11月,携程旅行网获Priceline第三次增持,规模近9000万美元。Priceline于2014年10月20日至11月4日期间在公开市场买入了1 522 880股美国存托股(ADS),交易规模约8700万美元。加之9月、10月的相关投资,Priceline对携程旅行网的总投资规模增加至10.16亿美元。

2014年12月,去哪儿网终端"夺食"携程旅行网,酒店业务迎来OTA混战。途牛旅游网和同程旅游网之间的出境游"封杀战"余烟未消;随后,去哪儿网又启动了酒店市场无线端的让利政策,携程旅行网的团购事业部推出了大幅度的酒店团购促销方案进行应战。[6]

四、战略剖析与企业解读

(一) 战略剖析

1. 机酒业务转向交通住宿事业部

从2014年第一季度财报中可以发现,携程旅行网调整了其两大主营业务名称,将传统酒店预订调整为住宿预订,酒店业务板块更名为"大住宿事业部"。将机票、火车票预订调整为交通票务服务,即"大交通服务部"。机票与酒店业务为携程旅行网主要营收板块,也是大多数在线旅游传统电商的盈利模式。携程旅行网通过对主要业务板块的调整,可以看出其对企业发展战略的侧重。携程旅行网将机票、火车、租车进行产业链条的整合,提供多种出行方式的交叉选择,为出行者提供人性化的服务。携程旅行网的酒店业务向二三线城市及短租、招待所等进行业务扩张,加之优惠券形式,以占领市场份额。

2. 泄漏事件之风险公关

2014年3月,漏洞报告平台乌云网曝光携程旅行网安全漏洞事件,引起了民众极大的关注。之后携程旅行网采用的公关策略出现信息不对称,导致携程旅行网的用户迅速成为一个群体,恐慌和愤怒的情绪在信息传递中得到传染和暗示,从而迅速蔓延,携程旅行网为自身相对保守的公关策略买单。另外,携程旅行网盘前股价大跌10%,

股价盘前下跌 4.69 美元至 44.8 美元。[7] 3 月 23 日，携程官方微博再以长微博形式发表声明称，93 名潜在风险用户已被通知换卡，其余携程用户用卡安全不受影响。携程微博公关并没有收到良好的效果，面对网友质疑，只是官方工作人员进行答疑解惑，泄密门事件并没有得到很好解决。之后，携程旅行网发表声明承认此前的操作流程中确有违规之处，并将保存的客户的 CVV 信息进行删除。在危机发生时，携程旅行网第一时间予以回应，但携程旅行网并没有及时承认错误应对民众质疑，造成了品牌形象的受损。携程微博发布声明是危机公关，但携程旅行网没有解决用户疑问，造成了股市的大幅下跌。虽然股市下跌一周后有所回暖，但是，从此次事件来看，携程旅行网危机公关值得进一步完善。

3. 携程旅行网对于投资方向的把控

风险融资及商业合作为携程旅行网 2014 年主要发展方式，而投资方向的把控是携程旅行网战略关键所在。其投资方向主要在于产业链条的整合与扩张及减少非理性价格战等因素。携程旅行网偏好与核心业务有关联的投资，具体包括三种：第一种是对产品线有加强的投资，比如翠明旅行社；第二种是能加强地域性扩张的投资，比如中国香港永安旅游；第三种是投资长远看好的企业和模式，比如途家网。[8]

价格战主要在大企业中展开，对于传统旅游电商的投资，在 2013 年 8 月开始，携程旅行网与去哪儿网展开合作，但随着合作后诸多问题的隐现及主导权的归属，导致携程旅行网与去哪儿网合作关系破裂，而争夺酒店市场份额成为二者的主要战场，并出现二者产品先后下架等问题，战争持续到 2014 年 10 月份，愈演愈烈。对于同程旅游网与途牛旅游网，携程旅行网分别对二者进行了投资，携程旅行网以自助游市场为主，途牛旅游网在线跟团游市场占有优势，同程旅游网以 B2B 旅游商务平台发展而来，三者的诸多领域侧重不同。随着休闲旅游市场的日益火爆，携程旅行网选择与二者进行合作，并且在诸多领域展开合作，有利于自身的业务的拓展，为长期的发展格局打下基础；比如通过同程旅游网向餐饮业渗透，进军门票领域等，向一站式 O2O 生活服务商发展。此外，与二者的合作，能够抑制去哪儿网与艺龙旅行网的竞争态势。

对于较小企业或旅行社等，携程旅行网选择入股或合作的方式，比如对华远国际的投资，打开欧洲市场，对旅游服务领域投资，打开新的领域，符合携程旅行网多产品线的策略。目前，携程旅行网拥有驴评网、快捷酒店管家、中软好泰、松果网、途家网、古镇网等品牌。此外，携程旅行网已经对两家租车公司——易到用车和一嗨租车进行了投资，并且对自身的地方旅游导游网络进行了投资，拥有较高的品牌黏性。

4. 携程旅行网与去哪儿网的竞争

携程旅行网与去哪儿网从多年前的竞争到 2013 年 8 月展开合作，去哪儿网在纳斯达克成功上市后，二者纷纷表示"独立经营"，展开激烈的业务竞争。从历史上看，携程旅行网与去哪儿网的竞争由来已久。从 2006 年的"划线门"到 2011 年的"0 元团购"大战，携程旅行网与去哪儿网处于敌对态势。随着去哪儿网的不断壮大与发展，去哪儿网从传统的旅游搜索引擎平台，向"OTA+平台"模式转变，诸多业务上与携程旅行网出现重合，成为直接竞争对手。2014 年，虽然携程旅行网实现了盈利，去哪儿网出现了亏损,但去哪儿网的机票收入超越携程旅行网,跃居第一位;并专注于酒店的竞争,成为携程旅行网最大竞争对手。携程旅行网从传统的机票+酒店模式发展而来,虽然对两大业务板块部门名称进行了更改,但主要收益模式没有改变,加之去哪儿网的主要投资方为百度,而携程旅行网投资同程旅游网后,跃居同程旅游网第二大股东,腾讯变为第三大股东,携程旅行网与腾讯关系渐渐明朗。携程旅行网与去哪儿网的竞争态势不可逆转,携程旅行网与如家、汉庭等连锁酒店进行联盟,具有优势;去哪儿网向精品酒店、客栈等扩展。二者不断向二三线城市进行市场的挖掘,以抢占市场份额;并通过收取佣金,推出团购,进行营销等方式展开竞争。从二者的发展看来,短期的竞争态势不会改变,携程旅行网要保住酒店的市场份额,需要进一步努力。

(二)企业解读

1. 核心关系能力——商业联盟与风险融资

2014年是线上旅游竞争白热化的一年,携程旅行网除不断发展自身业务,开发新产品外,主要通过商业联盟与风险融资增加市场份额,拓展产业链条。纵向上,携程旅行网与众多线上旅游企业进行合作,以多产业线链条为优势,不断进行产品的深化,如入股同程旅游网与途牛旅游网,深入发展酒店与门票业务,提高用户体验。横向上,增加市场的拓展,入股如家、易到用车、华远国旅及游学领域等,打造线上旅游的一站式服务平台。此外,商业联盟与风险融资是除自身业务竞争外占领市场的最好方式,携程旅行网作为最大的旅游传统电商,拥有资金方面的优势,能够有效把握投资时机及投资方向,具有发展核心关系能力。

2. 目标聚焦战略——商旅为主,休闲转型

携程旅行网最大利润来源是商旅用户,同时近期也加大了休闲旅游的投入。根据世界旅游组织研究表明,当人均GDP达到5000美元时,将步入成熟的度假旅游经济,休闲需求和消费能力日益增强并出现多元化趋势。2012年中国人均GDP为6000美元,进入了多元化旅游的发展时期。[9]随着《国民旅游休闲纲要》的发布及居民休闲旅游需求的增加,休闲旅游市场成为传统在线旅游企业竞争的又一主要阵地。携程旅行网以商旅为主,并以英语服务为优势。根据百度指数可以发现,其具有较高的品牌认知及商业知名度;在发展高端商务旅游方面,并拥有较高的客户黏性。2014年第一季度,在携程旅行网的广告中,代言人也从传统的西装改穿为休闲西装。携程旅行网向休闲行业转型,有针对性地顺应了市场发展的潮流,满足日益多元化的市场需求。

3. 营销方式多样——优质服务,品牌制胜

从最初的电话服务发展到新时期用户体验服务,携程旅行网打造了独特的立体化营销战略,赢得了市场的认可。首先,携程旅行网作为服务代理商,注重品牌的打造与消费者关系的拉近。在2013年,携程旅行网选择邓超作为品牌代言人,率先拉开旅游电商行业明星代言的序幕,通过媒体的曝光增加知名度,并吸引了众多年轻的消费者选择携程产品。其次,返现力度的增加。相对于其他的在线旅游企业增加点击量、多渠道宣传等传统的营销方式,携程旅行网推出价格战返现活动,对消费购买订单进行返现,进行促销,真正让利于消费者,赢得了市场,并增加了客户的黏性与品牌认可度。最后,以服

务为主。旅游为第三产业,与传统的零售业不同,携程旅行网作为大型平台,主要产品是服务,携程旅行网通过精准的定位不断提高用户的体验,增强用户满意度,要求员工把服务当作茶产品来看待,对庞大的商旅客户群体进行市场细分,定制个性化的服务。

4. 智慧运营模式——大数据为主,移动端发力

作为在线龙头企业,携程旅行网占有主要市场份额,虽然2014年3月"泄密门"事件造成了一定的影响,但携程旅行网依然拥有较高的品牌认可度及大量忠实用户。作为大数据的旅游的基础,携程旅行网可以对用户的搜索习性、产品选择习性等进行分析,有针对性进行产品的组合和投放,提供更加人性化的服务。此外,携程旅行网通过大数据的优势,开展2014携程大数据论坛,与中国旅游研究院或其他部门进行合作,定期发布旅游数据,比如春节、五一、十一黄金周,发布出行人气最旺地区,根据订单情况发布旅行趋势等,具有权威性。携程旅行网与当当网、易车网、珍爱网、智联招聘、虎扑体育网等合作成立UMA(中国互联网优质受众营销联盟)大数据平台,深耕垂直领域。移动终端的效率由于其便捷性远高于传统线上业务,基于移动终端用户体验的创新,或将成为在线旅游的下一个掘金点。携程旅行网加紧对移动终端的扩张,发展旅游业务,移动端为携程旅行网带来巨大市场利润。

五、2015年发展布局

总体看来,2014年携程旅行网有许多战略上的改变。

首先,携程旅行网以商业联盟及风险融资为基础,奠定了发展的格局。但是由于市场竞争的加剧,2015年市场格局可能会向整合的方向发展,而占有众多市场份额的携程旅行网,依然会作为企业龙头,引领在线旅游传统电商的发展。携程旅行网负责人表示2015年将对一些关键领域进行投资,重点为IT和移动互联网,并在此基础上进行品牌营销,以扩大在在线旅行用户中的认知度;此外,将在价格和产品方面提高整体竞争力,包括多种类型的推广活动和开放平台策略,开展团购模式和邮轮等。[10]

其次,产品研发与市场营销费用增加。从短期来看,携程旅行网这两方面占主要资金投入份额,因此营收受到一定影响,但是从长远发展,此举有利于市场份额的增加。此外,随着大量中小旅行社向线上转型,携程旅行网可能更加侧重与传统旅行社的合作,深入加快"线上+线下"的营销模式。在酒店行业,携程旅行网与去哪儿网竞争激烈,所以酒店佣金及市场营销方式仍会成为主要竞争领域。

再次,休闲旅游及其他新业态旅游的拓展。随着《国民旅游休闲纲要》的发布及居民旅游需求的增长,携程旅行网继续扩张多产品线投入的经营模式,将会注重新的相关旅游产品的发布。如新的旅游线路、规范的签证、邮轮旅游、自驾游、亲子游活动等。

最后,移动端发力。从2014年以来,移动端巨大的市场价值被旅游电商纷纷挖掘,并展开了激烈的角逐。携程旅行网依靠大数据及移动端占据了巨大的市场份额;同时移动端目前已经成为携程旅行网出售其产品和服务的主要平台,并且已经成为公司主要的发展板块。携程旅行网会继续布局移动端,注重服务,并推出相应营销活动,提高营收效益。

第二节 艺龙旅行网

一、企业简介

艺龙旅行网（NASDAQ：LONG）是中国领先的在线旅行服务提供商之一，通过网站、24小时预订热线以及手机艺龙网三大平台，为消费者提供酒店、机票和度假等全方位的旅行产品预订服务。艺龙旅行网（见图2-5）通过提供强大的地图搜索、酒店360°全景、国内外热点目的地指南和用户真实点评等在线服务功能，使用户可以在获取广泛信息的基础上做出旅行决定。艺龙旅行2004年10月在美国纳斯达克上市，目前全球最大的在线旅行服务公司Expedia拥有艺龙旅行网52%的股权。[11]

图2-5 艺龙旅行网徽标

二、艺龙旅行网2014年企业财报分析

根据艺龙旅行网2014年企业财报统计：艺龙旅行网全年酒店客房间夜数量为3420万间夜，与2013年2580万间夜相比，同比增长32%。酒店预订业务收入为人民币9.39亿元（折合1.51亿美元），与2013年的人民币8.58亿元（折合1.42亿美元）相比，同比增长了9%。全年净收入为人民币10.86亿元（折合1.75亿美元），与2013年的10.10亿元（折合1.67亿美元）相比，同比增长8%。此外，艺龙旅行网单日移动端住宿的订单高峰值超过了10万单，国内签约酒店数量突破20万家，共提供全球40多万家酒店的预订。

（一）酒店预订业务

艺龙旅行网2014年全年来自酒店预订业务的收入较2013年同比增长9%，主要是由于酒店客房间夜数量的增加，但同时被酒店客房每间夜收入的减少所部分抵消。2014年艺龙旅行网的酒店客房间夜数量约为3420万，与2013年相比增长了32%。每间夜收入较去年减少了17%，主要是由于较低佣金率及房价的酒店客房间夜数量的快速增长，以及消费券返现促销规模的扩大。酒店预订业务收入占总收入的比例为81%，而2013年为80%。

（二）机票预订业务

2014年艺龙全年预订的机票数量约为330万张，较2013年同比增加8%。艺龙旅行网2014年全年来自机票预订业务的收入较2013年减少7%，主要是由于每张机票所获得收入较去年减少了14%。机票预订业务收入占总收入的比例从2013年的12%降至2014年的11%。

（三）利润率及其他业务

艺龙旅行网2014年全年的毛利率为68%，而2013年为74%。毛利率的下降主要是由于酒店每间夜收入的减少,以及按照总额确认收入的艺龙旅行网买断的酒店客房间夜数量的销售增长。全年服务开发、销售和营销以及总务和行政的总运营支出同比增长17%,总运营支出占净收入从2013年的92%升至2014年的100%。艺龙旅行网2014年全年运营亏损人民币3.16亿元,而2013年的运营亏损为人民币1.78亿元。艺龙旅行网服务开发支出是与技术、产品供应有关的支出,包括艺龙移动客户端和网站的开发,以及供应商维护团队的支出。2014年全年服务开发支出同比增长55%,主要是由于人员的增加,服务开发支出占净收入的比例从2013年的18%升至2014年的25%。其他业务收入较2013年增长16%,占总收入的比例为8%,与2013年持平,主要是由于广告发布和出售旅行保险收入的增加。其他业务收入中总务和行政支出同比增长63%,主要是由于股票期权费用、坏账费用以及专业服务费用的增加。总务和行政支出占净收入的比例从2013年的9%升至2014年的14%。[12]

三、2014年大事记

(一)企业事件

2014年4月,艺龙旅行网上线台湾特色民宿,大力布局台湾市场。

2014年5月,艺龙旅行网推出免费酒店管理系统,提供全天候的在线服务。该系统经过近半年时间的试运行,已有3000家酒店成功安装并免费使用。

2014年5月,艺龙旅行网国内酒店覆盖突破10万家,国内酒店覆盖量第一。

2014年5月,根据企业财报显示,艺龙旅行网净亏损3540万元,同比由盈转亏。

2014年7月,艺龙旅行网投资3亿元抢占暑期出游市场。从7月1日起掀起"万家酒店惊爆暑假"的酒店大型促销活动,持续到8月底。同时,"艺龙旅行网旅游指南"推出一系列暑期国内游攻略,以线路指导匹配相应产品,包括《爸爸去哪儿》第二季的全部旅游线路。

2014年8月,中国电子商务投诉与维权公共服务平台接到用户对艺龙旅行网的投诉。投诉称,用户在艺龙旅行网预订酒店,住宿时间有变动,更改订单。艺龙旅行网方面以后未再联系,当日重新预订也无法入住。

2014年8月,艺龙旅行网单季度客房量创新高,首过800万间夜。

2014年9月,艺龙COO和CFO离职,引入两名技术高管布局移动端。引入金宇晖和朱瑞清分别担任无线业务部技术副总裁和平台副总裁,围绕移动住宿战略布局。同时,艺龙旅行网确认原首席内容官谢震以及首席财务官罗戎将离职,原首席会计杨锐志升任首席财务官。

2014年9月,艺龙旅行网招募"密云金秋休闲之旅"旅游达人。

2014年10月,艺龙旅行网黄金周移动日订单破10万单。

2014年11月,艺龙旅行网红包上线。红包分为机票红包、火车票红包、酒店红包及通用红包四种。红包面值由5元到100元不等,不定期发放给艺龙APP用户。同类红包在使用期内可以叠加,其中以酒店产品搭配红包最为实惠。

2014年11月,艺龙旅行网推出了1万多间1元酒店供用户选择,备战双十一。用户在 11 月 1 日到 11 月 30 日期间任一天的 11 点,都可以随地登录艺龙旅行网客户端,抢购可以实现"脱光梦"的 1 元酒店。

2014 年 12 月,"双 12"艺龙旅行网疑遭对手攻击,网络 APP 全部瘫痪。

2014 年 12 月,艺龙旅行网荣膺"2014 年度 FESCO Adecco 最佳雇主"称号。

(二)战略合作

2014 年 2 月,艺龙旅行网联合兴业银行发行兴业银行艺龙旅行信用卡,通过网站(eLong.com)、24 小时预订热线(4006 – 161616)以及手机艺龙旅行网(m.eLong.com)三大平台,为消费者提供酒店、机票和度假等全方位的旅行产品预订服务。

2014 年 3 月,艺龙旅行网与快的打车达成战略合作,新上线的艺龙旅行网客户端将加入出租车功能,支持城市交通和接机送机服务。

2014 年 4 月,艺龙旅行网与去哪儿网互诉。去哪儿网站旗下的趣拿公司与艺龙公司单方终止了库存分销合作,并对涉及的所有酒店产品全部下线。艺龙公司认为趣拿公司违约,起诉索赔 1 亿多元。对此,趣拿公司提出反诉,索要佣金 800 余万元。

2014 年 4 月,艺龙旅行网、同程旅游网正式合作。艺龙旅行网与同程旅游网正式宣布合作,艺龙酒店预订系统接入同程网,而同程旅游网的景区门票预订业务于 2014 年上半年在艺龙旅行网上开放预订。

2014 年 5 月,同程网终止与艺龙旅行网合作。同程网和艺龙旅行网双方正式解除战略合作协议,同程网已于 5 月 22 日支付 3000 万元补偿金,并从 5 月 24 日起将酒店现付业务接入携程旅行网。

2014 年 7 月,艺龙旅行网和 Expedia 展开更加深度的合作。Expedia 和艺龙旅行网在中国的两个签约团队已经整合为一个签约团队,Expedia 及旗下网站将销售艺龙旅行网在中国的库存,同时艺龙旅行网也可以为 Expedia 提供在中国特别是二三线城市的额外的酒店库存。

2014 年 8 月,艺龙旅行网牵手高铁管家开启酒店合作。艺龙旅行网获得高铁管家酒店频道运营权,为高铁管家提供艺龙旅行网国内所有签约酒店。

2014 年 9 月,艺龙旅行网利用 Genesys 多渠道移动互联,进一步优化客户体验。

2014 年 9 月,艺龙旅行网推出酒店送小 Q 路由活动。艺龙旅行网联合 RND 路由器,发起"9 元酒店抢不停,抢到再送 RND 小 Q 路由"活动。

2014 年 12 月,艺龙旅行网 CEO 崔广福被汽车之家任命为独立董事。汽车之家任命艺龙旅行网 CEO 崔广福为该公司独立董事及董事会审计委员会和薪酬委员会成员。

四、战略剖析与企业解读

(一)战略剖析

1. 艺龙旅行网发展困境

2014 年在线旅游电商的价格战依然是主流,此外,缔结同盟成为另一种竞争方式。艺龙旅行网的主要战略是以价格战和酒店业务的竞争为主。纵观艺龙旅行网的发展历程,在 2009 年之前,艺龙旅行网呈亏损状态,其通过缩减产品线,砍掉度假和差旅服务,把酒店业务设为重心,把机票业务作为辅助性产品,成功扭亏为盈。同时,随着信息技术的高速发展,越来越多的旅游电商加入了市场竞争。2012年,携程旅行网创始人梁建章回国,将布局无线互联网领域当作公司的"二次创业";同时加强对酒店预订领域的重视程度。2012年7月,携程旅行网宣布投入巨额营销费用,与艺龙旅行网展开针锋相对的价格战。价格战从艺龙旅行网的根基酒店预订领域开打,蔓延至机票预订等业务。携程旅行网一改往日守城的态度,转为主动进攻;艺龙旅行网为了保持高增长,也只能继续加大营销投入,斥巨资来换取流量和用户。巨额营销费用的投入虽然换来了预订量的增长,但却使盈利能力再次跌入谷底。截至2014年年底,艺龙旅行网持续亏损。此外,除携程旅行网带来的竞争的压力外,去哪儿网、同程网、途牛旅游网、芒果网等旅游电商的崛起也带来巨大的威胁,去哪儿网更是于2013年11月上市,市值为艺龙旅行网的4.4倍。除去价格战的疲软、酒店市场的瓜分等原因,其他旅游电商对于艺龙旅行网拥有技术研发方面的优势,携程旅行网CEO梁建章、去哪儿网CEO庄辰超、同程网CEO吴志祥,这些企业负责人或是技术出身,或是IT背景企业出身,具有对在线旅游行业天生的敏感度,面对巨大的压力,艺龙旅行网继续寻求转型和出路。[13]

2. 艺龙旅行网与同程网的"闪婚闪离"

同程网与艺龙旅行网在37天时间里上演了一场从"闪婚"到"闪离"的闹剧。2014年4月16日,同程网与艺龙旅行网召开新闻发布会,正式宣布结成战略伙伴。二者的协议是:同程网独家负责为艺龙旅行网提供景点门票的产品;作为交换,艺龙旅行网则将其酒店资源接入同程网,独家为同程网提供前台现付和团购酒店的产品。此外,艺龙旅行网CEO崔广福用"多赢"为合作定下了基调。对于"多赢"的理解,其中之一便是携手对抗携程旅行网。从艺龙旅行网角度出发,首先,同程网与携程旅行网在门票争夺中激战正酣,并且同程网从腾讯手中拿到5亿元投资,欲与携程旅行网持续打价格战;其次,艺龙旅行网与携程旅行网之间持续一年多的价格战也令艺龙旅行网付出了连续六个季度(截至2013年第四季度)业绩亏损的代价。当时的状况,携程旅行网成为二者共同应对的竞争对手;最后,在线旅游行业中携程旅行网与去哪儿网意欲携手,使处于携程旅行网下的艺龙旅行网面临巨大的危机。但4月28日,携程旅行网宣布以2.2亿美元入股同程网,成为同程网的第二大股东。而由于同程网与艺龙旅行网有"独家提供产品"的协议在先,同程网向艺龙旅行网支付3000万元补偿金。

从艺龙旅行网与同程网的合作来看,艺龙旅行网是携程旅行网的长期竞争对手。二者同一年成立、相同的商业模式,行业第一与第二的稳定格局,艺龙旅行网坚定不移地走着专注酒店这一条道路。一系列改革,使艺龙旅行网扭亏为盈。专注酒店是艺龙旅行网重获新生的法宝,也是其坚定不移的核心准则。由于艺龙旅行网业务模式的单一,酒店业务的低迷加之梁建章的回归后携程旅行网对酒店业的布局,直接影响了艺龙旅行网的整体业绩。联手同程网既可补全艺龙旅行网的产品布局,又可增强抵御携程旅行网的能力。

从同程网与艺龙旅行网的分手情况来看,同程网依据企业利益作出的战略选择是艺龙旅行网无法规避的。从短期看来,如果艺龙旅行网继续为同程网服务三年,财务收入无法达到3000万元。对于业绩低迷的艺龙旅行网来说,用两个月的谈判加合作换来净收入3000万元,并未受到太大利益损失。但是,从长远来看,如果把"3000万元"和"携程+同程"进行衡量,携程旅行网、同程网的合作带来更大的危机。对此,艺龙旅行网方面也有所警觉。携程旅行网拿走同程网的酒店,将拉大与艺龙旅行网酒店的间夜差距,为此艺龙旅行网加快了与Expedia中国区整合的步伐,同时尽快推进了其他的酒店业务发展计划。但面对携程旅行网与同程网的瓜分,艺龙旅行网需进一步寻求发展出路。[14]

3. 艺龙旅行网与去哪儿网的纠纷

2013年,因去哪儿网的下属公司北京趣拿软件科技有限公司擅自终止了与艺龙旅行网签署的为期三年的酒店库存合作协议,艺龙旅行网于2013年向法院提起了诉讼。2014年12月26日,北京市第一中级人民法院做出了一审判决,去哪儿网向艺龙旅行网支付约5233万元的损失赔偿款;艺龙旅行网向去哪儿网支付约812万元的佣金。

过去,去哪儿网身上的标签是"垂直旅游行业的百度",业务模式是CPC(搜索比价);现在,去哪儿网将标签换为"垂直旅游行业的百度+淘宝",业务模式是TTS(Total Solution,酒店在线交易系统)+CPC。去哪儿网推出的TTS模式触动了艺龙酒店在线交易的市场。2013年4月15日,艺龙旅行网向所有会员发送短信"艺龙旅行网暂停与去哪儿网合作,欢迎直接登录艺龙官网预订酒店",以此与去哪儿网划清了界限。去哪儿网依靠百度且成功上市,与艺龙旅行网和携程旅行网竞争的态势越来越明显,尤其是在酒店方面,去哪儿网快速席卷市场。分析去哪儿网和艺龙旅行网2014年第三季度财报来看,去哪儿网的酒店直销量已占酒店业务总量的51%,且该比例继续快速扩大。艺龙旅行网与去哪儿网2013—2014年6个季度营收总额走势见图2-6。

图2-6 艺龙旅行网与去哪儿网2013—2014年6个季度营收总额走势

数据来源:TechWeb http://www.techweb.com.cn/internet/2015-01-06/2113310.shtml。

由图2-6可见,艺龙旅行网营业总额的增幅较去哪儿网小,且两者差距越来越大。事实上去哪儿网2014年第三季度总机票量和酒店间夜总数较2013年同期分别实现了57%和84.6%的增长。而艺龙旅行网第三季度酒店预订业务佣金较2013年同期仅增长了6%。值得注意的是,艺龙旅行网机票预订业务佣金2013年同期下滑24%。去哪儿网原来是垂直搜索,为艺龙旅行网提供服务按点击收费,现在则自己签约酒店、机票代理商等,与艺龙旅行网是直接竞争关系。艺龙旅行网、去哪儿网与携程旅行网2013—2014年6个季度营收总额走势见图2-7。

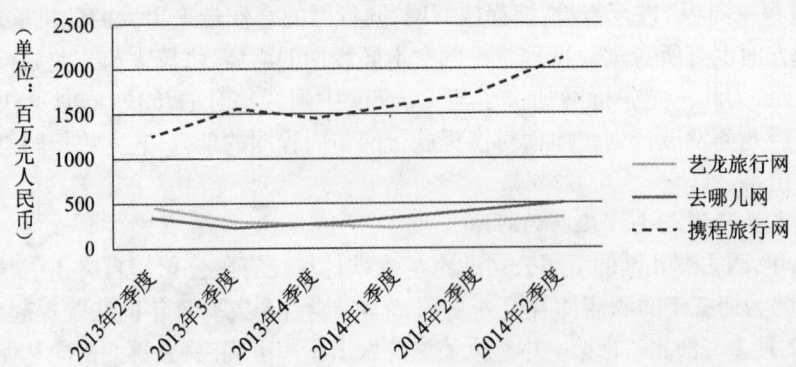

图2-7 艺龙旅行网、去哪儿网与携程旅行网2013—2014年6个季度营收总额走势
数据来源:TechWeb http://www.techweb.com.cn/internet/2015-01-06/2113310.shtml。

再对比携程旅行网2014年第三季度财报可知,其净利同比下滑42%。携程旅行网住宿预订量同比增长69%,超过公司50%~60%的增长预期。携程旅行网对于去哪儿网及艺龙旅行网来说遥遥领先。根据以上数据可以看到,去哪儿网的"改革"对艺龙旅行网的影响远远大于对携程旅行网的影响。除携程旅行网、艺龙旅行网、去哪儿网三家老资历之外,还有途牛旅游网、同程网、驴妈妈网、蚂蜂窝网、芒果网和阿里集团的"去啊"参与到OTA(在线旅游)市场抢夺战中,艺龙旅行网会继续面临巨大的竞争压力。[15]

(二)企业解读

1. 以酒店为核心

艺龙旅行网拥有完善的全国酒店销售预订网络,并且在2009年战略整改后,以酒店业务为核心,进行专一化的发展模式,实现盈利,但受到去哪儿网等企业对酒店市场的争夺,酒店业务盈利下降。酒店销售作为艺龙旅行网的主要资源,短期内以酒店为核心的业务模式不会改变。艺龙旅游网可以直接预订国内近430个城市的近8700家酒店及海外100多个国家和地区的10万家星级酒店,其海外酒店预订系统独具优势,可通过Expedia向用户提供全球720个目的地优惠的国际酒店预订服务。此外,艺龙旅行网主要定位是中低端酒店,以收取佣金为主要模式,所以具有较大的市场。

2. 不断创新的服务能力

艺龙旅行网秉承让客户每一次都享受到无与伦比的服务的承诺,以客户需求为导向,为客户提供"看得见的省钱省心"服务。从系统的升级到页面的设计,艺龙旅行网以简洁的页面展示、简单的预订流程、快速的搜索速度,运用地理位置、品牌与价格的综合搜索条件,让用户轻松找到满意产品。艺龙旅行网的24小时呼叫中心为一大特色,为国内首创7×24小时全天候呼叫中心服务,2007—2009年该呼叫中心连续三年被评为中国最佳呼叫中心,2009年至今,艺龙呼叫中心的客户服务满意度高达99.7%。此外,艺龙旅行网通过使用Sieble CRM客户管理系统和独立研发的客户数据管理系统,能够根据用户的使用偏好、需求等来提供更具个性化的服务。[16]

3. 营销优势

传统旅游电商很多采用商业联盟的模式进行合作,但艺龙旅行网与同程网战略协议过早终止。总体来说,艺龙旅行网主要通过大规模的线上广告投放及线上合作打开营销市场。首先,艺龙旅行网在百度、谷歌、搜搜、去哪儿网、到到网、酷讯等通用和垂直搜索网站的广告投放规模远远超出竞争对手。合作伙伴与艺龙旅行网达成分销合作,就相当于间接在这些搜索网站上有了广告投放。其次,艺龙旅行网和许多著名的网站达成战略性或伙伴合作,比如腾讯、MSN、人人等,并同时和超过3000家中小网站建立合作联盟,通过系列推广活动,让合作伙伴的品牌得到推广。再次,与银行进行合作,为消费者提供金融保障。艺龙旅行网为中国银行、工商银行、建设银行、农业银行、招商银行、中信银行在内的国内外知名商业银行商旅产品提供增值服务,通过这些银行向持卡人推荐艺龙产品。最后,与国航、东航、深航、海航在内的多家航空公司建立战略合作关系。航空公司会员在艺龙预订酒店可享受额外的里程赠送优惠或其他促销优惠。此外,2014年8月,艺龙与高铁管家开启酒店合作,并利用Genesys多渠道移动互联,进一步优化客户体验。

五、2015年发展布局

艺龙旅行网2015年的发展布局仍以酒店预订为主,适当增加机票业务,继续布局移动端,并且持续增加投资来拉动业务的加速增长。2014年艺龙旅行网力推各类促销,包括进行返现、送券等,每天都有数千家酒店在艺龙移动客户端提供幅度高达30%至50%的额外折扣。此外,线上线下推广营销费用的增长以及产品开发投入的加大也给艺龙旅行网造成压力,艺龙旅行网的酒店佣金率持续下降而费用率持续增长,成为艺龙旅行网亏损扩大的主要原因。酒店业务是艺龙旅行网主要盈利点,而酒店业务的低迷直接影响了企业发展。2015年艺龙旅行网从以下几个方面布局。

第一,改善用户体验,挖掘大数据潜力,实现个性化推荐。

通过优化运营,改善用户体验,才能长久生存下来。提升运营能力就是企业内功修炼的方式,艺龙旅行网的易用性、产品功能的人性化设计都稍微落后于携程旅行网。比如以国内酒店业务为例,在筛选酒店商圈时,携程旅行网以地图展示各个商业区的布局,而在产品的详情页面添加了周边吃喝玩乐的设施,同时在最后推荐与该酒店同类型的其他酒店。在产品的展示上及关联推荐上艺龙旅行网都需要下工夫。精准分析现有目标客群的消费倾向和消费意愿无疑比获取新客户拥有更强的可行性和ROI。比如亚马逊经过消费模型和大数据的应用,其个性化推荐的贡献率占总业绩的20%~30%,个性化推荐可以达到65%的转化率。而携程旅行网内部也有超过100人的团队在负责个性化推荐项目,力图在2015年通过个性化推荐达到全公司8%~10%的销售占比。

第二,加大自助决策权。

与其他旅游电商相比,艺龙旅行网具有以下特点:首先,中外企业均持有艺龙股权,Expedia持有56%的股份,腾讯也持有16%,人人持有9.3%;其次,高层团队为职业经理人团队,CEO崔广福在内的多个高管均为职业经理人团队,并未拥有多少股份,话语权不足;最后,公司曾面临动荡,在崔广福任职前,艺龙旅行网团队经历诸多动荡,直到崔广福上任后动荡才停止,但动荡的根源仍然存在。这三个特别的因素就让艺龙旅行网处于可能后方不稳的境遇,而这也可以通过2014年初的出现传闻和崔广福离职传闻,以及腾讯迟迟不为艺龙旅行网开放微信入口的现状窥见端倪。艺龙旅行网应加大高层的自主决策权,寻求战略投资者Expedia和腾讯的再度认可和授权。

第三,扭转舆论,加深与媒体特别是自媒体的合作。

百度艺龙新闻大多是投资信息或投诉类信息,艺龙旅行网应注意SEO的优化。随着互联网的发展,媒体也越来越碎片化,从纸媒到网媒,再到科技类垂直媒体,再到自媒体,媒体越来越多,媒体的特性和效果越来越不同,加深与媒体的合作,不间断地进行品牌曝光将有助于品牌在用户中的传播,更重要的是在面临正面或负面大事件时,媒体都是很好的舆论影响平台,PR是发声器,但媒体是麦克风。

第四,战略突破。

首先,艺龙旅行网应继续深耕酒店市场,向酒店行业第一迈进,将业务拓展至高端酒店,在携程旅行网最关注的领域进行突破,整合酒店上下游产业链,加大拓展三线及以下城市酒店,开发海外酒店市场,拓展业务增量。其次,继续打价格战,但要收缩范围,收缩价格战的品类,非全线开打,保证合理的利润空间,如仅针对二线城市价格敏感人群或者针对三四星酒店,保证自己利润产品不受价格战影响;联合行业共同制约携程旅行网。价格战品类不仅从酒店品类开始,也可以从机票、旅游品类制约对方。联合行业其他企业,例如与去哪儿网形成默契助攻携程旅行网机票价格战,与驴妈妈旅游网一起助攻旅行产品价格战等。最后,进军商旅市场。中国现在是世界第二大商旅市场,并有望在2015年超越美国成为世界上最大的商旅市场;更重要的是商旅市场是切入高档商旅酒店的钥匙,也是突破发展瓶颈的路径之一。[17]

第三节 去哪儿网

一、企业简介

去哪儿旅游网(Qunar.com)是全球最大的中文旅行平台,其网站于2005年5月上线,公司总部位于北京。去哪儿网通过网站及移动客户端的全平台覆盖,随时随地为旅行者提供国内外机票、酒店、度假、旅游团购及旅行信息的深度搜索,帮助旅行者找到性价比最高的产品和最优质的信息,聪明地安排旅行。去哪儿网(见图2-8)凭借其便捷、先进的智能搜索技术对互联网上的旅行信息进行整合,为用户提供实时、可靠、全面的旅游产品查询和信息比较服务。根据

图2-8 去哪儿网徽标

2014年9月艾瑞监测数据,在旅行类网站月度独立访问量统计中,去哪儿网以4474万人次高居榜首。截至2014年9月底,去哪儿网可实时搜索约4190家旅游代理商网站,搜索范围覆盖全球范围内约77万家酒店、18余万条航线、50万条度假线路和近万个旅游景点,并且每日提供约24.2万种旅游团购产品。去哪儿网移动客户端"去哪儿旅行"是中国旅行类最受欢迎的移动应用,其拥有约4.6亿次的激活用户量。根据中国互联网络信息中心(CNNIC)发布的《2012年中国网民在线旅行预订行为调查报告》,"去哪儿旅行"是手机旅行信息查询用户安装最多且使用最多的移动客户端。[18]

二、去哪儿网2014年企业财报分析

去哪儿网(股票交易代码:QUNR)财报显示,截至2014年9月30日,去哪儿网持有现金、现金等价物、限制性现金和短期投资总额16亿元(约2.679亿美元),去哪儿网的营收呈上升状态,但是净亏损比例大幅增加,与过去相比达到最高水平。

(一)营业收入概况

去哪儿网2014年第一季度总营收为人民币3.355亿元(约合5411万美元),同比增长84%,环比增长34%;第二季度总营收为4.004亿元人民币(约合6450万美元),同比增长127%,超过第一季度对于总营收实现90%~95%的增长预期,创过去10个季度新高,归属于去哪儿网股东的净亏损为人民币4.216亿元(约合6800万美元)(见图2-9);第三季度营收5.011亿元(约合8160万美元),比去年同期增长107.8%,比上一季度增长25.2%,股东净亏损为5.662亿元(约合9230万美元),2013年同期净亏损4880万元。去哪儿网2014年上半年一共亏损9.98亿元,大幅超过以往水平,第三季度移动营收为2.027亿元(约合3300万美元),比去年同期增长445.1%,在总营收中所占比例为40.4%,相比之下2013年同期所占比例为15.4%。

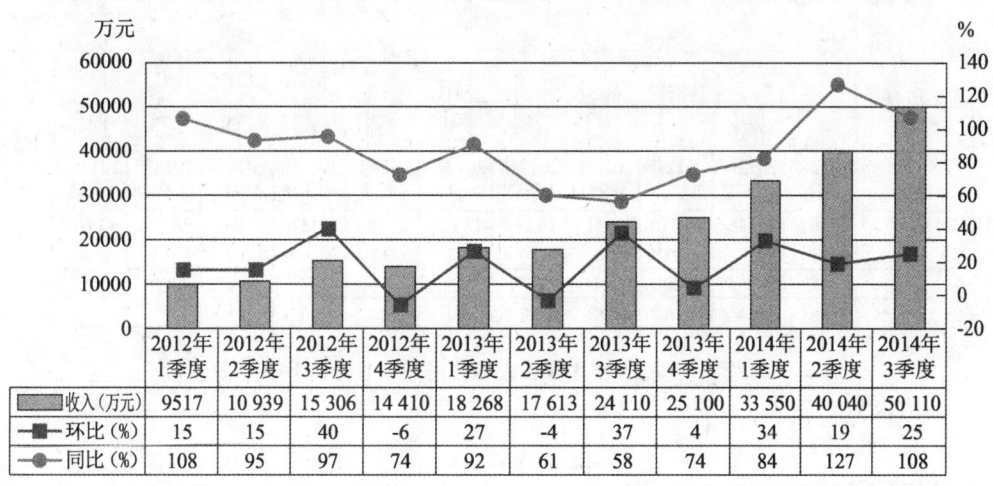

图2-9　2012—2014年去哪儿网营收分析图

图片来源:腾讯科技。

(二)机票和酒店营业收入

按效果付费业务(以下简称P4P)中,去哪儿网第一季度来自于航班和航班相关的营收为人民币2.354亿元(约合3790万美元),同比增长89.8%。去哪儿网航班和航班相关营收的同比增长,主要由于TEFT增长了75.2%,以及平均每张机票的收入增长了8.4%;第二季度的机票以及机票相关收入为2.794亿元(约合4500万美元),同比增长143.3%。P4P机票收入的同比增长主要得益于总机票量66.1%的增长,以及单张机票平均收入46.4%的增长;第三季度的航班和航班相关营收为3.121亿元(约合5080万美元),比2013年同期增长104.1%。去哪儿网航班和航班相关营收的同比增长,主要由于总估测航班订票量增长了57%,以及由于每张机票收入增长了30%。

去哪儿网第一季度P4P酒店营收为人民币6180万元(约合990万美元),同比增长54.8%。去哪儿网P4P酒店营收的同比增长,主要由于TEHR增长了100.7%,但平均每晚每房收入下降了22.9%,主要是由于该公司推出了酒店打折计划;第二季度酒店P4P收入为7150万元人民币(约合1150万美元),同比增长79.5%,主要得益于酒店间夜总数实现了105.2%的增长;同时,由于推出酒店返现相关促销活动,导致每间夜平均收入有效酒店佣金率轻微下浮12.5%;第三季度P4P酒店营收为1.117亿元(约合1820万美元),比2013年同期增长98.1%。去哪儿网按绩效付费酒店营收的同比增长,主要由于总估测酒店客房间夜预订量增长了84.6%,以及每间房的营收增长7.3%。2012—2014年3季度去哪儿网按绩效付费P4P营收分析见图2-10。

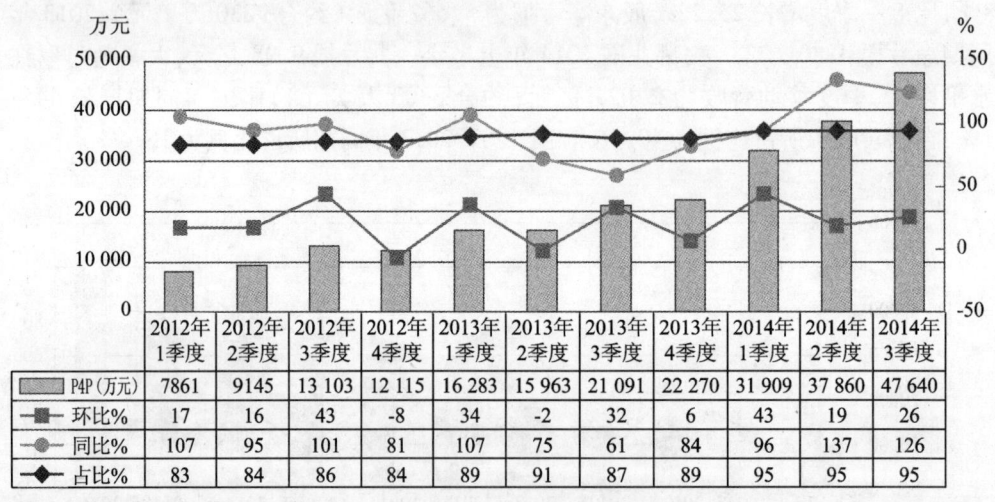

图2-10 2012—2014年3季度去哪儿网按绩效付费P4P营收分析
图片来源:腾讯科技。

(三)毛利率

去哪儿网2014年第一季度毛利润为2.621亿元(约合4220万美元),同比增长76.8%,环比增长30.9%。去哪儿网毛利润的增长,主要由于总营收大幅增长,但被营业税和附加费的增长以及短信服务费和网上支付手续费的增长所部分抵消。[19]第二季度毛利为 2.947 亿元（约合 4750 万美元），同比增长 114.1%，毛利率为 74%，2013 年同期毛利率和 2014 年第一季度毛利率分别为 78% 和 78%。第二季度毛利增长主要得益于总营收的显著提高，但被在线支付手续费的提升所部分抵消。[20]第三季度毛利润 3.629 亿元（约合 5910 万美元），比 2013 年同期增长 89.6%。毛利润率为 72%，2013 年同期毛利率为 79%（见图 2-11）。去哪儿网毛利润的同比增长，主要由于总营收大幅增长，但被在线支付处理费用的增长所部分抵消，这项费用计入在营收成本中。[21]

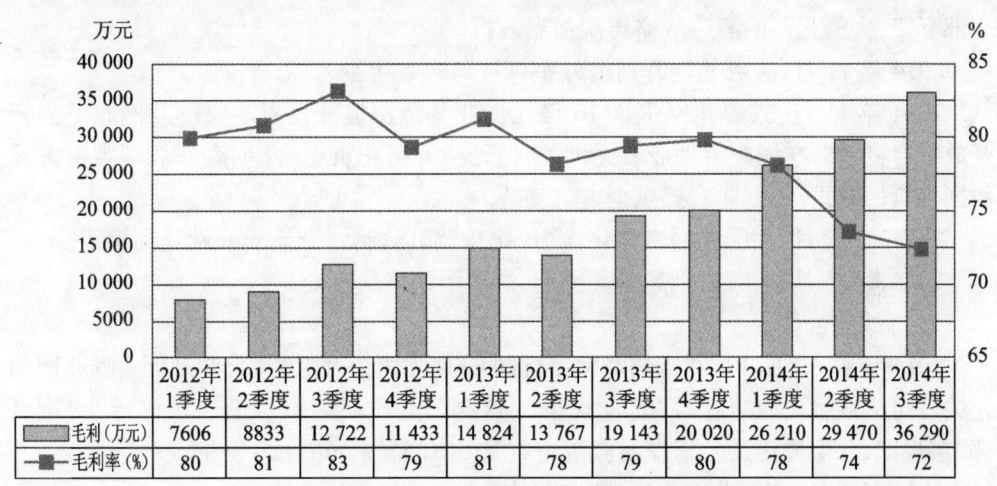

图 2-11　2012—2014 年去哪儿网毛利率分析

图片来源：腾讯科技。

三、2014 年大事记

（一）企业事件

2014 年 1 月，去哪儿网正式成立目的地事业部，张强担任出任总经理，同年改任 CEO。

2014 年 5 月，去哪儿网度假部门率先完成公司考核，正式升级为事业部，由高兴出任度假事业部总经理。度假业务同比增长近 5 倍。

2014 年 8 月，去哪儿网发布《2014 年东北旅游报告》。

2014 年 8 月，去哪儿网推出"全平台用户保障计划"。消费者通过去哪儿网搜索并预订酒店，无论是直接预订，还是跳转至第三方供应商网站，如遇到到酒店无房且协调无果的问题，将退还全部预订费用并最高赔偿首晚房费。

2014 年 9 月，去哪儿网宣布投入 15 亿元，开启"购买机票送红包"回馈活动。在去哪儿网站登录购买国内机票或国际港澳台机票，都有机会领取一个价值 200 元的红包，该红包可直接抵用预订酒店费用。

2014 年 9 月，去哪儿网拓展青年旅舍市场。去哪儿网在客栈频道中细分出青年旅舍分类，意欲拓展背包客和文艺青年的市场，更好地抓住年轻的 90 后群体。

2014年9月,携程旅行网酒店产品从去哪儿网下架。

2014年10月,去哪儿网开拓线上低端酒店市场。不同于其他OTA的中高端酒店战略,去哪儿网将范围锁定在各个城市的中低价位酒店,一个床位价格低至十几元甚至几元一个床位,范围涉及客栈、民宿、公寓和招待所。

2014年10月,去哪儿网门票事业部正式成立,由胡洁担任去哪儿网门票事业部CEO。特殊项目部正式升级为智能住宿事业部,拥有独立品牌,张泽任该事业部CEO。

2014年11月,国内最大的经济型连锁酒店集团如家宣布其酒店产品从去哪儿网全部下架,去哪儿网的酒店战略再次遭遇波折。

2014年11月,去哪儿网开通境外手机号码购票功能。

2014年11月,去哪儿网提供10亿元创业基金招揽开发者。去哪儿网旗下的云开放平台将面向在线旅游创业者提供10亿元项目孵化资金,并彻底开放各类资源及数据接口的方式,为创业者提供全方位支持。

2014年12月,去哪儿网邀请佟大为"化身"酒店前台,开启无线端让利模式。

2014年12月,去哪儿网超越美团网,酒店团购格局渐变。

(二)战略合作

2014年4月,去哪儿网遭蚂蜂窝旅行网CEO陈罡公开炮轰,公开批评去哪儿网的公关公司花钱雇人为酒店写"正面评价",这次公开质疑踢爆了酒店预订行业"刷好评"潜规则,深层原因是各家在线旅游企业对UGC新细分市场的争夺。

2014年6月,去哪儿网投资东南亚"快的"。

2014年7月,去哪儿网携手BMW,深度开发自驾游市场。

2014年8月,去哪儿网"当地人"入驻搜狐快站(www.kuaizhan.com)。去哪儿网选择搜狐快站平台发力移动端,建立无线站点,同时主推"当地人"活动。该活动旨在更好地满足旅行者的个性化需求,提供更具针对性的一对一服务。

2014年9月,与去哪儿网合作刚满一年的携程旅行网下架由去哪儿引流的所有酒店产品,同程旅游也跟着下架了相关产品。事情的起因源于去哪儿网穿"马甲"代售直签酒店。

2014年10月,去哪儿网成为第一家与黄山旅游委员会合作的旅游网站。此次战略合作把重点放在高星级酒店,并以此延伸至黄山景点门票、旅行社当地特色产品等领域。

2014年10月,去哪儿网和中信银行联合推出新型"存款证明"。该证明可免去用户出国旅游或者留学必须冻结一笔存款的烦恼。

2014年10月,去哪儿网签约。河北省宁晋县与北京嘉信浩远信息技术有限公司就去哪儿网线上旅行项目在北京总部正式签约。去哪儿网在宁晋经济开发区设立互联网在线旅行社公司,对旅行产品进行采购,并针对不同阶段的客户打造旅游产品。

2014年11月,去哪儿网携手桂林市发起了"公益之旅首站桂林行"活动。发动当地酒店、旅行社、客栈等旅游业合作伙伴以及热心网友共同开展"文明旅游随手拾垃圾"活动。

2014年12月,去哪儿网投资旅游百事通,打通线下通路。去哪儿网投资国内最大全国性旅游连锁机构旅游百事通是其投资金额最大的项目,双方将增强线上线下的互动,拉动传统旅游企业O2O的转型。

2014年12月,去哪儿网携手Blacklane推出境外租车服务。去哪儿网与Blacklane联手推出针对中国出境旅游用户的租车服务,该服务将涉及50多个国家及地区的众多城市。

2014年12月,去哪儿网已签约国内国际航空公司102家。同时,去哪儿网将与签约航企展开全营销体系的深度合作,提供包括航班收益辅助系统、大数据决策系统以及精准营销系统等在内的多种形式的互联网营销支持。

四、战略剖析与企业解读

(一)战略剖析

1. 去哪儿网推出前台切客

在第三季度的财报公布后,携程旅行网和去哪儿网的高层纷纷高调亮相,声言将发动更猛烈的"价格战"。去哪儿网推出"千元礼包"的活动则可以直接拉升间夜量,此活动的核心目的是直接在酒店前台转化通过携程旅行网、艺龙旅行网、美团网等网站预订或酒店直销的客人。去哪儿网前台切客项目12月初就已经开始,包括现付模式和预付模式:现付模式主要是集中在二三线城市的中低端酒店,客人在前台扫码下单预订,房费还是在前台现付;预付模式主要集中在旅游目的地和三四线城市的客栈民宿,客人在前台扫码并通过HTM5的支付页面完成在线支付,房费直接给到去哪儿网。现付模式主要针对携程旅行网、艺龙旅行网等OTA,预付模式则主要针对以团购业务为主的美团网,因为客人购买团购产品后取消无须任何罚金,这种方式使得用户的转换成本极低。除了物质上的奖励(免佣金、积分换话费)外,去哪儿网的地推人员向酒店客栈推广时,还会以扫码支付取代POS机节省银行手续费作为卖点。

此次切客活动可以从两个方面来分析。首先,根据去哪儿网财报显示,去哪儿网酒店直销订单量没有达到预期目标,其迫切需要寻找有效的客流以支撑高投入的酒店"直销"系统的运转。酒店上门客成为去哪儿网瞄准的新客流来源,并不是从其他OTA抢生意,而是从线下业务抢生意,例如酒店的上门客,一般占据了大多酒店30%~50%的生意。前台切客方法"简单而又粗暴",也从另一个侧面反映了去哪儿网高层面对业绩压力的焦躁心态。其次,在这个切客活动中,酒店商家的态度是关键。去哪儿网的策略是免佣金,并且每成交一笔订单都会向酒店商家赠送E币(可免费兑换话费等)和金币(可免费兑换去哪儿网广告位)。如此这般的操作,客人和酒店各得其所,而去哪儿网则获得了间夜量增长,将酒店的直销客流和OTA客流引流到自己的预订渠道上。[22]

2. 抢占移动端市场

根据第三方数据服务提供商TalkingData发布的《2014移动产业指数数据报告》,2014年移动旅游(综合预订)行业用户增长较快,截至2014年12月,用户规模达2.8亿,较年初增长211.1%。移动旅游用户的增长率,比较贴合旅游淡旺季的起伏规律。

截至2014年12月,移动旅游用户覆盖比例Top10中,去哪儿网移动端用户覆盖率等于携程旅行网、阿里、艺龙旅行网、途牛旅游网之和。去哪儿网的酒店预订量成为在线旅游电商中的第一位,直接得益于移动端的大力发展。手机APP已经成为去哪儿网主攻方向之一,越来越多的用户通过移动端进行酒店、机票的预订,而去哪儿网一直致力于无线端的优化与技术的开发。[23]

3. 去哪儿网与艺龙旅行网

2014年5月,艺龙旅行网、去哪儿网诉讼之争结果终于出台,法院判决艺龙旅行网向去哪儿网赔偿812.7402万元现金,去哪儿网给艺龙旅行网充值5200万元。但该充值不能提现,只能按照去哪儿网广告合约进行广告消费。

2013年,由于看好去哪儿网,艺龙旅行网提出和去哪儿网的合作,去哪儿网作为其前台现付酒店库存的分销商,帮助其销售酒店。达成上述合作的条件是:去哪儿网按照每季度不低于45万间夜的销量为艺龙旅行网分销,如果达不到,去哪儿网将会按照每间夜27元的标准补贴给艺龙;另一方面,艺龙旅行网则不仅需要向去哪儿网支付广告费用,同时也需要支付佣金。由于在线旅游行业格局发生变化,艺龙旅行网放弃了机票业务,随后在酒店业务上也增长乏力,是唯一一个保利润而放弃市场份额的OTA。此时去哪儿发现艺龙旅行网的库存在自己的平台上并不好销售,加上艺龙国际酒店迟迟不能上线,去哪儿网提出终止合同。双方就此无法达成一致,艺龙旅行网最终将去哪儿网起诉到法院。这一年,艺龙旅行网曾经试图联合同程旅游网对抗携程旅行网,但最终被携程旅行网入股同程旅游网而宣告失败。

与此同时,去哪儿网在酒店业务上,按效果付费收入已经达到了1.117亿元,同比增长98.1%。此外,去哪儿网酒店总数达到1000万间夜,超过艺龙旅行网的940万间夜。同时,去哪儿网在数百个城市的酒店团购超过了美团网。去哪儿网平台优势已经与日俱增。如果艺龙旅行网选择和去哪儿网合作,并在后者的平台上购买流量,其费用是比在百度上要优惠很多的。但是去哪儿网放弃给艺龙旅行网合作的机会选择继续上诉,将一直坚持直销。2014年第三季度,去哪儿网酒店直销量占酒店业务总量的51%。[24]

4. 发力休闲旅游

在互联网时代,几乎所有的传统行业都面临着前所未有的冲击甚至颠覆,传统旅游行业也不例外。工业时代的思维就是二维世界,其两个维度的平面交换关系,而互联网时代是三维世界,关注的是"人"与"物"及"信息"的维度。去哪儿网从传统的卡垂直搜索引擎平台发展而来,2014年,去哪儿网分别与东南亚打车软件及旅游百事通合作,正式迈开了向线下休闲旅游发力的坚实一步。根据最新的官方数据显示,旅游百事通是目前国内最大的线下旅游连锁渠道,与携程旅行网有诸多合作,二者都是将线下产品搬到线上,但是从商业模式上看,二者冲突大于合作。OTA的销售模式,往往是引进供应商产品,进行二次定价,进销差归OTA所有。这种模式在与旅游百事通合作时就回避不了与门店争客、争利润的问题。这种利益主体的分离使得合作方式很难多赢。去哪儿网的模式是平台开店收佣金模式。去哪儿网没有干预店铺的定价,也没有直接获取直客利润,这在与旅游百事通合作时可以很好回避上述矛盾。去哪儿网的旅游板块,主要模式是搭建平台,让旅游企业在去哪儿网上网开店铺,为店铺带来客流。这种模式与百事通的业务契合度比 OTA 更高,矛盾冲突更小。

去哪儿网的短板在于线下,优势是强大的技术基因构建的线上平台;旅游百事通的优势是扎实的线下基因和优质的标准化服务体系,短板是缺乏技术基因的线上。双方的结合是典型的强强联合。旅游百事通经历了两年的线上试水,2014 年启动了大平台、开放平台战略:通过整合旗下在线商城、微信商城、移动商城、手机 APP、掌旅通、第三方平台(天猫旗舰店、去哪儿网旗舰店、工行网上商城旗舰店)等平台资源,推出了"旅游百事通在线"这一全新模式,试图打通线上线下。也许旅游百事通更加意识到自己的短板是无法在短时间内有效弥补的,在唯快不破的互联网界,借力更高效,以技术打江山的去哪儿网无疑是最佳选择。而去哪儿网一向擅长出其不意地侧翼包抄打法,当同程旅游网、途牛旅游网门票度假业务竞争的时候,去哪儿网深耕三星级以下的小酒店蓝海。待同程旅游网、途牛旅游网硝烟过后,去哪儿网却又出其不意地注资旅游百事通,再次重挫携程旅行网的锐气。[25]

(二)企业解读

1. 去哪儿网模式

去哪儿网从一个简单的比价和流量导入平台,升级为在线旅游产品交易平台。其借助百度带来的入口精准流量,将大量的酒店、机票、旅游类关键词和客户资源接入其生态系统中,再通过 TTS 系统让供应商在其后端平台上运行和管理,形成了一个完整的商业闭环(见图 2-12)。就像淘宝、天猫成就了一批淘品牌,进入去哪儿网生态闭

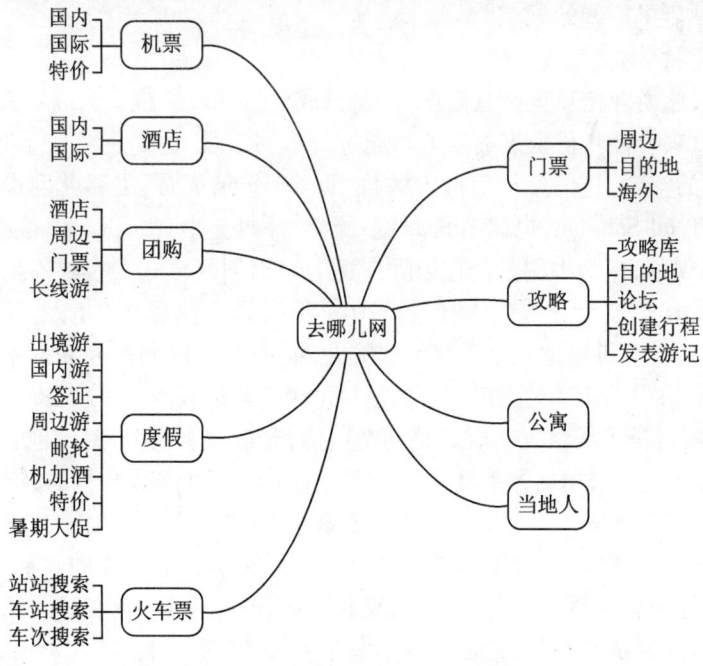

图 2-12 去哪儿网网站功能模块

图片来源:旅游网站竞品分析:http://www.woshipm.com/pmd/100014.html。

环系统中的合作企业也会享受到平台红利,形成竞争优势,去哪儿网和百度共同打造的商旅在线生态圈也可能培育出一批新的创业者。这种商业模式还让去哪儿网在进行地域扩张时颇具优势。携程旅行网若做海外推广,成本将不堪重负,因其为代理模式,必须用线下团队去做酒店及机票的地面推广;去哪儿网则可以直接复制比价平台,让海外机票或酒店代理自己接入TTS即可。因此,去哪儿网借助海外成为一家市值百亿的公司具有可能性。去哪儿网的成功上市,为中国中小创业公司与大公司合作开辟了一个新的"去哪儿网模式",即选择最有利于自身业务发展的平台作为大股东并依托其最终上市。[26]

2. 发掘小酒店市场

去哪儿网在创立初期是个搜索入口,原本是要将搜索请求全部导给第三方供应商,但随着酒店旅游行业的不断整合,去哪儿网平台上的小代理商(OTA)数量不断增加;同时去哪儿网开始自行拓展业务,并开发Ebooking系统,让小旅店的店主可以自己在系统上管理酒店房间。而去哪儿网上的"低价"酒店、旅行社已经占领了141个城市超过25万家,其合作酒店以每个月2万家的速度增长,并且去哪儿网上60%的酒店是行业最低价,持续的投资抢占市场,取得了成效。在高端酒店市场,携程旅行网占据主要地位;在低端酒店市场,去哪儿网却认为是一个蓝海的机会,三星级以下酒店中是市场第一的份额,占有整个市场绝大部分存量。此外,去哪儿网并不谋求小酒店市场的短期盈利,低价酒店市场正在"圈地时代",去哪儿网努力占据市场份额,把酒店返点的佣金给予消费者,做到市场上的优势资源将向市场第一位置的公司倾斜,开拓去哪儿网酒店更广阔的领域。[27]

3. 技术为核心

中国在线旅游业信息庞杂且高度分散,造成信息的流通成本太高。去哪儿网最初是以旅游信息聚合商身份发展而来的。通过技术的手段,去哪儿网对行业的信息流形成有效、实时的整合,让信息产生最大的价值。2010年7月,去哪儿网推出了在线交易平台TTS(Total Solution,也称为SaaS)。同年,外媒上出现了Kayak被称为"美国的去哪儿网"的现象;作为中国公司在国际市场上输出创新模式,这应该是首次,去哪儿网的商业模式开始被投资人广为接受。2014年去哪儿网和青岛航空等航企展开合作,青岛航空将整个售票体系全部交给去哪儿网,去哪儿网利用互联网平台的聚集优势和技术优势,在平台上为青岛航空提供量身定制的营销服务。通过去哪儿网的软件系统,青岛航空实现按市场情况实时调整动态定价,通过互联网的思维让机票卖得更好。技术优势改变了航空公司的营销机制,同时进一步影响了中国人出行的成本和方式。

2009年,酒店行业对于互联网客户缺乏相应的技术力量。去哪儿网便开始为酒店提供营销决策软件服务,酒店客户可以通过去哪儿网了解酒店的收益、预期淡旺季如何定价、最近应该做哪些营销,以及到底要采取现付、预付、夜销还是团购等方式售卖。通过去哪儿网技术服务,酒店的转化率有4~5倍的提升。除了酒店客户,去哪儿网同时为大量的酒店代理商提供在线软件服务,去哪儿网所提供的这些企业级软件服务基本都是免费服务,借助技术优势,去哪儿网站上了酒店行业第二的位置。此外,更大的一步,还在于技术对整个行业规则的潜在颠覆,下一个以去哪儿网为代表的在线旅游平台时代,将通过技术优势拉近每一个上游供应商同消费者之间的直接距离,促使产品价格回归终始。[28]

五、2015 年发展布局

去哪儿网发展潜力巨大,2014 年也取得较好的成绩,2015 年去哪儿网依旧发挥其技术优势:一是新企业级软件,二是为用户寻找真正有价值的新数据,通过高科技进行服务核心技术的转型升级。此外,与众多企业的商业及移动端仍为去哪儿网发展的重要板块。

去哪儿网线下较为薄弱,2015 年的重点定为"服务年",着力提高用户体验和服务水平。去哪儿网与旅游百事通的合作将提供更本地化的售后服务体验。首先,对于技术领域,去哪儿网着力打造"智能门锁"。据透露,智能门锁的记录系统会记录游客的个人情况和喜好,了解游客的消费倾向,给出合适的推荐,同时也知道游客旅行的安排,并且做出合理的调整。一个纯软件系统,一端连着所有消费者,一端控制着所有旅游资源,每一个元素,包括每一个房间、每一张床、每一张机票的 check - in、每一部汽车的位置、每个景点的刷卡进入等,都需要通过这个系统。[29]其次,手机预订成为在线旅游发展大趋势。旅游业是一个巨大的产业,全球旅游消费支出达到 1.5 万亿美元,占全球 GDP 的 4%。在中国,旅游总支出大约是 1.3 万亿元人民币,占 GDP 的 2.8%。在未来互联网向 O2O 和在线旅游产业升级中,手机预订成为一大趋势。未来的机票、酒店、旅游区的特色购物、餐饮等都将转移到互联网上,并在手机移动端完成。手机预订的规模在未来将会放大 3~5 倍。去哪儿网 CEO 庄辰表示,手机预订、个性化、社会库存、动态规划将呈在线旅游发展趋势。另外,引入先进的收益管理概念,通过消费者的搜索行为做动态的定价标准,对信息进行实时反馈和预测,收益管理人员根据这些信息进行相应的推送,也将是非常大的趋势。旅游本质上是一个用户和消费者体验的过程,随着这一过程的不断深入,个性化和社会化库存等趋势也在逐渐显现。[30]

第四节 途牛旅游网

一、企业简介

途牛旅游网创立于 2006 年 10 月,以"让旅游更简单"为使命,为消费者提供由北京、上海、广州、深圳等 64 个城市出发的旅游产品预订服务,产品全面,价格透明,全年 365 天 24 小时 400 电话预订,并提供丰富的后续服务和保障(见图 2-13)。途牛旅游网提供 8 万余种旅游产品供消费者选择,涵盖跟团游、自助游、自驾游和邮轮、酒店、签证、景区门票以

图 2-13 途牛旅游网徽标

及公司旅游等,已成功服务累计超过400万人次出游。同时基于途牛旅游网全球中文景点目录以及中文旅游社区,可以更好地帮助游客了解目的地信息,妥善制订好出游计划,并方便地预订旅程中的服务项目。2014年12月15日,途牛旅游网宣布与弘毅投资、京东商城、携程旅行网旗下子公司"携程投资"以及途牛旅游网首席执行官与首席运营官签订股权认购协议。根据协议,途牛旅游网将向上述投资者出售1.48亿美元的新发行股份。[31]

二、途牛旅游网2014年企业财报分析

根据途牛旅游网(Nasdaq:TOUR)发布的2014年全年财报显示,途牛旅游网2014年全年营收为35亿元人民币(合5.697亿美元),比2013年同期增长81.3%;净亏损为4.479亿元人民币(合7220万美元),2013年同期为7960万元人民币(合1280万美元)。2014年年度途牛旅游网业绩要点如下。

(一)跟团游营收

2014年途牛旅游网跟团游营收(以全额确认)为34亿元(合5.533亿美元),较2013年增长81.4%。这一增长主要是由于包括欧洲、北美和韩国、日本等在内的出境目的地旅游需求的快速增长,以及国内游的增长。2014年跟团游(不包括跟团周边游)出游人次为711 847人次,较2013年的367 104人次增长93.9%;跟团周边游出游人次为1 074 335人次,较2013年的687 121人次增长56.4%。

(二)自助游营收

2014年途牛旅游网自助游营收(以净额确认)为9310万元(合1500万美元),较2013年增长90.4%。营收的增加主要是由于马尔代夫及国内热门目的地旅游的增长。2014年自助游出游人次为395 652人次,较2013年的221 412人次增长78.7%。其他营收为2880万元(合460万美元),较2013年增长38.6%。这一增长主要是来源于与保险公司及旅游局合作服务费营收的增长。营收成本为33亿元(合5.333亿美元),较2013年增长80.8%。由于营收增长,成本同步增加,2014年营收成本占净营收的93.6%,2013年为93.8%。

(二)毛利率及其他营收

首先,途牛旅游网2014年毛利率为6.4%,2013年为6.2%;运营费用为6.992亿元(合1.127亿美元),较2013年增长222.1%。2014年分配至各运营费用的股权报酬费用合计为3840万元(合620万美元)。非美国通用会计准则的运营费用,即不包括股权报酬费用在内,为6.608亿元(合1.065亿美元),较2013年增长204.4%。

其次,途牛旅游网2014年研究与产品开发费用为1.049亿元(合1690万美元),较2013年增长169.0%。2014年非美国通用会计准则的研究与产品开发费用,即不包括股权报酬费用200万元(合30万美元)在内,为1.029亿元(合1660万美元),较2013年增长163.9%。这一增长主要是由于新产品开发及移动相关的投入,以及产品开发相关的技术和人力成本的上升。

再次,途牛旅游网销售与市场营销费用为4.342亿元(合7000万美元),较2013

年增长294.5%。2014年非美国通用会计准则的销售与市场营销费用,即不包括股权报酬费用90万元(合15万美元)在内,为4.333亿元(合6980万美元),较2013年增长293.7%。这一增长主要是由于加强了品牌营销及广告投入以及移动业务的扩张。

最后,2014年管理费用为1.67亿元(合2690万美元),较2013年增长139.7%。2014年非美国通用会计准则的管理费用,即不包括股权报酬费用3550万元(合570万美元)在内,为1.314亿元(合2120万美元),较2013年增长88.6%。这一增长主要是由于业务扩张带来的管理人员的增加以及成为上市公司后专业机构服务费用的上升。

2014年途牛旅游网运营亏损为4.73亿元(合7620万美元),2013年为9700万元。2014年净亏损为4.479亿元(合7220万美元),2013年为7960万元。归属于普通股股东的净亏损为4.635亿元(合7470万美元),2013年为1.391亿元。[32]

三、2014年大事记

(一)企业事件

2014年3月,林志颖、Kimi成为途牛旅游网形象代言人,同时,途牛旅游网携手代言人与壹基金共同推出了"志爱途牛 壹路阳光"公益项目,推出了业内首个门票公益活动。

2014年4月中旬,途牛旅游网在业内首推特卖平台,涵盖了爆款、尾货、0元购等多种形式的特惠"限时"特惠旅游产品。

2014年5月,途牛旅游网在美国纳斯达克上市,融资余额1亿美元。

2014年6月,途牛旅游网旅游发布全新的4.0版本,其中iOS版于91手机助手首发。4.0版全面升级的操作页面,将为APP用户带来更流畅的移动旅游体验、增加更多团友互动功能。

2014年7月,途牛旅游网特卖模式升级,业内独家推出CEO代言产品"老于推荐",通过CEO于敦德自身"踩线"体验,让精选旅游产品以全新的形式,多维度、全方位地呈现给消费者。

2014年9月,途牛旅游网获得三峡大坝门票独家散客代理权,自助游游客登录途牛旅游网即可实现在线预约。

2014年12月,途牛旅游网欧洲高端行涉虚假宣传,用户称服务缩水。

2014年12月,途牛旅游网公布将在2015年为游客提供韩国游0元移动Wi-Fi(牛无线)服务。

(二)战略合作

2014年11月,途牛旅游网"封杀"同程旅游网。途牛旅游网让供应商二选一,或者是放弃同程旅游网,或者是给到同程旅游网的价格要比途牛旅游网高。两家在线旅游服务商将原本藏在背后的"暗斗"推向台前。

2014年12月,途牛旅游网、同程旅游网陷口水战,相互指责。

2014年12月,同程旅游网出境游公开叫板途牛旅游网:12个月全面超越途牛旅游网。

2014年12月,途牛旅游网、同程旅游网"封杀战"升级,驴妈妈旅游网联手途牛旅游网,双方就途牛旅游网出境游和驴妈妈旅游网门票、周边自驾游等领域展开深度合作。其中门票产品将全面在途牛旅游网上线销售,下一步双方将深挖合作潜力,共同提升优质资源的融合。

2014年12月,携程旅行网与途牛旅游网进一步扩大合作范围,在包括机票、汽车租赁等其他旅游资源上进行对接。

2014年12月,途牛旅游网进驻昆明,途牛旅游网昆明区域服务中心开业,提速推动区域在线旅游格局。与此同时,途牛旅游网呼和浩特、温州、东莞等14大服务中心同步开业。

2014年12月,途牛旅游网获1.48亿美元投资。途牛旅游网宣布与弘毅投资、京东商城、携程旗下子公司"携程投资"以及途牛旅游网首席执行官与首席运营官签订股权认购协议,途牛旅游网向上述投资者出售1.48亿美元的新发行股份。

2014年12月,途牛旅游网结盟京东深度开发邮轮业务。途牛旅游网宣布,与京东在邮轮业务上建立战略合作关系。京东独家签约皇家加勒比国际邮轮旗下高端品牌——精致邮轮—千禧号,推出2月15日至3月1日4个航次的日韩游线路。

四、战略剖析与企业解读

(一)战略剖析

根据艾瑞咨询统计数据,2014年三季度中国在线旅游市场交易规模达726亿元,环比增长15%,同比增长20%;途牛旅游网2014年的增长远高于行业增速水平,其中二三季度同比增速在85%左右;2014年途牛旅游网一系列的战略布局更为未来的高速发展打好了坚实的基础。

1. 区域旅游布局

2014年是中国在线旅游行业高速发展的一年,中国领先的在线休闲旅游公司途牛旅游网于5月成功登陆美国纳斯达克,成为美股市场唯一一家专注在线休闲旅游的中国公司。途牛旅游网区域服务中心已从年初的15家拓展至75家;推出了"老于推荐""特卖平台"等特色服务产品,旅游顾问团队人数超过600人;无线端三季度流量占比超过50%,订单占比已达35%。与驴妈妈旅游网、京东商城、携程旅行网等达成了深度战略合作。随着区域服务中的快速布局,途牛旅游网已经逐渐形成了对一二三线城市的网状覆盖,截至2014年三季度末,出发城市增加至95个;与"大区域"同步发展的产品总数增加到45万个;出游产品目的地覆盖全球国家和地区已从年初的70个拓展至120个;旅游顾问团队从上市前的400人扩充至600余人,为途牛旅游网未来抢占市场份额加速编织"大区域"建设奠定了基础。未来,旅游行业的发展必将是线上线下融合的O2O模式,区域服务中心的加速建设加大了途牛旅游网在行业竞争中的先发优势。[33]

2. OTO本地化

在国内的旅游电商市场,途牛旅游网模式与同业有着明显的不同。携程旅行网、艺龙旅行网由机票酒店等单品为主营业务,去哪儿网则采用"中间页"模式,而途牛旅游网则是自营休闲度假产品,主营出境休闲旅游,该模式比单品更加复杂。其整合线下传统旅行社旅游产品,将后者的旅游产品通过互联网向消费者销售。而最大的不同在于,前几种模式以佣金为主要收入,途牛旅游网则"统购统销",直接服务于消费者,以赚取差价为主要盈利模式。同时,途牛旅游网也面临着社区网站的竞争。专注休闲旅游人群的社区网站穷游网已经出现,聚焦生活服务类的点评模式大众点评网也诞生三年,但社区和点评模式最大的问题在于变现很难。目前穷游网依然面临这个问题,而大众点评网早已转型团购、预订等直接销售模式。

上线"特卖"模式是途牛旅游网上市后在定位休闲游后的重大战略方向,途牛旅游网力争打造在线旅游领域的"唯品会"。这是途牛旅游网通过互联网形式销售旅游产品后的又一次延伸,库存对于旅行社来说是实打实的成本,和唯品会主营的服装品类不同,旅游产品有时间限制,在发团之前如果销售不完,旅行社要承担所有成本。按照途牛旅游网特卖的规则,旅行社一般在临近报名截止时间前上线库存产品,价格由旅行社自定,途牛旅游网作为平台收取一定比例的费用。同时随着携程旅行网、佰程旅行网、同程旅游网"三程"的加入,OTA 休闲旅游市场再现模式之争。在"三程"看来,途牛旅游网的卖场模式能够快速解决产品的丰富度问题,但需要通过更强的产业链控制能力管理上游资源和服务客户。[34]

3. 多方战略合作

纵观 2014 年途牛旅游网的发展,以纳斯达克成功上市为开端,途牛旅游网又加强了多方位的战略合作,扩大领先优势。此外,基于与同程旅游网等其他旅游电商的竞争及 BAT 企业对在线旅游市场的渗透,途牛旅游网进行了一系列的战略合作,保持其市场份额。2014 年 12 月,途牛旅游网完成了新一轮融资,途牛旅游网与驴妈妈旅游网、携程旅行网正式签署战略合作协议,未来双方将在包括机票、汽车租赁服务等其他旅游资源上加深合作;12 月 16 日,途牛旅游网再次宣布与京东在邮轮业务上建立战略合作关系。一系列的战略合作将有助于途牛旅游网获得更多的市场份额。未来途牛旅游网将进一步加大资金投入、丰富产品内容、优化服务体验建设、加速市场份额扩展和行业核心能力建设。

4. 途牛旅游网与同程旅游网的封杀事件

2014 年 11—12 月,OTA 战场燃起了新的硝烟。途牛旅游网要求所有旅行社给同程旅游网的价格必须比给途牛旅游网的价格高;同时,旅行社与途牛旅游网联合采购的资源不允许在同程旅游网平台销售,不少旅行社还被要求签订相关协议。有的供应商反映,途牛旅游网给出的核心代理中有排他性要求,重点针对同程旅游网,尤其涉及日韩出境游线路。此后,途牛旅游网发出了一个针对同程旅游网的"封杀令":"途牛强烈建议合作伙伴不要与同程合作,避免休闲旅游被同程带入像机票、酒店和门票一样的恶性竞争中,共同维护行业健康发展。"12 月,战斗升级。途牛旅游网 CEO 于敦德发表了一篇名为《如何客观地看同程战略转型之路》的文章,炮轰同程旅游网的商业逻辑。此后,同程旅游网 CEO 吴志祥发表文章《从同程途牛竞争探讨创业团队发展之路》,

对于敦德文章中的观点逐一回应,并向途牛旅游网公开发出了一封《挑战书》,宣布同程旅游网出境游业务将用 12 个月的时间从业务规模上全面超越途牛旅游网。与此同时,驴妈妈旅游网在当天傍晚高调"站边",宣布与途牛旅游网全面达成战略合作关系,双方将在门票产品、国内自助游、周边自驾游和途牛旅游网的出境游业务展开深度合作。[35]

此次双方对抗事件可以从两个方面来看,首先是业务的冲突。OTA 模式 2011 年开始兴起,并逐渐成为旅游业发展的趋势。但同样是 OTA,却有很多种不同的发展路径:有的专注于线上平台的发展,只提供信息或者预订服务,不提供旅行服务,或者旅行服务与第三方合作;有的则会通过投资并购获得上游旅行社的资源;还有一些原本传统的旅行社,也会通过成立自己的线上平台,进入 OTA 市场,最终打通 O2O 的模式。在业务模式上也各有不同,比如途牛旅游网一开始就定位于在线休闲旅游,其中出境游又是最重要的核心业务;同程旅游网虽然同样是在线休闲旅游,但此前主要定位于周边游市场,所以其机票、酒店、门票成为外界认知的主要业务。然而,2014 年,同程旅游网悄然地将业务阵地向出境游市场拓展,此举直接刺激了途牛旅游网的敏感地带。一方面是供应商资源面临竞争和蚕食;另一方面,同程在出境游市场规模上的迅速发展也给途牛旅游网带来了新的挑战。

其次为商业模式的竞争。在出境游市场上分享蛋糕的企业不胜枚举,市场也非常分散,仅是出境游的邮轮业务,2014 年的数据是 50 多万人次,而途牛旅游网和同程旅游网加起来也不过 8 万多人次。途牛旅游网的业务战略非常清晰——即差异化的纵深战场。因此,途牛旅游网的商业模式在战略上的体现就是要专注于非标准、高客单价的出境游业务。但是,同程旅游网在出境游市场的介入却打乱了其既有的战略部署,让原本的蓝海正在变成同质化竞争的红海。此外,在外界看来,同程旅游网的商业模式并不是特别清晰,这也让其遭遇到市场质疑。比如,在两家企业的口水战伊始,就有声音质疑同程旅游网此前景区门票业务碰壁,进而战略转型出境游;同程旅游网依靠 1 元门票刷无线下载量的行为,也让部分同业者产生质疑。对于两家都在美国上市的企业来说,针锋相对的口水战也有着更多的"资本"意味。业内人士表示:"在线旅游消费拥有巨大的市场潜力,但却需要企业前期的大量投入,无论是推广品牌还是导入流量,都需要大量的资本沉淀。所以在融资过程中,投资者最为看重的是企业在整个产业链上占有的资源,或是企业所能达到的业务规模或者市场份额。"[36]

(二)企业解读

1. 定位休闲度假游

途牛旅游网以休闲旅游为主要核心业务,是在线旅游休闲领域市场的领导者。据中国旅游研究院统计,2014 年全年中国公民出国出境约为 1.16 亿人次,在海外的消费金额可能达到 1550 亿美元,较 2013 年增长 20%,中国出境游人数和旅游消费均位居全球第一。预计今后 5 年,中国出境休闲旅游人数将超过 5 亿人次。以在线度假旅游为核心业务的途牛旅游网,2013 年有七成的交易额来自境外游,在 OTA 出境游上保持领先。2014 年,途牛旅游网核心产品出境游业务高速增长,欧洲、马尔代夫、日韩等目的地领先优势进一步扩大。数据显示,2013 年赴马尔代夫旅游的 112.5 万外国游客中,中国游客占 1/3。每 6 个去马尔代夫的中国游客,就有 1 人通过途牛旅游网预订。2014 年 8 月,马尔代夫总统亚明到访途牛旅游网,对途牛旅游网马尔代夫旅游产品的深入开发表示认可。

2. 建立开放型采购机制

作为在线休闲旅游细分领域的创新者和引导者,途牛旅游网自创立以来一直与供应商保持着友好的合作关系。2014 年上半年,途牛旅游网在武汉、西安、沈阳等 14 个城市召开供应商采购大会,加速在线旅游企业和传统旅游企业的壁垒攻坚,促进和达成了线上、线下的深度了解和快速融合。途牛旅游网还在业内首推供应链服务"牛业贷",有效解决了供应商的资金周转问题;不断优化、升级了供应商系统——N-Booking 系统,开通了手机确认功能,便于供应商库存随时随地对接与结算;此外,途牛旅游网提升了与供应商结算、付款速度,更多合作伙伴与途牛旅游网达成了战略合作协议。截至 2014 年第三季度末,途牛旅游网合作供应商数量已从 IPO 前的 3000 家迅速拓展至 5000 余家。2014 年底,途牛旅游网再次推动供应链转型升级,建立开放采购模式,实施"JBP 全球百亿采购计划",未来将有更多亿级、千万级供应商诞生在途牛旅游网平台,对国内消费者而言,也意味着将有更多机会体验高品质、多元化的旅游产品。

3. 创新服务体验,持续品牌营销

"客户第一"是途牛旅游网的核心价值观之一,途牛旅游网大力投入服务和产品升级,不断丰富、优化产品类型,创新服务体验。途牛旅游网特卖平台的构建、途牛旅游网 CEO 亲自踩线精选旅游线路,以及通过电视、户外广告等渠道的持续投放,稳步提升了途牛旅游网品牌认知度,2014 年 3 月,林志颖、Kimi 成为途牛旅游网形象代言人;同时,途牛旅游网携手代言人与壹基金共同推出了"志爱途牛 壹路阳光"公益项目,推出了业内首个门票公益活动,途牛旅游网通过该活动捐出 100 万元善款用于关注留守儿童。2014 年第四季度,途牛旅游网成为江苏卫视大型婚恋交友真人秀《非诚勿扰》以及天津卫视《囍从天降》等综艺节目的总冠名企业,在线旅游业内掀起品牌营销传播"风暴"。此外,品牌营销也带来了移动端流量的快速增长。2014 年第三季度,途牛旅游网移动流量占总在线流量的超过 50%,占总订单量超过 35%。

五、2015 年发展布局

资本整合是未来在线旅游行业的发展趋势之一。途牛旅游网于 2014 年 12 月发布公告称,将就机票和汽车租赁等旅游资源深入合作。此外,途牛旅游网宣布与弘毅投资、京东、携程旅行网投资以及公司管理层等签订价值 1.48 亿美元的新股股权认购协议,此举将会对 2015 年途牛的布局产生影响。途牛旅游网可能与京东或有更紧密合作,此外,途牛旅游网与携程旅行网签订了战略合作协议,在之前的酒店基础之上,增加了机票、租车等资源的对接,为途牛旅游网的客户提供单项资源品类的增值服务。融资将主要用于五个战略发展重点:提升服务与品牌,拓展出发地覆盖和丰富产品选择,强化供应链,加强无线与研发以及战略投资与合作。途牛旅游网将加强战略纵深,强化行业领导地位。在局部、低端市场存在一定的同质化竞争,途牛旅游网会予以坚决反击,而基于大规模的采购的产品本来就非常有竞争力,这并非投资的重点。因为休闲旅游打包产品是高客单价、非标准化品类,与门票机票等不同,不太容易直接比价。[37]

参考文献

[1] 在线旅游主要模式分析[EB/OL]. http://news.emoney.cn/n_00_0201_3733150.shtml.

[2] 百度百科[EB/OL]. http://baike.baidu.com/link?url=pkDnq_16NWdQjvTSk8FXH66KDZdohmAeaOiBB5DMvXYpcAmn45AKtzpQ7NxgBgi35webQ9-cFujC9AfZ4MTD_a.

[3] 滚雪球官方网站数据[EB/OL]. http://xueqiu.com/S/CTRP.

[4] 艾瑞读财报[EB/OL]. http://www.iresearch.com.cn/View/235775.html.

[5] 根据携程旅行网相关新闻整理:http://sme.ctrip.com/marketing/newsindex.htm.

[6] 根据艾瑞网汇总:http://www.iresearch.cn/news/携程/。

[7] 环球旅讯. http://www.traveldaily.cn/article/78894.

[8] 北京商报[EB/OL]. http://www.bbtnews.com.cn/news/2014-05/22000000313335.shtml.

[9] 中国旅游业[EB/OL]. http://xueqiu.com/6313049521/25738951.

[10] 携程高管解读第四季度企业财报[EB/OL]. http://www.techweb.com.cn/news/2014-02-13/2006209.shtml.

[11] 艺龙旅行网,百度百科[EB/OL]. http://baike.baidu.com/link.

[12] 艺龙2014年第四季度及全年财报[EB/OL]. http://tech.china.com/news/prnasia/11082256/20150206/19284778_1.html.

[13] 程拓. 崔广福六年艺龙路[N]. 北京商报,2014-01-09(A10).

[14] 张沙莎. 携程同程艺龙"三国杀"[N]. 新金融观察,2014-06-02(24).

[15] 艺龙和去哪儿网为啥撕破脸:谈感情太伤钱[EB/OL]. http://www.techweb.com.cn/internet/2015-01-06/2113310.shtml.

[16] 自主品牌百佳课题调查——旅游类:艺龙旅行网[EB/OL]. http://www.rmlt.com.cn/2014/1130/351626.shtml.

[17] 虎嗅. 从"老二"崛起之道,看艺龙如何破局[EB/OL]. http://www.huxiu.com/article/42779/1.html.

[18] 去哪儿网官网[EB/OL]. http://www.qunar.com/?tab=hotel&ex_track=auto_4e0d874a.

[19] 去哪儿网2014年第一季度财报:总营收3.4亿元 同比增83.6%[EB/OL]. http://www.dotour.cn/article/7338.html.

[20] 去哪儿网公布2014年第二季度财报 总营收4.004亿元[EB/OL]. http://info.hhczy.com/article/20140830/23007-2.shtml.

[21] 去哪儿网财报图解:2014年第三季度去哪儿净亏损9230万美元[EB/OL].

http://www.199it.com/archives/298426.html.

[22] 推出前台"切客",OTA 竞争进入白刃战,简单粗暴[EB/OL].http://www.traveldaily.cn/article/87185.

[23] DeNews 去哪儿网移动用户覆盖率第一 超过携程、艺龙、途牛、阿里总和[EB/OL].http://www.donews.com/net/201501/2878977.shtm.

[24] 财经综合报道[EB/OL].http://business.sohu.com/20150103/n407486980.shtml.

[25] Donews 去哪儿网三体打法奏效,发力休闲旅游[EB/OL].http://www.donews.com/net/201412/2873554.shtm.

[26] 宋玮,王星.去哪儿开始新征途[J].中国中小企业,2014(1).

[27] 去哪儿网战略下沉 钟情"小酒店"蓝海[EB/OL].http://www.eeo.com.cn/2014/1013/267306.shtml.

[28] Donews 去哪儿网如何利用技术改变中国旅游[EB/OL].http://www.donews.com/net/201412/2868935.shtm.

[29] 李彦宏."去哪儿网的软件代表未来"[EB/OL].http://finance.chinanews.com/it/2014/06-05/6247588.shtml.

[30] 庄辰超.手机预订成在线旅游发展大趋势[EB/OL].http://www.sootoo.com/content/498951.shtml.

[31] 途牛旅游网[EB/OL].http://dwz.cn/2qlVyS.

[32] 途牛四季度亏损扩大 营收超分析师预期[EB/OL].http://tech.sina.com.cn/i/2015-03-04/doc-iawzuney0456672.shtml.

[33] 途牛2014年盘点:业务爆发式增长,全面战略布局[EB/OL].http://tech.china.com/news/company/domestic/11066129/20141230/19161335.html.

[34] 于敦德.OTA 模式的专注开拓者[EB/OL].http://finance.eastmoney.com/news/1354,20140721403066991.html.

[35] 途牛"封杀令"供应商"二选一"[EB/OL].http://news.iresearch.cn/zt/242767.shtml.

[36] 途牛同程口水战:商业模式是关键[EB/OL].http://www.lianxianjia.com/35661.html.

[37] 于敦德详解途牛融资 重点投入五大方向[EB/OL].http://gb.cri.cn/44571/2014/12/17/3925s4807827.htm.

第三章　B2B2C类综合性旅游电商介绍及企业解读

近年来，游客的出行方式变得多样化和差异化，自助游、半自助游、机票+酒店等散客化、定制化的旅游方式逐渐成为市场的主流。这一转变使得经销商从习惯的关系营销方式向散客营销方式转变。而散客在产品的选择上比单位团队更加要求个性化，因此，经销商对丰富多样的产品的需求较为强烈。要找到丰富多样的产品，就要解决获取产品的渠道和半径问题，在全国范围内寻找产品正是经销商的共同愿望。从供应商角度看，目前的电子商务应用大多是上游旅游企业与游客的B2C模式，各企业纷纷建立自己的应用程序和电子商务网站，形成许多信息孤岛，虽然一定程度上改善了效率，但由于缺乏合适的手段连接各企业的信息系统，上游供应商难以真正形成联通的网络。[1]综合上述情况，B2B2C平台应运而生。较为典型的旅游电商为同程旅游网和欣欣旅游网，二者从B2B平台发展而来，再逐渐向与顾客对接的平台发展，构建B2B2C的旅游生态圈。[2]

B2B2C平台主要是在某一细分行业或市场由生产商或品牌商与零售商之间，零售商与消费者之间，品牌商与消费者之间，集批发、分销、零售于一身的综合性平台，主要适用于标准化和非标准化产品行业。B2B2C平台帮助商家直接充当卖方角色，把商家直接推到与消费者面对面的前台，让生产商获得更多的利润，使更多的资金投入到技术和产品创新上，最终让广大消费者获益。这是一类新型电子商务模式的网站，它的创新性在于：它为所有的消费者提供了新的电子交易规则。该平台颠覆了传统的电子商务模式，将企业与单个客户的不同需求完全地整合在一个平台上，[3]打通上下游，形成一个生态的闭环体系。

与专注于B2C平台的旅游电商不同，同程旅游网和欣欣旅游网可以说是找到了综合性服务角色，并且，相对于B2C的转型，以B2B为基础进行扩展具有更大的优势。随着线上旅游竞争的加剧，越来越多的线下旅行社不得不纷纷转型，寻求线上的出路，大旅行社通过设立自己的网站与旅游电商合作寻求出路，而发展规模较小的中小旅行社成为巨大的市场，B2B2C模式无疑为其提供了一个走入线上的平台。B2B2C模式发展潜力巨大，比较易于回避在线旅游价格战的激烈竞争，通过寻求准确的市场的定位，打造线上旅行社发展的综合平台，具有广阔的发展前景。

第一节　同程旅游网

一、企业简介

同程网络科技股份有限公司成立于2004年,是国内一流的旅游电子商务平台之一,也是中国拥有B2B旅游企业间平台和B2C大众旅游平台的旅游电子商务网站(见图3-1)。2006年12月,同程旅游网项目荣膺CCTV"赢在中国"五强项目,并得到软银赛富、IDG、今日资本等多家海内外风险投资商的青睐,2008年获得国内著名创投机构1500万元风险投资。公司现有员工1500余人,注册资本6000万元,业务涵盖酒店、机票、景点门票、自助旅游在线预订,旅游信息化、旅游软件开发、旅游目的地资讯及攻略等方面;提供国内2万余家及海外10万余家酒店预订,覆盖全国所有航线的机票预订,8000余家景区门票预订,全球热门演出门票预订,200多个城市租车预订,境内外品质旅游度假预订;提供互联网预订、手机无线预订和365×24小时电话预订。同程旅游网网站秉持"有保障的低价"原则,在行业内首创"先行赔付"和"点评返奖金"等特色增值服务,成为中国增长速度极快的旅游预订平台。[4]

图3-1　同程旅游网徽标

二、2014年大事记

(一)企业事件

2014年3月,同程网宣布更名为同程旅游网,并启用LY.com域名。未来10年同程旅游网将以在线景区门票和周边自助游为主打,继续抢占在线休闲旅游市场份额。在巨额投资的推动下,在线旅游市场份额竞争将更加激烈。

2014年5月,同程旅游网打造"同程小丽认错体",在微博、微信以及华东和华南主要城市的大众媒体上吸引了较高的关注度。

2014年6月,同程旅游网布局线下旅游景点 推出"智慧票房"系统。智慧票房系统是同程旅游网自主研发的一套景区门票终端售、取票系统,同程智慧票房系统的签约景区已经超过2000家,已在全国近200家景区正式投入使用。

2014年6月 同程旅游网宣布彻底放弃国内跟团游,今后将专注于出境游。

2014年6月 同程旅游网旗下的"一起游"社区正式将腾讯SOSO街景地图引入其旅游目的地频道。

2014年7月,同程旅游网推出在线旅游行业首个谷歌眼镜应用。用户可通过同程旅游官网免费下载使用,这是国内在线旅游行业推出的首个谷歌眼镜应用。

2014年7月,同程旅游网发布新版TVC,启动营销新模式,进行大规模线下广告投放。

2014年8月,同程旅游网APP下载量居首,环比增速达64.6%。比达咨询(Big Data)数据中心针对2014年8月中国在线旅游APP在主流安卓分发平台上的下载量进行了监测统计。数据显示,8月份同程旅游网APP下载量为3193万次,位居首位;携程旅游网和去哪儿网分别以1640万次和1349万次位居第二、第三位。

2014年9月,同程旅游网发布《2014年中秋出游分析报告》。

2014年9月,同程旅游网斥资50亿元送1亿张门票,通过推出"送1亿张门票、开启中国景点门票1元时代"活动,希望能够吸引到1亿个手机用户,抢占在线旅游市场。

2014年10月,同程旅游网宣布将通过壹基金向云南景谷地震灾区捐赠500个"温暖包",用于帮助灾区儿童维持正常的生活和学习,此笔善款将从双方合作的"1元玩景点,壹元献爱心"活动筹集的善款中支出。

2014年12月,OTA品牌影响力排名,同程旅游网跃居第三,涨幅最高。

2014年12月,同程旅游网发布了《国内首份移动互联网景区行业报告》。《报告》指出,旅游市场规模持续增长,在线旅游APP装机量进入亿级,手机预订占比超过70%。

(二)战略合作

2014年2月,同程旅游网获得腾讯、博裕、元禾三家机构5亿元投资。同程旅游网表示,获得该笔投资后同程旅游网创业团队仍然保持控股权,未来目标仍然是独立IPO。

2014年2月,同程旅游网宣布拿到腾讯5亿元投资;3月,同程旅游网与艺龙旅行网达成战略合作,在37天之后又宣布"分手",并接受携程旅行网2亿美元现金入股,开展门票、酒店等多种业务对接。

2014年4月,携程旅行网宣布战略投资同程旅游网。此次交易以现金方式完成,涉及金额超过2亿美元。对同程旅游网来说,引入携程旅行网后既获得资金和资源,还拥有携程旅行网和腾讯两个产业资本护航,对同程旅游网未来的IPO计划会有很大好处。

2014年8月,易到用车与同程旅游网开启战略合作。

2014年9月,同程旅游网"大交通"服务引入一嗨租车布局自驾游。同程旅游网客户端对其用车频道进行了更新,新增了自驾租车服务,合作伙伴为一嗨租车。至此,同程旅游网的"大交通"服务体系已涵盖了打车服务、用车服务和自驾租车三个类别。

2014年9月,香港航空携手同程旅游网,实现沪港曼旅游产品一体化。国际知名的SKYTRAX四星航空公司香港航空与同程旅游网于香港举行战略合作签约仪式,宣布双方达成战略合作,通过双方优势资源的整合营销,实现沪港曼旅游产品一体化,为游客实现无忧出行。

2014年9月,众安保险联手同程旅游网、气象局首推国内旅游天气保险。

2014年11月,同程旅游网和长白山达成战略合作,签署了长白山旅游电商战略合作框架协议。

2014年11月,渤海轮渡与同程旅游网展开合作。渤海轮渡(603167.SH)旗下邮轮"中华泰山号"船票已在同程旅游网上线分销,此外,渤海轮渡与同程旅游网商谈其他合作事宜,包括包船等。

2014年12月,同程旅游网针对遭途牛旅游网"封杀"一事发表声明。声明称途牛旅游网的做法背离了其一贯声称的开放合作理念,涉嫌不正当竞争;并有部分供应商透露,途牛旅游网向同程旅游网发出"封杀令",要求同时与途牛旅游网和同程旅游网有合作关系的供应商抬高对同程旅游网的供货价,甚至有供应商被要求在途牛旅游网和同程旅游网之间二选一。

2014年12月,万达旅业携手同程旅游网,共同搭建O2O旅游新模式。此次战略合作涉及内容包括建立万达旅业和同程旅游网所拥有的当地及全国优势旅游产品互为代理的合作机制,同时在旅游产品的共同开发及采购资源上的协同合作,将来会在移动互联网端进行技术和渠道建设合作。

三、战略剖析与企业解读

(一)战略剖析

1. 同程旅游网"1元门票"的价格大战

2014年在线旅游企业主要以获取用户的成本进行竞争,在移动端的用户获取上,携程旅行网以品牌驱动,去哪儿网以流量驱动,而同程旅游网最具优势、最容易打动消费者的就是"1元门票"产品,因此同程旅游网选择以产品驱动进行布局。同程旅游网获得腾讯等多家企业5亿元的战略投资,发起了"1元门票"的价格大战。基于移动端的"1元门票"活动是同程旅游网对当前旅游目的地网络营销模式的一大创新,它成功奠定了同程旅游网在移动旅行市场的地位,并吸引了众多旅游爱好者参加。同程旅游网"1元门票"战略于2014年3月份正式启动,已在全国范围内举办了5000多场活动,2014年9月份,同程旅游网在"1元门票"的基础上通过"四方共赢"的商业模式,联合数百个战略合作伙伴面向全国消费者送出1亿张门票,在国内在线旅游行业掀起了1元游热潮。此价格战属于2014年在线旅游大战主要战役之一,并入选"2014年十大营销事件"。"1元门票"活动的价值首先是在较短的时间里为同程旅游网移动端聚集了大量优质用户,这些旅游爱好者当中有很大一部分是拥有私家车的自助游爱好者,具有较强的旅游消费能力。其次是同程旅游网能够通过用户资源的集聚进入休闲旅游的其他领域,如出境游、邮轮旅游。截止到2014年12月初,同程旅游网表示其2014年邮轮收客量是途牛旅游网的2倍,"双十二"大促的收客量是途牛旅游网的三倍,"1元门票"的战略布局奠定了同程旅游网的发展方向。[5]

2. 进军中国旅游休闲市场

中国旅游发展的一大趋势就是自由行被越来越多的大众选择,对于在线旅游来说,这将是第二个加速发展的机会,标准化的休闲旅游的快速崛起将成为中国在线旅游主要特征。在2014年年初,同程旅游网决定全力以赴开拓中国休闲旅游市场,努力成为中国休闲旅游在线预订领域的领导者和标杆。同程旅游网的用户是大众用户,不管是普通白领,还是家庭、个体,都会有周末游或者假日游的需求,同程旅游网致力于为他们提供最优惠的门票。而国内大多数的在线旅游网站,定位于商务出行,满足商业人群的机票和酒店需求。这样的不同定位为同程旅游网避免了与巨头的直接竞争,同时也让同程旅游网在旅游业中找到了自己的位置和机会。门票是休闲旅游市场的入口级业务,也是撬动庞大的休闲旅游市场机遇的支点。未来10年,同程旅游网将会以景区门票和周边自助游业务为支点,以移动互联网的高速增长为契机,打造一个全国领先的休闲旅游服务平台。[6]

3. 同程、携程与艺龙的合与分

2014年2月,同程旅游网宣布拿到腾讯5亿元投资,3月,同程旅游网与艺龙旅行网达成战略合作,在37天之后又宣布"分手",并接受携程旅行网2亿美元现金入股,开展门票、酒店等多种业务对接。在2014上半年,携程旅行网欲与去哪儿网合作,为了避免旅游市场的瓜分,同程旅游网与艺龙旅行网确定合作关系,并与携程旅行网展开了激烈的价格战;选择与艺龙旅行网合作,也是为了共同对抗携程旅行网。同强大的携程旅行网相比,同程旅游网这场战争艰难异常。最初同程旅游网的模式是由做P2P的电子名片开始,2008年转型到B2C时,通过百度投放广告进行酒店预订业务,艺龙旅行网和携程旅行网对酒店业务的投入使得竞争愈加激烈。2010年同程旅游网避开酒店业务板块的竞争,致力于景点门票业务,力争成为门票细分市场的老大。2013年携程旅行网开始进军门票市场,并通过"返现"赢取了大量的用户,作为草根团队发展而来的同程旅游网面临巨大压力,2014年3月29日,同程旅游网与艺龙旅行网签署了战略合作协议。携程旅行网与去哪儿网未达成合作,抓紧对同程旅游网的布局。基于艺龙旅行网的全球互联网公司背景,携程旅行网对于同程旅游网的投资及景区门票交予同程旅游网去做,酒店由携程旅行网着手的合作策略,双方达成一致,出现了旅游电商行业的"闪婚闪离"事件。通过阻止同程旅游网与艺龙旅行网在酒店方面的资源合作,携程旅行网可以加紧布局酒店市场。此前同程旅游网与艺龙旅行网合作中涉及的酒店现付业务,由携程旅行网的酒店现付业务来填补。同程旅游网自身团队将更多精力转向与休闲旅游业务更为紧密的酒店预付业务以及景点业务的拓展上。[7]之后,同程旅游网通过此次融资机会,着手开展"1元门票"计划,进一步布局在线旅游门票市场,力争将这个细分领域做到极致。[8]

企业的竞争主要以利益为主,同程旅游网的互联网博弈也是为了布局酒店市场,抓住融资机会,并确保自身的市场地位。从2013年年底开始,价格战蔓延到了在线门票市场,并呈现愈演愈烈之势。其中,以OTA霸主自居的携程旅行网掷出2亿元,宣称要通过价格战坐上在线门票市场的头把交椅;同程旅游网作为门票业务领域最大的OTA企业则拿出4亿元应战,联合国内8000多家知名景区推出促销活动,并推出高额返现。2014年以来,携程旅行网继续加大在景点门票的投入,并在艺龙旅行网达成统一联盟的当天宣布在网站和手机APP上同时推出"景点+酒店"自由行套餐,进一步挤压同程旅游网的市场空间。据劲旅咨询统计数据显示,2014年3月,在线预订门票的景区数量方面,同程旅游网虽然仍占据市场第一,但通过大打价格战的携程旅行网跃居行业第三位,在携程旅行网、驴妈妈旅游网等竞争对手的高压逼迫下,同程旅游网的市场份额有着不断被蚕食的风险。因而,为了抓稳门票业务,进一步掘金休闲旅游业并最大限度地保证利润空间,同程旅游网以"机票+酒店+景点"业务串联思路来进行产品升级。然而,同程旅游网在2013年的在线酒店业务市场份额中,仅占2.1%,把业务"托付"给以酒店业务为根本、对与携程旅行网斗争不遗余力的艺龙旅行网,便成为同程旅游网的上佳选择。但携程旅行网带来的投资与业务的合作,超出与艺龙旅行网联手的利益,同时同程旅游网也面临着诚信丢失的危机。[9]

(二)企业解读

1. 门票业务为主导

同程旅游网以门票业务为核心,在同程旅游网与携程旅行网合作后,2014年同程旅游网新增近1000家景区。同程旅游网的门票业务量是驴妈妈旅游网的10倍左右,跃居行业第一。而"1元门票"活动是同程、微信、景区、消费者四方共赢的活动。不仅为移动端吸纳流量同时微信也会获得更多的用户捆绑银行卡;景区则省去了营销费用,消费者则最直观地获得了实惠。同程旅游网通过门票业务的营销实现了多方共赢,并且成功打开了市场,跃居行业领先位置。

2. 用户服务为核心

同程旅游网以景区门票为主,发展休闲旅游自助游。面对2014年在线旅游行业竞争激烈,潜在的竞争对手也逐渐增多,BAT加紧对旅游行业的布局和渗透,景区门票业务室主要切入点之一。作为以门票为主的同程旅游网,在加紧门票大战的同时,更着力于服务市场,以用户为核心,提升用户体验。一方面,突出品牌差异化和影响力;另一方面,把景点门票和周边游做透。以景点门票为例,同程旅游网致力于三个目标:可预订的景区"最多",价格"最优惠",用户体验"最好"。并加大对景区的实际调研,观察游客在景区游前、游中、游后的所有环节,深度了解游客需求,总结改进的方面提出应对策略,改善用户体验。服务行业无论何种创新模式,依旧以产品、价格和服务的持续提升为主。尤其是用户体验,需要投入时间、精力和心思去进行细节的打磨,才能更加满足用户的需求市场。[10]

3. 独特的企业文化

同程旅游网从5人创业小团队不断发展,成为在线旅游企业门票业务的主力军,与高凝聚力的企业文化有直接关系。同程旅游网的企业文化业可以概括为从创业文化到合伙人文化。过去的10年,同程旅游网以创业文化为主导,团队为事业的核心,具有较高的创业激情。同程旅游网第一次转型在2010年,从B2B转到B2C;第二次转型在2013年,从PC端转战移动端。强大的团队力量支撑及简单而明确的企业文化指引为同程旅游网的成功转型奠定了基础。同程旅游网的文化是:第一,为客户创造价值;第二,执行力。为客户创造价值,才能实现自身的价值,是同程旅游网的主要发展方向;而对员工执行力的要求,只有具备强大执行力的团队,才能真正把事做好。如果企业的文化只强调执行力,会扼杀创新的因素,因此,除了执行力以外,同程旅游网更多强调开放、包容、分享,努力打造一种创业者加合伙人的企业文化,创业者文化是要熬、要执行、要拼命;合伙人的文化则更多是平等、包容、分享。

四、2015年发展布局

2014年同程旅游网仍以门票、周边游为主,通过相关产品吸引有休闲旅游需求的人群使用同程旅游网的APP,随后再引导这些消费者逐步与同程旅游网产生更多互动。周边游产品中80%是同程旅游网自营,出境游产品中20%是同程旅游网自营。以周边游为主,签证等出境游业务作为补充,使得同程旅游网完成初步战略布局。2015年是同程旅游网出境游的发力年,对于火热进行的签证大战,同程旅游网选择静观其变。此外,同程旅游网在2015年向选择收购旅行社方向发展,形式会以同程旅游网的股票来换取对旅行社进行全资收购,这样才会使旅行社的利益与同程旅游网捆绑。而对于收购目标的选择则是认同同程旅游网企业文化并与同程旅行网有业务互补的旅行社。[11]

第二节 欣欣旅游网

一、企业简介

欣欣旅游网创办于2009年2月,是一家面向旅游行业提供一体化电子商务服务、帮助传统旅游企业实现在线化的互联网技术开发公司(见图3-2)。欣欣旗下运营两大平台:欣欣旅游网(B2C平台)和欣旅通(B2B平台),是国内首个实名制旅游同行交流社区。欣欣旅游网拥有最全的生活旅游出行实用查询工具平台及中国最大的旅行社信息联盟体,综合了130万条国内外的旅游线路和70万条单项旅游服务信息,每天为300万人次以上游客提供最专业的旅游线路搜索、比较、预订服务。游客可通过旅行社在欣欣旅游网开设的专属旅游网店中,获取最新旅游产品信息,了解各类旅游产品优势,从而由众多产品中选择合适的产品以及对应的服务商,预订后享受旅行社提供的各类旅游项目,充分体验"直销一体式"服务,自助选择自由组合。此外,欣欣旅游网还会及时记录更新旅行社和游客的业务变动情况,以便双方都能够随时随地地查阅订单记录,为之后的服务和需求起到很好的导向作用。

图3-2 欣欣旅游网徽标

二、2014年大事记

2014年3月欣欣旅游网推出高级版网店,再次对旅行社网店进行升级换代。

2014年3月欣欣旅游网向游客推出"出游保障"服务。欣欣旅游网将携手旗下5万余家旅行社设立5000万元保障基金提供旅游预订保障服务,承诺欣欣旅游网用户如在旅行中发生纠纷,可先联系旅行社处理;若不满意协商结果,可在线申请维权,欣欣旅游网将会介入处理,保障游客的合法权益。

2014年3月,河北省旅游局与欣欣旅游网共推旅游旗舰馆。"欣欣目的地旅游旗舰馆"是一个由欣欣旅游网配合各省市旅游机构打造的旅游品牌综合门户,能有效整合目的地旅游企业及旅游资源,汇总各省市所有旅游线路、景点、酒店、攻略等信息及产品内容。

2014年4月,招募欣欣旅游网顾问,满足游客个性化的出游需求。为了给消费者提供不一样的定制旅游体验,欣欣旅游网对旅游顾问频道进行升级,推出全新的定制方式——招标定制,同时欣欣旅游网顾问频道推出了"旅游顾问"招募活动(gw.cncn.net)。

2014年4月,欣欣旅游网推出"欣旅通"供销平台,拉开B2B序幕。

2014年5月,欣欣旅游网联合支付宝,推出行业金融保障计划,打造国内首创的旅游行业授信体系。该机制的建立将为供销商和分销商延续线下交易行为,致力解决客户间挂账、坏账等财务问题,试图以此改善长期存在旅游行业中的渠道乱象。

2014年8月,欣欣旅游网推出微店应用。欣欣微店是建立在微信公众账号上的网店,实现了旅行社与客户的在线互动,即时推送最新商品信息给微信用户,实现了微信在线预订产品功能。微店为旅行社用户提供了低门槛的旅游产品推广平台,使传统旅行社在旅游移动营销推广中又迈出了一大步。

2014年9月,欣旅通旅行社会员注册单日突破1000名。

2014年9月,欣欣旅游网后台全面升级上线。欣欣旅游网OTA管理系统后台全面升级,逐步加强旅行社网店多方面的体验,不断推出并优化了高级版网店、手机版网店、微店等营销工具。除此之外,增加欣欣建站服务,增加同业采购中心。

2014年10月,腾邦国际收购欣欣旅游网。欣欣旅游网将继续保持原有业务不变,操作团队不变,借助于腾邦国际"腾付通"第三方支付工具以及其他金融工具,实现平台交易闭环,最大限度挖掘现有业务的盈利潜能,从而构建旅游行业B2B2C生态圈。

三、战略剖析与企业解读

(一)战略剖析

1. 专注旅游信息化

艾瑞统计数据显示,2014年第二季度在线旅游市场交易规模614.1亿元,同比增长17.1%;OTA市场营收额为32.4亿元,同比增长19.0%。面对在线旅游拥有的巨大市场价值和利润空间,互联网巨头们的触角也已经延伸到旅游行业。中国互联网正在加速淘汰传统产业,传统产业都面临着互联网的冲击。在线旅游的冲击使传统旅行社面临挑战。欣欣旅游网在创立之初便确立了帮助旅行社实现信息化的目标,从旅行社切入电商平台,把机票、酒店频道外包,避开了与携程旅行网、艺龙旅行网等传统酒店、机票在线分销商的直接竞争。随着传统旅行社对网络的依赖度增加,需要更专业、更规范的平台来发布旅游线路信息。在线旅游商开始争夺中小旅行社市场,但由于这些在线旅游网是从 B2C 模式发展而来的,没有同程旅游网与欣欣旅游网的先天优势。同程旅游网从几年前开始转型,旅行社网店不再是其业务的重点,重点是景区门票以及无线端。欣欣旅游网是近几年崛起的电商新贵,取代并超越了同程旅游网成为国内最大的在线旅游超市,外界称之为"旅游行业的阿里"。立足于旅行社,欣欣旅游网专注为旅游企业提供信息化技术服务,通过技术与资源整合全力帮助中小旅行社业务升级与服务转型,帮助中小旅行社开源节流,帮助供应商提供效能与渠道分销覆盖,实现双方的共赢。[12]

2. 中立政策进行服务

目前市场上的旅游 B2B 平台前身多数都是大型旅行社、供应商或渠道商,是边做平台边做自营业务,还是保持中立专心做服务平台,是 B2B 平台应该认真面对的问题。面对激烈的市场竞争,许多传统旅游电商也开始进军 B2B 平台,比如途牛旅游网边做自营业务边做开放平台,更多的是把业务重心放在出境游。欣欣旅游网为第三方旅游电商平台,在旅游 B2B 中寻求突破与颠覆,以开放、中立的姿态供旅游从业者使用,面向上游供应商实行免费入驻、免保证金、免产品上架费、免佣金的政策;同时坚定技术提供商的角色,只做平台不涉足交易环节。这两点原则,为供销两端的用户提供极大的便利,这也是欣欣旅游网通过在同类竞争中迅速崛起的原因。目前,"欣旅通"汇聚了 6 万多家分销商,是全国最大的中小旅行社聚集地,全面保证了供应商、分销商的利益。[13]

3. 应对平台安全问题

欣欣旅游网已经累积 6 万多家旅行社会员。欣欣旅游网给腾邦的金融业务带来了更大的平台,同时也成为腾邦切入在线旅游的一个突破口。"欣旅通"平台能够有效聚合资源需求,从而为平台用户提供更加有竞争力的资源采购能力,为平台用户降低采购成本。欣欣旅游网曾因为其平台上旅行社图片侵权事宜遭遇起诉,欣欣旅游网作为第二被告被告上法庭。针对此事件,欣欣旅游网进行了反思,首先,不断完善各个层面的机制,使平台更安全、更透明,能够更好维护各方利益。欣欣旅游网采取了把所有上传图片的入口进行梳理的方法,增加网店主随手拍功能,只要旅行社下载欣欣旅游网的 APP,在旅行过程中间用手机拍下来图片,将这些图片上传到用户自己的网店就可以使用,并且每上传一张图片,同时还可以使用别人的 10 张图片,真正体现了欣欣旅游网平台"我为人人、人人为我"的精神。欣欣旅游网通过一个月时间,后台增加了 30 万幅原创图片,既解决了图片版权问题,又解决了真实性问题。其次,欣欣旅游网会对平台上旅行社提供的产品提出真实性的要求,在这样的背景下,如果因为旅行社的虚假产品描述而遭到游客投诉,欣欣旅游网会惩罚旅行社。[14]此外,欣欣旅游网向游客推出"出游保障"服务。欣欣旅游网携手旗下 5 万余家旅行社设立 5000 万元保障基金,提供旅游预订保障服务,保障游客的合法权益。

（二）企业解读

1. 构建 B2B2C 旅游生态圈

与其他的旅游同业平台相比，"欣旅通"具有海量的分销商资源和突出的线上营销能力。传统供应商和分销商入驻"欣旅通"旅游 B2B 平台，将大幅度降低供应商和分销商之间的沟通成本，极大提升了供应链效率。欣欣旅游网重点发力"欣旅通"供销平台，打通供应商、分销商、消费者间的上、下游环节，实现供需信息的交互服务，建设旅业 B2B2C"生态圈"（见图 3-3）。

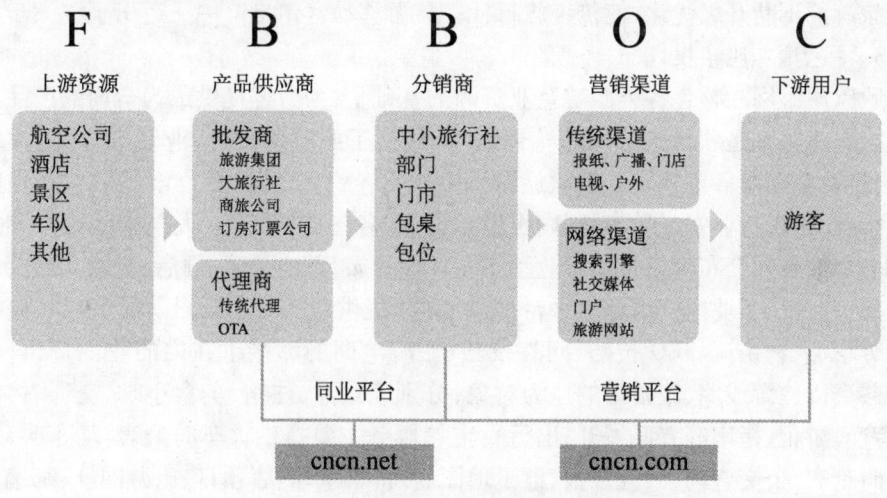

图 3-3 欣欣旅游网的 B2B2C 生态平台

2014 年，在线旅游电商价格战进入白热化阶段，面对激烈竞争，欣欣旅游网采取了避开锋芒，专注于发展 B2B2C 的商业模式的策略，通过自己的技术帮助旅游企业实现信息化，为旅行社合作伙伴提供完整的电子商务解决方案。与同类型网站相比，"欣旅通"具有以下优势：第一，"欣旅通"是一个纯 B2B 技术平台，不涉及业务，按成交收取 2 元/人信息服务费。第二，欣欣旅游网 6.2 万多家旅行社会员都是供应商的潜在同行客户。第三，专业的技术团队，从多角度解决行业支付、拖账坏账问题，建立旅游行业专属的信用体系。第四，动态库存与实时价格使分销商的体验更好，业务处理效率更高。通过这些优势，欣欣旅游网成为旅游行社加盟的首选平台。欣欣旅游网 B2B2C 生态平台的建立与完善，意味着分销商将来可以直接将在"欣旅通"平台采购供应商产品，继而在欣欣旅游网完成销售，直接转型为线上零售商，快速提升产品周转效率，最终实现旅行社一体化营销，助力旅行社转型。[15]

2. 专注于技术的发展

欣欣旅游网的主要业务模式是旅游行业的平台模式，主要选取 2B+2C 端即"前店+后场"模式。前店——像淘宝店铺一样，给很多中小旅行社的门店开设这种旅游的店铺，让中小旅行社在店铺中销售他们的旅游线路产品；后场——把一些区域型在当地有大量景区、机票、地接社等好的资源的旅游批发商，在后台供应给旅游门店商，打通产业链条,真正实现前后一体化。其关键之处在于技术的提升与维护,打造安全可靠的平台作为硬件支撑。欣欣旅游旗下主要是运营旅游B2C平台系统"欣欣旅游网"、旅游B2B平台系统"欣旅通"。此外,欣内欣外"1+1"模式、欣欣旅游网+欣欣商城模式的开发应用,旅行社即时查询软件"全国旅行社询价系统""智能微营销",欣内欣外、欣内欣外V2.0等平台技术的研发,以及"欣欣旅游线路""同业小助手"的手机客户端开发应用等都是欣欣旅游网的技术应用成果。同时欣欣旅游网推出微店应用,实现旅行社与客户的在线互动,为旅行社用户提供了低门槛的旅游产品推广平台。欣欣旅游网不断升级优化,使传统旅行社在旅游移动营销推广中又迈出了一大步。

3. 特色信息共享模式

欣欣旅游网在整合各类旅游企业资源的基础上,为游客提供最为全面的产品选购服务。资讯共享是欣欣旅游网的特色之一,包括了旅游资讯、行业动态、旅游攻略共享、出行百宝箱服务等板块。欣欣旅游网B2C平台下设的旅游资讯提供包括目的地旅游推荐、旅游行业发展动态、国内出境游资讯、各省旅游资讯、人气景区推荐和旅游攻略分享的新闻公布等信息。行业动态主要包括旅行社、景区、酒店、交通和展会的最新动态,并提供了业内资讯分享平台;"欣旅通"提供包括旅游资讯、景区资讯、旅行社经验分享、人物访谈、SEO技巧、问答技巧、旅游电商的那些事在内的业内资讯;旅游攻略共享以旅游线路、旅游目的地为对象,分别就景点、住宿、美食小吃、交通、休闲娱乐、特产、游记、指南等方面展开;出行百宝箱服务主要提供火车时刻表/动车时刻表、汽车时刻表、公交查询、天气预报、电子地图、特价机票、酒店预订、旅游网址、邮编查询等全面可靠的查询服务。特色信息与共享模式,为欣欣旅游网吸引了大量用户,提升了用户体验。

四、2015年发展布局

2015年在线旅游行业的竞争更加激烈。欣欣旅游网发展大体方向为继续专注于B2B2C的平台模式,整合旅行社资源,并成为在线旅游行业的发展潜力之星。但市场竞争格局激烈,面对老牌的传统在线旅游企业,欣欣旅游网仍需在发展自身的同时,注重后方资源的"包抄",突出自己的竞争优势,发挥企业旅行社资源的力量,争取与众多中小旅行社稳定的合作。

参考文献

[1]谢珩. 基于SOA的B2B2C旅游电子商务研究[D]. 合肥工业大学,2008.

[2]大象无形. 欣欣旅游网打造旅游B2B2C生态平台[EB/OL]. http://news.cncn.com/202063.html.

[3]百度百科. B2B2C.[EB/OL]. http://dwz.cn/2qlXke.

[4]百度百科[EB/OL]. http://dwz.cn/2pFkgX.

[5]吴志祥. 从1元门票到旅游"万物"[EB/OL]. http://news.xinhuanet.com/travel/2014-12/15/c_127305966.htm.

[6] 李敏. 移动互联时代 同程再启程——专访同程旅游 CEO 吴志祥[J]. 声屏世界·广告人,2015(1).

[7] 艺龙同城结束合作 携程与同程再围剿艺龙[EB/OL]. http://tech.ifeng.com/internet/detail_2014_05/26/36502409_0.shtml.

[8] 惊魂60天,同程网与艺龙、携程博弈始末[EB/OL]. http://news.iheima.com/show-6-144083-1.html.

[9] 张沙莎. 携程同程艺龙"三国杀"[N]. 新金融观察,2014-06-02(24).

[10] 郝凤苓,吴志祥. 同程网求生记[J]. 21世纪商业评论,2014(9).

[11] 吴志祥. 将以换股形式收购旅行社[EB/OL]. http://www.ctcnn.com/html/2014-07-31/10925845.html.

[12] 承载旅行社电商梦欣欣旅游网专注旅游信息化[EB/OL]. http://www.techweb.com.cn/news/2014-10-23/2088401.shtml.

[13] 旅游B2B竞争升级 欣旅通推进B2b2C旅游生态圈[EB/OL]. http://www.dotour.cn/article/11503.html.

[14] 冯志国. 通过旅游B2b2C做旅行社营销窗[EB/OL]. http://news.cncn.net/c_505981.

[15] 大象无形. 欣欣旅游网打造旅游B2B2C生态平台[EB/OL]. http://news.cncn.com/202063.html.

第四章 垂直搜索引擎类旅游电商介绍及企业解读

第一节 旅游垂直搜索引擎平台简介

旅游垂直搜索引擎类在线旅游服务平台是利用搜索引擎技术,使游客通过旅游产品的比对,根据对旅游产品的需求链接到相关网站完成交易,有效降低了游客获取信息的时间成本。垂直搜索作为一种集合大量OTA以及供应商资源的渠道,在一定程度上降低了用户获取信息的成本,满足用户需求和提升用户体验。相对于综合搜索,旅游垂直搜索引擎的优势在于对细分领域的深度资源挖掘。中国旅游垂直搜索引擎以去哪儿网及酷讯旅游网等旅游企业为代表,但随着旅游竞争的白热化及市场的不断成熟,去哪儿网业务模式进行转化,向综合类电商平台发展,旅游垂直搜索引擎类以酷讯旅游网等在线旅游企业为代表。

旅游垂直搜索引擎平台具有一定的市场优势。首先,对消费者来说,垂直搜索现在可以跨越各大第三方在线旅游电商,和直销企业官网来比较旅游产品,提供一个快速及全面的产品选择和几乎及时购买选项的整合搜索结果;旅游垂直搜索网站还可以获取并且分析用户的偏好信息,从而提供更加完善而且准确的数据服务,也能据此设计相应的个性服务。[1]根据全球旅游业权威研究机构的PhoCusWright数据显示,目前有不少于1/3的网购者选择使用垂直搜索网站为主要旅游购物的渠道。此外,旅游垂直搜索引擎页面正面临着巨大的发展机遇,根据PhoCusWright的数据显示,仅仅只有1%的消费者会通过垂直搜索引擎进入酒店的官网进行预订。旅游垂直搜索引擎可以继续挖掘酒店市场价值。[2]其次,对于在线旅游企业来说,旅游垂直搜索平台集聚和引导了大量流量,对传统优势旅游电商构成了一定威胁;同时垂直搜索抢占流量入口,将用户流量引入供应商和更多小型旅游电商,从而对携程旅行网等大规模代理商形成一定威胁。

旅游垂直搜索引擎同时也面临着发展问题。首先,从国外发展经验来看,垂直搜索在与综合搜索的竞争中并不占优势地位,往往面临被收购的命运或只是在一些细分领域占有自己的一片小天地。主要因为其搜索模式下的流量是根本和关键,而通用搜索作为搜索的主要入口流量优势明显降低。其次,垂直搜索的进入门槛很低,但是竞争的门槛很高,精湛的技术是发展关键。行业门户网站具备行业优势但缺少技术优势;作为一个需要持续改进可运营的产品,对技术的把握控制程度是垂直搜索成功的重要因素之一。最后,旅游垂直搜索引擎面临着大型OTA的市场掠夺,随着在线旅游行业竞争的白热化,以携程旅行网为主的传统旅游电商占据主要市场份额,因此,单纯的垂直搜索模式或将面临成长瓶颈,需要进行模式拓展或依附于强势平台成长;[3]同时需要对技术进行不断提升,并专注于细分领域市场,开发特色产品,提升服务水平。

第二节　酷讯旅游网

一、企业简介

酷讯旅游网是中国领先的在线旅游媒体,是全球最大在线旅游媒体TripAdvisor旗下企业,创立于2006年年初,总部位于北京。酷讯旅游网凭借国内领先的垂直搜索技术,为旅行消费者提供国内外机票、酒店、旅游度假和火车票的专业搜索服务,并利用先进的数据挖掘和智能推荐等技术手段,通过实时整合、辨识、处理海量旅行产品数据,为用户提供最新、最准确的旅行产品价格和信息,从而帮助用户高效比较选择适合自己的旅行产品。

作为旅游综合搜索平台,酷讯旅游网可以实时搜索全部航空公司官网,超过2000家机票、10万家酒店、火车票以及度假产品供应商网站,帮助用户一站式获取全方位旅游产品信息。酷讯旅游网作为中国领先的旅游搜索引擎,已经被亿万旅游消费者广泛接受并喜爱,酷讯旅游网也逐渐成为众多旅行人士的首选互联网站点,并帮助用户得到更好的旅行体验。同时,作为中国最具影响力的在线旅游媒体之一,酷讯旅游网也受到各航空公司、大型酒店集团、各地旅游局及景区的广泛赞誉,被视为其拓宽业务以及吸引消费者最有效的平台(见图4-1)。[4]

图4-1　酷讯旅游网徽标

二、2014年大事记

2014年2月,酷讯旅游网酒店体验师体验多元化。酷讯旅游网在北京希尔顿逸林酒店举办了"有梦为马　行走江湖——酷讯旅游台湾名宿达人分享会"活动,活动围绕四位台湾酒店体验师对台湾民宿客栈的全方位体验,分别分享台南、台东、台中、台北四条旅游线路。

2014年2月,酷讯旅游网酒店新版上线,新增酒店团购产品。酷讯旅游网酒店APP新版上线,最值得关注的酒店团购也融入在新版酷讯旅游网酒店中,携程旅行网、艺龙旅行网等团购预订商均已同步上线,用户可以一站式进行价格比较,随时随地预订到最优惠的价格的产品。改版后的酷讯旅游网酒店预订流程更加便捷、流畅。

2014年4月,酷讯旅游网酒店首次接入预订服务。酷讯旅游网酒店APP5.0版本上线,此次改版首次让酷讯旅游网酒店实现了直接预订服务。用户通过手机查询酒店详情页,预订带有"酷讯直销"标志的酒店,不用再进行跳转可直接完成预订,且在"我的订单"中可随时跟踪订单状态。

2014年4月,首家航空公司旗舰店入驻酷讯旅游网机票平台。海南航空旗下首都航空入驻酷讯旅游网机票平台,至此,酷讯旅游网机票第一家航空公司旗舰店正式上线。首都航空旗舰店进入运营阶段,2014年春季将近100条航线投放到酷讯旅游网机票频道。酷讯旅游网成为继去哪儿网、淘宝旅行之后第三家开启航空公司旗舰店的在线旅游网站。

2014年5月,五一国际劳动节使酷讯无线用户增长迅速,从4月中旬开始到五一期间,酷讯机票APP预订量增长226%。无线端已经成为机票预订的重要渠道。此外,酷讯酒店APP在五一期间旅客出现250%的增长,其中五一当天增长达到高峰。

2014年7月,西部航空旗舰店入驻酷讯机票平台,支付转化率近70%。7月31日入驻的西部航空已实现50%的提交订单转化率,标志着酷讯旅游网媒体平台与航空公司的品牌资源相结合优势显著,为航空公司提供了新的销售渠道,也为用户带来了更优质服务、更廉价的机票。

2014年7月,酷讯旅游网继续投资旅游体验师,在北京举办了酷讯旅游网台湾旅游体验师的招募活动,重点开展台湾深度游,突出金门、兰屿等特色目的地,为旅游者呈献真正的台湾文化风情。

2014年7月,"酷讯"及"KUXUN"商标注册申请遭遇驳回。

2014年9月,酷讯旅游网旅游新版上线。酷讯旅游(www.kuxun.cn)改版主要针对网站首页进行完善优化,加大了无线产品的比重,同时对运营活动区域进行了梳理,增强了"热门推荐"的内容,让页面更加感性化、更加贴近用户。

2014年9月,酷讯旅游网推出的"十一订房大秘籍""暴走漫画"上线。第一期9月12日上线采用的是个性化、吸引眼球的"暴走漫画"形式,直击用户痛点和难点,宗旨是帮助用户如何在十一期间订到性价比最高的房间,解决十一长假用户出行预订酒店遇到的种种问题。

2014年10月,酷讯旅游网汇总酒店预订秘籍,订单同比增长10%。继"暴走漫画"之后,酷讯旅游网又推出两期产品,三期精心制作的"十一订房独门秘籍",成功地为数十万长假期间出行的用户提供了酒店预订帮助,受到众多出行用户的热捧。

2014年11月,酷讯旅游网移动端首发"酒店Wi-Fi白皮书"。为帮助出行用户更有效地筛选全国提供Wi-Fi的酒店,酷讯旅游网在移动端发布酒店Wi-Fi白皮书专题,此专题在业内属于首次发布。其中专题中的相关数据,由HotelWiFiTest网站提供。

三、战略剖析与企业解读

(一)战略剖析

1. 新交易平台提升用户体验

作为国内为数较少的旅游搜索引擎运营商,酷讯旅游网致力于资源的整合、对比及技术的深度研发。2014年年初酷讯旅游网KTEP交易平台系统上线,依托于新的系统为消费者提供全方位的服务,把全网最有优势的票价通过搜索引擎技术手段进行挖掘。酷讯旅游网可以通过平台把最低的价格呈现给消费者,搜到信息后可以快速购买,并利用新系统完成售后服务退票、改签等,大大缩短了预订时间,打造了一个全封闭的体验系统。新系统不仅可以接入航空公司,更重要的是可以帮助代理人节省运营成本,在新系统中投放更多的优惠价格产品。此外,代理人处理订单的效率也会大幅提升,大大缩减了代理商在投放过程上的人力和时间成本。机票代理商们通过新系统可以开放更多的普通政策、特价政策、特殊政策等,这些政策极大丰富了酷讯旅游网的产品种类,同时能对整个服务流程进行实时监控,用户的支付将更加安全,并能提升用户体验。这些都成为酷讯旅游网的竞争力和优势。[5]

2. 特色营销抢占市场

酷讯旅游网与传统旅游电商不同,从搜索引擎平台的角度出发,酷讯旅游网汇集全面的酒店、机票信息,并不定期发布相关数据,或是通过旅行手册助力旅游市场,通过信息的共享和为民众带来的方便,为自己进行广泛的宣传,赢得顾客青睐。2014年十一之际,酷讯旅游网推出的三期"暴走漫画"很好地诠释了酷讯旅游网的宣传策略,结合最流行的"暴走漫画"发布了"十一订房独门秘籍"。除此之外,酷讯旅游网庞大的旅游体验师群体是其另一特色,加之定期发布的相关资讯,以技术与口碑结合的方式浸透市场,增加了顾客黏性。

3. 深耕旅游体验师

随着旅游者休闲体验程度的提高,旅游消费观念的日益成熟,旅游者们也逐渐走入了体验经济时代。丰富的旅游经历及旅游新业态的发展使人们更加注重于旅游的质量,个性化、体验化、情感化、休闲化逐渐成为旅游的主流选择。酷讯旅游网作为第一家提出旅游体验师这种体验式旅游的概念,通过"人人都是旅游体验师"的理念,让旅游爱好者无门槛地参与进来,热爱旅游、愿意分享的旅游者都可以成为酷讯旅游体验师。随着旅游体验师的发展,酷讯旅游网成功将"体验"的概念延伸细分到具体产品上,例如酒店体验师,围绕酒店产品让酒店体验更加立体、直观。2014年,酷讯旅游网酒店体验师在酒店方面继续深入发展,将旅游体验方式多元化,结合旅游六要素"吃住行游购娱"旅游资源,形成以酒店为旅游目的地的旅行新方式。如酷讯旅游网和国内各大景区的景点门票合作,形成一个酒店旅游的打包产品,提供给酒店体验师体验,并与国外相关景区进行合作,为旅游体验师提供更多可选择产品。

(二)企业解读

1. 以技术手段服务市场

随着大数据时代的到来,先进的技术成为众多旅游电商的硬件保障,在不断开拓市场的同时,许多企业对产品研发、新技术的创新方面进行了重点投资。酷讯旅游网依据自身的搜索引擎平台优势,重点发展机票、酒店业务,机票、酒店更加标准化、信息化。酷讯旅游网作为轻型技术型网络公司,充分利用技术优势,降低生产经营体系和运营的复杂性和人力成本,集中企业的优势资源进入擅长的领域。

酷讯旅游网采用云智慧旗下的"监控宝"进行IT运维管理。监控宝能够快速解决海量的应用和服务请求,并且保障在各个节点正常运行和有效管理的同时,能够实现运维分析、业务运营和产品运营的有效共享和整合,能够对企业关键业务和关键交易环节进行精确的监控和评估,使企业的业务风险控制到最小,从而能够更好支撑企业业务健康发展。酷讯旅游网通过新技术的应用,节省了IT预算、管理的人力成本以及资源成本。此外,酷讯旅游网通过监控宝可以了解到分布在全国各大站点的用户对于酷迅旅游网服务的稳定性和性能感受,弥补了节点上忽略游客体验的不足,并将IT运维管理中的需求随时反馈,对战略进行不断改进,以便追踪用户的需求,完善企业服务,提升用户体验。酷讯旅游网一方面借力于第三方IT运维产品的支撑,另一方面以开放、精益求精的IT运维管理心态,确保企业的IT运维管理健康发展。[6]

2. 以机票为核心业务

酷讯旅游网与航空公司合作,将机票作为核心业务。首先,预订机票是游客旅行生活的第一步。在旅行服务的网站中,机票往往是必备的第一个产品。根据消费者出行决策模式,交通工具是主要一环,机票目前还是中国人长距离出行的首选。其次,随着旅游电商的激烈竞争,机票也成为容易打开突破口的平台。机票市场是目前在线旅游领域最标准化、最数字化的一个市场,机票产品已完全可以自动化来控制,整个业务更容易用技术团队来解决,以提供更好的服务。而价格变动频度非常高、舱位变化快、数据的运算量非常大等因素,是酷讯的技术团队擅长的领域。[5]酷讯旅游网与航空公司合作,开设酷讯航空旗舰店,抢占线下市场;同时作为实体店,可进一步增强用户信任度,推广品牌,增强客户忠诚度,弥补线上旅游企业虚拟服务的不足。

3. 大数据运营,发力移动端

酷讯旅游网基于用户行为进行综合服务,首先,酷讯旅游网为广大出行用户提供准确实时的机票、酒店、度假、火车票等信息,并运用技术手段对社交和用户行为进行分析。根据不同用户的兴趣、职业、位置等多达千万个维度进行个性化推荐,完善服务链条,构建用户服务体系,为用户提供全方位的搜索信息。其次,酷讯旅游网拥有包括"超级火车票""酷讯机票""酷讯酒店""一起玩"等七款APP产品。目前,酷讯旅游网的机票、酒店、火车票已成为核心的三款产品,并锁定移动用户,开拓旅游市场。最后,酷讯旅游网将大数据与移动端相结合,酷讯旅游网适时发布旅游相关数据报道,为用户提升旅游服务体验。2014年,酷讯旅游网的"酒店Wi-Fi白皮书"在移动端首发,是大数据与移动端完美结合的范例,为其进一步拓展了移动市场。

四、2015年发展布局

总体看来,2014年酷讯旅游网的发展模式以"专而精"为主。虽然作为垂直搜索引擎平台,酷讯旅游网汇集了大量的资源,供用户进行选择对比,但酷讯旅游网专注于轻技术,与航空公司进行合作,专注于酒店与机票进行市场的开拓;此外,重点进行用户的服务,进一步发展旅游体验师传统优势,为旅游体验师提供更多的平台,与台湾旅游体验师合作,专注于大型旅游电商忽略的领域,发挥其特色优势,打好市场基础,寻求在线旅游格局中的一隅之地。

2015年酷讯旅游网继续稳步占据在线旅游细分领域,继续专注于轻技术,为用户提供更好的服务。与此同时,酷讯旅游网与其他在线旅游电商相同,也面临着机票退改签费用过高的问题,2014年因此产生的用户纠纷也成为一个较为深刻的案例。在提升技术平台的同时,酷讯旅游网应继续重点关注用户体验,提升服务水平。此外,网站特色活动及旅游体验师和无线端也是酷讯旅游网重点把控的方向。

参考文献

[1] 焦龙.垂直搜索引擎在旅游企业中应用的探索[J].商场现代化,2010(8).

[2] 垂直搜索市场给酒店带来的机遇和挑战[EB/OL].http://www.sxdaily.com.cn/n/2014/0725/c339-5477931.html.

[3] 在线旅游主要模式分析[EB/OL].http://news.emoney.cn/n_00_0201_3733150.shtml.

[4] 酷讯旅游网[EB/OL].http://baike.baidu.com/link?url=DVPp0yu70QksYeWpF7rCX_u7B9fnYH1a_sgdv4P53a5Ahj2hPh8lmBzM6yb9AXMID7P4dhNS05eQXwlZ0SiAKa.

[5] 张海军.用技术手段将细分领域做到[EB/OL].http://www.techweb.com.cn/Ucweb/news/id/2048556.

[6] 创新思维助酷讯IT运维管理升级[EB/OL].http://www.cww.net.cn/tech/html/2014/6/19/20146191043331364.htm.

第五章 社区点评攻略类旅游电商介绍及企业解读

第一节 社区点评攻略类在线旅游服务平台简介

社区点评攻略类旅游电商是以内容为导向,以用户共享为核心,通过 UGC 的模式进行网站的运营,搭建旅行服务平台。UGC 是 User Generated Content 的缩写,意为"用户生成内容",即网站大部分内容来自于用户的自主发布和相互交流,当它和旅游网站连在一起时构成了目前正被人们逐渐熟知的"自助游攻略类旅游网站",UGC 旅游网站的出现很大程度上基于中国自助游群体的扩张,内容上的创新和精准服务使 UGC 在线旅游业获得更广阔的发展空间。目前国内几家较为大众熟悉的自助游攻略类网站有蚂蜂窝、到到网、穷游网、驴评网等,这些网站的板块设置大多分为攻略、目的地、社区(论坛)以及机票和酒店等预订搜索频道。

国内外在线旅游 UGC 市场发展均经历三个阶段。国外的在线旅游 UGC 市场第一个发展阶段为专业编辑阶段:以 Lonely Planet 为代表的旅游指南开创了旅游攻略的先河,Lonely Planet 的内容来自其员工和几百位签约旅游作者。第二阶段为众包阶段:维基百科式的旅游网站 Wikivoyage、旅游点评网站 Trip Advisor 为用户提供大量免费旅游攻略、游记、点评等内容,且同一目的地内容来自多个业余用户,消费者可获得更加全面的建议。第三阶段为变现阶段:旅游点评网站编辑在用户提供的海量信息中抽离出标准 POI,并接入后端供应商的酒店、门票等资源,帮助用户完成消费决策。

中国在线旅游行业发展初期以传统的旅游电商为主,在于培养用户的线上预订习惯,以携程旅行网为主要代表;其次是以去哪儿网、淘宝旅行为代表的搜索平台和开放平台的建立,在于提供多样化的产品,满足用户多样化的需求;新兴时期的在线旅游电商以 UGC 模式为代表,它突破了传统的为用户服务的运行模式,挖掘激发用户的潜在需求,帮助用户完成潜在决策,将用户变为网站主体,直接参与到在线旅游的点评与攻略之中。总体看来,UGC 已经成为在线旅游行业发展主流之一,但相较于传统的综合性旅游电商,UGC 模式所占领的市场份额只是较小部分,但是由于其信息的真实性较强,用户忠诚度较高,有着广阔的发展前景。[1]

美国旅游市场中休闲度假游的比例占 80%,而中国市场当前却仍是以差旅出行占据旅游市场的大头。但中国休闲旅游市场的占比自然在不断提升,已经具体反映在中国旅游市场总额每年 30% 左右的增速上。加之自助游较之出团游比例日益提高,大部分用户在选择旅行方案、制订旅行计划时,都依赖于互联网工具。从用户旅行的决策环节来看,其出行的计划路径可能是:搜索引擎(百度、谷歌)→旅游社区旅游资讯网站(穷游网、蚂蜂窝)→旅游预订网站(携程旅行网、艺龙旅行网、Booking 等 OTA)。UGC 类的旅游社区和旅游资讯网站,是处在上游的位置。但在旅游决策过程中,离交易环节远,直接盈利的能力较差。用户在网站上的活跃,并不一定能直接带来利润。因此旅游信息分享社区很难抢占更多的商业市场份额。传统在线旅游电商也对旅游社区截取了太多的用户,影响网站流量进而向旅游攻略网站进军,如携程旅行网曾投资、而后又收购了旅游社区驴评网,将其变成了自己的旅游攻略社区。因此,UGC 行业作为在线旅游发展的方向,竞争会日趋激烈。社区点评攻略类旅游电商主要分为两种,一种是以到到网为代表的社区点评类在线旅游服务平台,一种是以蚂蜂窝和穷游网为代表的社区攻略类在线旅游服务平台。两种皆是以 UGC 内容共享为导向。

一、社区点评类在线旅游服务平台:到到网

到到网是全球最大旅游网站 Trip Advisor 的中国官方网站,于 2009 年正式上线,覆盖全球 190 个国家的旅游胜地,包括各个地点的酒店、景点、餐馆及购物热区等信息及排名。到到网除了提供超过 200 万个 POI 的位置信息外,还可以让用户参考全球旅行者针对每个 POI 分享的点评和实拍照片,得到最实时与真实的当地情况。到到网得到用户高度参与,逾 66% 简体中文点评的篇幅均超过 100 字,令这些点评相比其他网站更具独特价值。到到网以对旅游行业中的酒店或景点进行评论来吸引用户,并以用户吸引广告是目前到到网盈利的主要方式,这也是众多点评类网站的主要赢利模式之一。到到网针对国内酒店的"酒店全球通"和"酒店中国通"网络推广服务,开启了国内及全球各大酒店联络信息直接分享平台的全新营销模式,其产品立足于其内容平台和全球化的资源背景,通过"酒店直销",向酒店合作方收取年费展示酒店官方信息和直接联系方式,以帮助酒店进行推广并获取直客订单。以全球丰富的资源为背景是到到网区别于国内 UGC 网站的优势之一。[2]

二、社区攻略类在线旅游服务平台:蚂蜂窝+穷游网

到到网立足于国外背景开发国内市场,蚂蜂窝与穷游网均是立足于国内资源,穷游网更注重开发海外市场。二者的发展,主要依靠用户在论坛上的分享交流,产生原始的旅游信息和内容的 UGC 模式。通过对这些内容的积累和重新组织,再吸引到更多的用户。因此,最早的用户群体,以及在社区里积累的内容,就决定了网站的发展。穷游网是由创始人海外留学创建旅游社区发展而来,目前已经是国内最大的旅游信息分享社区之一,有非常多的用户都在网站上分享自己的旅行游记,同时包含很多的旅游信息,提供给同样有出行计划的用户做参考。穷游网在自己的论坛基础之上,将游记信息组织成了目的地、穷游锦囊等内容频道,并提供了穷游网折扣、预订等商业信息服务,成为了一个全面的旅游社区网站。蚂蜂窝是由创始人陈罡、吕刚在业余爱好自驾旅游的驱动下建立起来的旅游论坛。蚂蜂窝成立在 2006 年,两位创始人开始也是业余维护网站,2008 年,蚂蜂窝有一定用户量之后才开始全职创业。穷游网和蚂蜂窝

创始人不同的起家背景,则决定了两家公司运营发展以及在用户群体积累上的差异化。蚂蜂窝的内容以国内的旅游地点为主,穷游网则更偏重于出境游信息。相比之下,蚂蜂窝的用户数量更大。根据劲旅网的2014年在线UGC旅游企业排名中,蚂蜂窝的用户覆盖数一直为第一位。穷游网拥有的学生、尤其是留学生比例,以及高收入人群比例更高。[3]

第二节 蚂蜂窝

一、企业简介

蚂蜂窝由陈罡和吕刚创立于2006年,总部设立于北京,是中国领先的旅游社交网站。蚂蜂窝已覆盖全球6万余个旅游目的地及热门旅行目的地,提供旅游攻略、旅游特价、酒店预订、保险、签证等服务。其中景点、餐饮、酒店等点评均来自数千万用户的真实体验,并帮助过亿旅行者制订旅游方案。目前蚂蜂窝共有员工210人,其中50%左右为研发技术人员,内容编辑占10%左右。截至2014年10月,蚂蜂窝激活用户达5500万人,游记总量已达百万量级。此外移动端用户比重较大,达4500万人左右。蚂蜂窝在移动端推出了旅行翻译官、旅游攻略、蚂蜂窝特价、国际酒店专家、游记和嗡嗡共六款客户端产品,覆盖旅行前、中、后的用户需求;并先后制作推出了各地旅游攻略书籍,涵盖了各个方面的旅游信息,给无数旅游爱好者的旅程提供了方便快捷的指南。此外,蚂蜂窝是新浪微博、人人网、微信早期的合作伙伴;国际社交巨头Line进入中国后,蚂蜂窝(见图5-1)也成为其在旅游行业的优先合作伙伴。[4]

图5-1 蚂蜂窝徽标

二、蚂蜂窝2014年企业数据分析

蚂蜂窝作为国内注册用户最多的在线旅游社区,拥有海量的旅游攻略,目前,蚂蜂窝正从一个传统的旅游UGC网站向着商业机构的方向发展,海外自助旅游的线上消费成为其重点。根据易观国际·易观智库统计,蚂蜂窝的收入来源一般分为三个阶段——阶段一:传统盈利业务广告展示阶段;阶段二:用户需求的站内解决——撮合交易服务阶段;阶段三:用户需求的深度挖掘、OTA业务模式尝试即特价频道阶段,其中特价频道的特价产品包括机票、酒店、门票、当地游、租车、邮轮、度假产品、签证、美食、保险等。据统计,2014年蚂蜂窝特价频道在旅游产品分销系统比例中占30%,这些特价频道大部分集中在北京,上海,广东等地,女性是特价产品的主要购买者,所占比例达到73.4%。[5] 2013年1月至2014年10月蚂蜂窝产品月度覆盖人数见图5-2。

第一篇　在线旅游电商发展态势篇

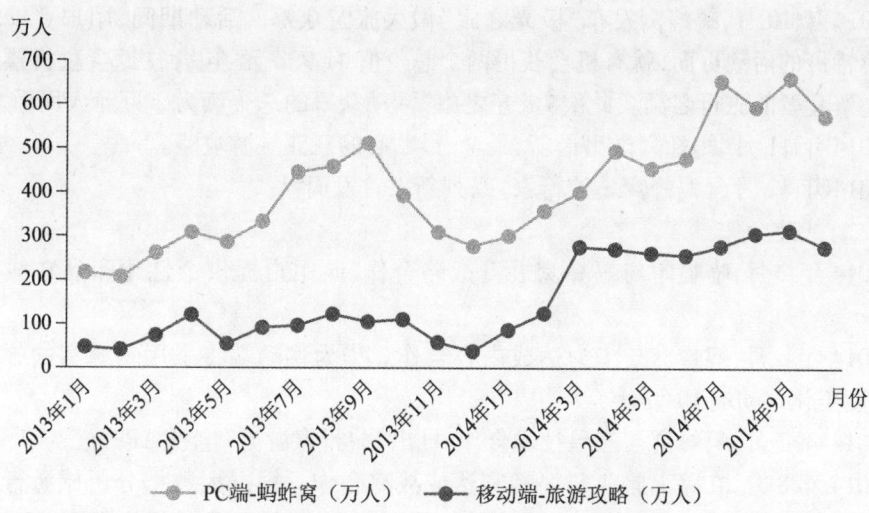

图5-2　2013年1月至2014年10月蚂蜂窝产品月度覆盖人数
资料来源:根据艾瑞咨询相关数据整理。

根据劲旅网发布的2014年分月主要UGC在线旅游网站和产品监测排名,蚂蜂窝位于第一位。[6]其中截至2014年3月,蚂蜂窝的注册用户数达到4000万人,月度活跃注册用户(PC端)达到1900万人,LV3以上用户100万人。2014年第一季度,蚂蜂窝网站覆盖人数,一月份达到1168.0万人,环比增长8.8%;二月份达到1112.7万人,环比增长-4.7%;三月份达到1260.1万人,环比增长13.2%。[7]此外,5月份、6月份及11月份出现覆盖环比下降情况,下降比例分别为17.1%、14.2%及7.2%。其余月份呈现上涨态势,8月份上涨幅度最大,为26.8%。[6]

三、2014年大事记

(一)企业事件

2014年4月,蚂蜂窝"旅行翻译官"获苹果最佳旅行类产品。

2014年4月,蚂蜂窝赞助大学生,提供万元"撒野旅行基金"。蚂蜂窝"旅行大篷车"全国高校巡回首场分享会在华南农业大学举办,吸引了大学生参与到蚂蜂窝的旅行中。

2014年5月,蚂蜂窝发布了《2014年五一旅游报告》。

2014年6月,蚂蜂窝发布《中国出境旅游用户行为分析2014》。

2014年8月,蚂蜂窝推出国际酒店APP面向出境自助游市场。该APP已经进入APP Store,目标是为出境自助游用户解决国际酒店预订的难题。蚂蜂窝希望借此完成在移动端布局旅游消费决策闭环。

2014年9月,蚂蜂窝B轮融资1500万美元。蚂蜂窝宣布获得1500万美元的B轮融资,启明创投领投、今日资本跟投。融资将主要用于移动平台推广和商业模式开发。

2014年10月,蚂蜂窝发布"极光之旅"做大旅游众筹。活动期间,用户登录蚂蜂窝旅游特价的活动页面,就有机会获得两个总价值41 998元、包含往返含税机票和酒店等免费套餐的旅行名额。此次"极光之旅"活动众筹的总金额为2万元人民币。

2014年11月,蚂蜂窝推出最新、最全、最贴心的三亚旅游攻略。

2014年12月,《蚂蜂窝·旅行家》系列新书首发面世。

(二)战略合作

2014年2月,喵喵印与蚂蜂窝展开战略合作,向用户提供个性化印品在线定制服务。

2014年6月,蚂蜂窝与华为达成内容合作。华为移动端将采用蚂蜂窝的旅行图片,深度美化移动端UI设计。

2014年7月,蚂蜂窝与三星技术合作,推出"旅行家游记"电视APP。

2014年8月,在路上旅业与蚂蜂窝达成战略合作。根据大数据分析旅游行业的机遇与挑战,进而为客户打造具有针对性的线路规划设计方案,结合市场需求,"反向定制"打包迎合市场所需产品。

2014年8月,蚂蜂窝携手华为,共同启动了"华为麦芒C199新品手机发布暨环青海湖骑行"活动,双方首次开展深度营销合作。

2014年9月,蚂蜂窝联合亚洲航空、孤独星球,走进成都、重庆、北京、上海等全国8个城市近20所高校,最终甄选出的10位旅行者获得"撒野基金",资助其完成旅行梦想。

2014年9月,蚂蜂窝全球招募度假体验师。蚂蜂窝联合中国国际航空公司"凤凰知音"、蜗蜗游旅行网,启动"上传原创游记,入选度假体验师"全球招募活动。

2014年12月,网易联合蚂蜂窝发布《2014出境游用户行为报告》,揭示了2014年国人关注最多的十大出境游不文明行为。

2014年12月,蚂蜂窝携手HTC举办"年终奖"活动。随着圣诞节和元旦节的临近,蚂蜂窝联合HTC、IN和酷乐视等企业,共同举办了圣诞旅行季"年终奖"活动,为旅游爱好者准备了大量的旅游潮品。

2014年12月,蚂蜂窝联合京东发布《旅行者阅读行为分析报告》,分析报告显示,39.17%的人因为阅读而旅行,60.83%的人因为旅行而阅读。

四、战略剖析与企业解读

(一)战略剖析

1. 反向定制

反向定制通常是指通过聚集数量庞大的用户,向商家集中采购的行为,例如此前热门一时的团购业。与传统的旅游业,由一些公司设计旅游产品,另一些公司分销不同的是,反向定制而是基于大数据来统计客户的偏好,并设计出相应的产品。蚂蜂窝挖掘用户商业价值的最新尝试是反向定制,类似团购,是一种C2B模式。例如根据不同用户的偏好,蚂蜂窝和酒店等旅游产品供应商的服务进行匹配对接,进行相应的旅游产品预售和反向预订。自从蚂蜂窝全面进行大数据以来,国内外已有 100 多家酒店、机票、目的地等旅游产品厂商及一级批发商主动与蚂蜂窝进行反向定制合作。[8]

2. 旅游攻略是王牌

蚂蜂窝以旅游攻略为核心,因为攻略来自于海量的用户旅行经验,它非常真实,也实时更新,另外这也是每个旅行者出行前非常需要的高价值信息。这是蚂蜂窝的核心竞争力。旅游攻略方面,不论是在 PC 上也好,在移动终端上也好,还是在信息的结构上也好,蚂蜂窝一直花大力气不断去做。随着用户量的增加和知名度的提升,蚂蜂窝将旅游攻略的真实性和实时性这个优势发挥得更加淋漓尽致,让蚂蜂窝保持旅游攻略的真实性和不具备商业色彩。

3. 向数据公司转变

旅游大数据是旅游攻略的延伸,旅游攻略是帮助用户做消费决策,旅游大数据是帮助用户做决策更加便利。大数据的门槛有两个:有没有海量的 UGC 和结构化数据处理的能力。基于大数据和分析,蚂蜂窝通过与后端对接,进行预售和反向定制,构成后端供应商、用户和蚂蜂窝形成三方的共赢,这是蚂蜂窝最核心的商业模式。蚂蜂窝会针对旅游大数据不断地衍生出很多新的产品,其本质都是帮用户快速、简单地进行旅游消费决策。2014 年蚂蜂窝对攻略引擎进行了全面的升级和提升,加入了语音分析和数据挖掘这样更深层次的技术。蚂蜂窝将用户作为核心,放眼于数据支撑起的发展,实现多方的共赢,为旅行者提供最需要的信息,为他们寻找最优质的旅行服务,这是蚂蜂窝主要的目标。[1]

4. 与去哪儿网的竞争

在携程旅行网、去哪儿网并购案被传得沸沸扬扬时,艺龙旅行网和同程旅游网结为连理,两家互为对方提供景区门票和酒店资源,看似和 UGC 定位的蚂蜂窝没有太大关联,但蚂蜂窝针对酒店领域做出了新动作。蚂蜂窝 CEO 陈罡发布微博揭露去哪儿网酒店潜规则,引起广泛关注。陈罡在新浪微博中发微博揭露去哪儿网发出"如果为去哪儿网酒店写正面评价,将提供 500 元旅游基金"的邀约信息;并表示,除他本人外,许多蚂蜂窝的资深用户也都收到过此类邀约。蚂蜂窝仅针对在线酒店领域,爆出去哪儿网刷好评的黑幕,显得有些突兀,但与其业务的争夺不无关系。OTA 竞争白热化,蚂蜂窝在之前就开始在北京地铁一号线中打起了国际酒店营销广告,并在广告中打出"国际酒店专家"的宣传语。无独有偶,去哪儿网早在 2013 年就加紧了国际酒店的布局,据称增加了 20 万家国际酒店的信息,并先后接入 Booking、Expedia 分销网络以及国际酒店 B2B 批发商 Hotelspro 等。在线酒店市场领域还有很大的发展空间。蚂蜂窝若想要从在线酒店领域中分得一杯羹,首先要做的是,向竞争者出手。这不免让人联想陈罡连番炮轰去哪儿网是否与双方在国际酒店业务上的竞争有些关联。也有业内人士表示,这次公开质疑踢爆了酒店预订行业早有的"刷好评"潜规则,深层原因是各家在线旅游企业对 UGC 新细分市场的争夺。[10]

(二)企业解读

1. 创新旅游大数据

大数据最重要的三个前提,分别是海量而有价值的用户数据、契合企业的数据抓取和分析工具、专业的数据分析团队。在蚂蜂窝的注册用户中,80%都来自移动端,日均活跃用户已突破了300万人,每天都会沉淀大量的用户信息。蚂蜂窝还建立了专门的数据中心,通过对用户数据进行结构化分析整理,定期发布用户行为数据和酒店、旅游特价等产品数据。蚂蜂窝提供的用户样本也成为中国旅游研究院等相关机构重要的素材。通过大数据,蚂蜂窝实现了"多赢":帮助用户找到了真正合适的酒店、机票等旅游产品,满足用户需求的同时提升了用户体验;为旅游产品供应商找到了精准的目标用户,节省了以前不菲的营销推广成本;而蚂蜂窝自己则实现了庞大流量的优化和变现。[11]

2. 用户共享服务

蚂蜂窝依靠用户提供内容,但并不刻意打造明星作者。蚂蜂窝的社区中积累了大量真实、细节丰富的旅游经验分享内容,这固然是一座金矿,但有时候也难免让用户陷入信息泥潭难以做出决策。蚂蜂窝将内容工具化,即运用大数据帮助用户提高决策效率和准确性,如推出移动终端应用"旅行翻译官",该应用可在手机上进行多种语言互译。蚂蜂窝根据用户各自的需求而推导出了用户整体需求,取得了成功。同时,在线旅游发展的方向是个性化旅游,蚂蜂窝通过数据对用户进行精准的定位,提供及时、有效的全方位信息服务,并发挥网民信息共享的优势,占领UGC行业市场,成为旅游社区的领导者之一。

3. 多元深度营销

蚂蜂窝通过多方合作及自身产品的创新进行市场的扩张。如蚂蜂窝与三星技术合作,推出"旅行家游记"电视APP;与在路上旅业合作推出"反向定制"打包迎合市场所需产品;而进军高校的旅游大篷车更是抓住了80后、90后的市场,通过"撒野基金"不仅激发了大学生自主出行、策划旅游的积极性,使更多的学生找到自己的定位,同时进一步提升了蚂蜂窝的知名度,让与年轻群体的合作不仅成为一个案例,更成为一种模式。其次,在旅游市场已经是一片红海,在主流在线旅游类网站纷纷走低的情势下,蚂蜂窝以社区为根基,众包给用户产生内容,衍生出旅游攻略等产品服务,开辟出了一条特色之路。在蚂蜂窝的众多专题和栏目中,他们制作推出了各类目的地旅游攻略路书,受到用户的普遍欢迎。以"香港攻略"为例,前后有约100人的资深香港旅游用户参与了攻略书的编辑,同时,众包的方式让蚂蜂窝的攻略书实用性强、接地气,且更新及时。由于大量用户的积极参与,让每本攻略都显得很有人情味、富有亲和力,随着用户、知名度的增加,让蚂蜂窝旅游攻略的真实性和实时性的优势发挥得更加淋漓尽致。[12]

五、2015年发展布局

蚂蜂窝的2014年发展布局以海外自助游及加强业务合作为主,并通过创新的营销方式增强蚂蜂窝的影响力,2015年的发展布局仍以海外自助游为主,同时继续加强移动端的业务开发。

社区的核心是所聚集的旅游达人,数百万名旅行者在全球各地每天通过蚂蜂窝进行旅行信息的分享。蚂蜂窝瞄准的是携程旅行网等网站未能到达且需求日益旺盛的市场空间——海外自助游。2014年财报显示,在线旅游网站去哪儿网第二季度总营收4亿元,同比增长127.3%,但归属于股东的净亏损为4.22亿元,2013年同期净亏损为4120万元。携程旅行网第二季度净利润为1.35亿元,同比下滑36%。途牛旅游网第二季度运营费用为1.59亿元,同比增长287.4%。这似乎向市场反馈了一个信号:在线旅游网站如果做得越大,似乎增长就会更加缓慢。蚂蜂窝如今已经摆脱了以前单一的分享模式,现在蚂蜂窝的业务涵盖目的地的旅游攻略、旅游特价、酒店预订、保险、签证等服务。

在移动端,蚂蜂窝推出了多款产品。下一步蚂蜂窝还准备开发面向更多旅游从业人员的行业智能系统解决方案,以及旅游行业的SNS营销平台,还将继续通过批量化的预售和进行C2B反向定制,但是,有业内人士指出,蚂蜂窝针对的群体主要是自由行消费者,那么盈利模式也离不开广告。现在蚂蜂窝很多用户对蚂蜂窝的直观感受是广告少,一旦广告大面积来袭的时候,用户是否还会继续留下来,这将成为蚂蜂窝面临的难题之一。[13]

第三节 穷游网

一、企业简介

穷游网(域名为qyer.com),2004年创始人肖异在德国留学时创办穷游欧洲论坛,主要为华人留学生提供自助游互助交流平台,上线的第一个月便得到了近万名网友的关注。2006年,穷游欧洲论坛正式更名为穷游网(见图5-3)加入了其他各大洲的自助游板块。2008年,肖异回国组建团队,穷游网正式进入商业运作。2011年,穷游网获得挚信资本A轮投资;2013年,穷游网再获阿里巴巴B轮战略投资。穷游网是国内最大的出境游社区,为用户提供原创实用的出境游旅行指南和旅游攻略、旅行社区和问答交流平台,并提供签证、保险、机票、酒店预订、租车等。穷游网的服务宗旨是

图5-3 穷游网徽标

"让中国人的出境旅行更加容易,帮助大家获得更好的旅行以及生命体验"。其定位偏重于出境游,其中学生、尤其是留学生以及高收入人群为穷游网主要关注对象,穷游网注重海外游、出境游的主题,具有极佳的发展优势。

二、2014年大事记

2014年5月,短租网站Airbnb和穷游网达成战略合作伙伴协议,双方将在线上及线下活动、联合营销推广以及全球特色旅游目的地展开专题活动等方面进行合作。

2014年5月,穷游网推出"轻年旅行计划",帮助大学生体验世界。"轻年旅行计

划"主要形式包括为大学生提供奖学金计划、旅行经验分享、workshop 等各种针对大学生的线上以及线下活动,帮助大学生有计划性、有意义、安全地走出国门,以自己的视角体验世界。

2014年6月,穷游网与雕刻时光咖啡馆展开合作,推出首家穷游网 X 雕刻时光咖啡馆,并在上海红坊艺术园区开幕,从深度品牌、主题活动领域的展开深度合作,并将咖啡馆二层作为穷游网上海公司的办公室,穷游网第一家区域分公司落地上海。

2014年9月,穷游网携手环球蓝联推出联名卡。为帮助国人更方便地进行出境游退税,规避退税浪费的现象。穷游网与全球最大退税公司环球蓝联(Globle Blue)达成合作,推出环球蓝蓝联穷游联名卡。该联名卡为穷游网出境游用户,提供最便捷的线上退税服务,有"一键退税"的便利。

2014年9月,穷游网推出穷游折扣补贴用户。

2014年10月,新华社墨尔本分社与穷游网联合投放澳大利亚穷游锦囊。由穷游网和新华社墨尔本分社共同推出的中文旅行指南穷游网"墨尔本锦囊"和"塔斯马尼亚锦囊"10月14日在澳大利亚墨尔本国际机场以手册形式上架。

2014年11月,穷游网与 Uber 达成战略合作关系,合作范围涵盖核心产品延续、线上线下品牌覆盖等内容。Uber 和穷游网的合作也将以行程助手 APP 的 API 接口嵌入作为开端,点击即可帮助用户在旅途当中随时实现直接叫车服务,为中国旅客境外游解决出行用车难题。

2014年11月,穷游网推出"行程助手"独立 APP,不仅能帮助用户完成更系统的行程规划、目的地索引,还可添加旅伴及分享设置等。

2014年12月,短租网站 Airbnb 携穷游网推一站式服务。短租网站 Airbnb 和穷游网宣布达成第二阶段战略合作。截至目前,短租网站 Airbnb 已在穷游网目的地板块全球20个热门城市实现了房源接入,用户可通过穷游网上的 Airbnb 房源展示,进入 Airbnb 网站并完成预订,为中国出境游旅客带来一站式服务和更加多样化的选择。

三、战略剖析与企业解读

(一)战略剖析

1. 小众吸引用户

穷游网从小众市场发展而来,相对于其他旅游电商,有自己独特的定位。在线旅游信息战场中,蚂蜂窝、游多多网等也是相似的盈利模式,而穷游网的鲜明标签是出境游和海外游。借助定位上的优势,穷游网绕开了携程旅行网、艺龙旅行网等 OTA 们形成的垄断,也与蚂蜂窝分道而行,和 Booking、Agoda 等国外 OTA 达成合作关系。这为它设置了一定竞争门槛,限制了一部分用户消费,但让另一些用户保持了高黏性和转化率。[14]穷游网社区在前期积累了一批高质量内容生成的用户,目前保持着20%的海外用户,穷游网的定义是"让更多人追随自己,在旅途中发现自己",而旅行并不是以高花费为前提。如今,"穷游"已成为一种旅行态度的代名词。

2. 多方位商业合作

对攻略社区来说,商业模式一直是制约社区发展的根源所在,从广告到佣金,从代销产品到自己采购资源组合产品,攻略社区的商业化之路依然待考。穷游网采用多途径的商业合作而发展,与短租网站 Airbnb 的合作是 2014 年的主要商业布局。双方将在线上及线下活动、联合营销推广,以及全球特色旅游目的地专题展示活动等方面进行合作。同时,穷游网在与 Airbnb 在品牌营销层面有更多的互动,将 Airbnb 的理念带到中国,让更多的中国用户了解 Airbnb,当中国用户认可 Airbnb 的模式与理念,并愿意尝试 Airbnb 的服务时,进一步推广 Airbnb 的产品预订。此外,穷游网与雕刻时光咖啡馆展开合作;携手环球蓝联推出联名卡,帮助国人更方便地进行出境游退税,规避退税浪费的现象;与新华社墨尔本分社联合投放澳大利亚穷游锦囊;与 Uber 达成战略合作关系等。穷游网通过多方合作不断完善自己的产品,加速商业化进程。同时,多途径的商业尝试也越来越多,但核心依然是从现有产品衍生出来的。[15]

3. 用户内容布局移动应用

移动互联网的到来赋予了旅行类产品新的生命力和更大的想象空间,像面包旅行和蝉游记这样的应用都是利用移动设备特性设计的旅行产品。穷游网也面临着移动化的挑战,其实穷游网在移动产品上的布局思路与豆瓣类似,不去做整体的 APP 收纳网站的全部功能,而是将其拆分成穷游锦囊、穷游城市指南、穷游清单、穷游汇以及即将上线的穷游折扣等多款产品。其中,穷游锦囊、穷游城市指南是穷游网当前的重心。穷游网从旅游论坛发展而来,积累了大量的用户自身成内容和许多自身的旅行者,这是穷游网最大的优势。穷游锦囊是一个媒体型产品,已经登录 iOS、Android 和 Windows Phone 三个平台。穷游锦囊中并没有采用过多的图片介绍,而是用大篇幅的文字作为主要描述手段。这些内容来自于长期居住在目的地的穷游网网友,保证了内容的专业性与可靠性,同时能够以中国旅行者的视角去考量问题和注意事项。[16]

(二)企业解读

1. 一站式旅游平台

一般来说,自助旅行分为灵感、信息搜集、预订、途中、经验总结五个阶段。穷游网对用户的作用在于,提供灵感和信息搜集,预订则往往在去哪儿网、携程旅行网这样的OTA(在线旅行网站)上完成。穷游网尝试着把预订和信息结合到一起,让用户在搜集旅行信息的同时,在穷游网上完成预订。从 2004 年论坛上线,到 2011 年获得第一笔融资,穷游网一直以论坛的单一形式存在。2011 年,穷游网把此前积累的大量数据,打包整理成了目的地指南,随后又推出了锦囊、问答两款产品,以便更快捷地解决旅行者遇到的问题。

2. 以用户为核心

在当下的社群经济中,文化认同和生活方式很重要,因为彼此的契合,能够形成社群粉丝经济的效应。旅行作为生活方式的延续,包含众多的其他元素,成为穷游网吸引用户的切合点,穷游网通过调性相似的品牌跨界合作使品牌有更广阔的外延,打造产品至上、用户为中心的发展模式,以解决旅游最大的问题——信息不对称性,增强用户安全感。穷游网以出境游为主,同时 20% 的用户是常住海外的华人,能提供用户所需要的信息、攻略,解决用户的需求,并以网民分享的精华帖为主,将用户转变为穷游网的主人,增强信息的可信度,增强用户黏性,这成为穷游网最大的优势。

3. 背包客的数字化经营

穷游锦囊是 PGC 产品,论坛内 90% 的内容则依旧是 UGC 形态。在穷游社区中,编辑是穷游网的员工,版主则基本是网友。穷游网在产品设计中,会设置点赞、回帖、精华等功能,一个好的帖子会有大量的人去点赞和回复,那么就会成为热帖,具有实用性内容的则会被版主加为精华。这是穷游网通过产品设计来发现精华内容的设置,也是如何将长篇内容转为实用信息的人工筛选和排序方式。而在形态上,自助游的群体规模已经开始扩大,类似穷游网、蚂蜂窝、一起游网为代表的旅游点评 TripAdvisor 模式走俏。穷游网就是中文海外自助游信息的接入平台,网站上的信息被结构化地分为目的地、论坛、问答、行程助手以及相关移动应用。穷游网的布局涵盖了用户在旅行过程中的需求顺序。有出行计划的用户,可以在目的地板块寻找自己想要去的地方,倘若已经定下目的地,那么可以在论坛搜罗其他旅行者分享的攻略。当用户决定出行,可以用问答的形式获取信息。行程助手以及移动端的应用则是旅行者制定旅行路线,以及在游中所需使用的一些工具。穷游网实现了背包客的数字化经营,将旅行产品涵盖在整个旅行过程中。[17]

4. 流量导入的盈利模式

UGC(或 PGC)社区与 OTA(在线旅游代理商)对接,是一种业内熟知的流量变现模式。具体方式是:通过其页面流量导入至 OTA 网站,为后者带去流量,为用户提供产品,从中赚取佣金;来源主要是页面上链接的旅行保险、酒店、机票、目的地消费。穷游网的商业路径是提供旅游信息帮助用户做出消费决策,以导流量为主,用户通过社区的旅游信息找到自己想要的产品,产生预订消费。例如从 Booking 下单的转化率为 2%～3%,而从穷游网导入的用户下单率为 8%～10%。目前这一部分占穷游网总收入的八成份额。此外,穷游网盈利途径还有品牌广告和穷游折扣。广告占收入来源比例较小,主要是选择与气质契合的广告商合作,淡化商业痕迹,选择面较小;穷游折扣则是与旅行社合作销售旅游打包产品。[18] 以佣金为主导的模式太过于单一,对于理想的盈收结构,穷游网需要进一步的改进和发展。

四、2015 年发展布局

穷游网 2015 年的发展布局主要以移动端和用户核心服务为主。首先基于对未来趋势的把握,穷游网在思考与移动端内容结合的情景消费。旅行前和旅行中覆盖了所有的消费行为,能够让商业价值最大化,消费价值被完全释放,所以穷游将围绕旅行前计划、旅行中移动端使用场景对产品内容进行进一步的细化,辅以商业化服务。其次是对于用户体验的提升。在线旅游社区以其内容价值处于流量上游,而将流量转化为商业价值还有一段距离,在商业化的按图索骥中寻求与用户体验的平衡,并保持其社区的独特性,穷游网的未来才会有更多期待。[16]

参考文献

[1]艾瑞咨询.2014 年中国在线旅游 UGC 行业研究报告[EB/OL]. http://www.

iresearch. com. cn.

[2]到到网.百度百科[EB/OL]. http://dwz. cn/2qm5Bf.

[3]穷游 VS 蚂蜂窝:旅游 UGC 社区的前世今生[EB/OL]. http://www. cngaosu. com/a/2014/0412/492352. html.

[4]百度百科[EB/OL]. http://baike. baidu. com.

[5]陈罡.2014 年将成在线旅游行业分水岭[EB/OL]. http://tech. cnr. cn/techhlw/201408/t20140828_516314835. shtml.

[6]劲旅网. http://www. ctcnn. com/html/2014 - 08 - 18/13163580. html.

[7]易观发布《旅游 UGC 商业化专题报告》[EB/OL]. http://www. techweb. com. cn/data/2014 - 07 - 19/2057588. shtml.

[8]在线旅游新玩法:大数据助力"反向定制"[EB/OL]. http://tech. 21cbh. com/2014/8 - 9/4NMDA0MTVfMTI2MzE4NA. html.

[9]陈罡.蚂蜂窝正在转变为数据公司[EB/OL]. http://it. sohu. com/20140827/n403835783. shtml.

[10]去哪儿捅了蚂蜂窝 or 蚂蜂窝欲挑战去哪儿[EB/OL]. http://www. ctcnn. com/html/2014 - 04 - 24/1407305313. htm.

[11]创新旅游大数据[EB/OL]. http://dwz. cn/2qm66i.

[12]陈罡.打造旅行蜂巢[EB/OL]. http://news. xinhuanet. com/zgjx/2014 - 07/31/c_133522532. htm.

[13]陈罡.摸着石头过河[EB/OL]. http://bschool. hexun. com/2014 - 11 - 24/170723236. html.

[14]穷游网是怎么把用户内容做成移动应用的[EB/OL]. http://www. pingwest. com/demo/qyer - apps/.

[15]穷游网:定义穷游,成立即盈利[EB/OL]. http://finance. 21cn. com/stock/wmkzg/a/2014/0909/14/28192935. shtml.

[16]王卿.穷游网:自我与商业的平衡[J].商界,2014(4).

第二篇
传统旅行社在线发展篇

第六章 2014年传统旅行社在线发展概况

英国的托马斯·库克旅行社是世界上第一家旅行社,是英国旅行社行业早期发展的代表,在欧美地区成为旅游的代名词。19世纪后期,随着旅游业的发展,其他旅游活动的组织者相继建立了自己的组织机构,例如美国运通等。旅行社在世界范围内的蓬勃发展始于20世纪60年代,随着"二战"后世界经济的恢复,具有消费能力的潜在旅游者大量增加,此外现代交通运输产业的快速进步,也有力地促进了大众旅游的兴起,旅行社随之蓬勃发展。我国第一家旅行社是在20世纪20年代由陈光甫先生创办的,目的是服务大众,便利旅游。随着市场需求的增长以及国家政策的支持,我国国民旅游、旅行社行业都得以迅速发展壮大。具体可以分为四个阶段。

1978年至1989年是现代旅行社业发展的初步形成阶段,整个旅行社产业的发展是建立在入境旅游的基础上的,主要以自然与文化观光型为主,基本为团队型客人,这一阶段由于政策的影响,没有外联权但可以接待入境旅游者的旅行社数量大幅度增加。1990至1994是我国旅行社行业快速增长的5年,在此期间,国内旅游市场发展较为成熟,成为旅行社业务的重要组成部分之一;此外在市场竞争机制的作用下,旅行社产业中出现了许多新鲜的力量,不再是仅仅局限在原有的三大旅行社。接下来的7年(1995—2001年)是我国旅行社产业结构不断调整的阶段。国家旅游局先后颁布了多项政策法规,使得整个旅行社产业的市场运行基础更加完善,市场秩序逐渐转向积极的发展方向。自2002年开始,整个旅行社行业走向全面开放,中国加入世贸组织以及《旅行社管理条例》的修订都很好促进了产业的发展。[1]

第一节 旅行社在旅游产业中的角色定位

市场的完善也使得旅行社的角色定位越发清晰。旅游消费活动具有异地性与综合性的特征,为旅游消费者的购买决策过程增加了复杂程度。旅行社在整个旅游产业链条中处在旅游中间商的位置,是将旅游服务提供商的服务组合起来批发或零售给顾客的组织。旅行社承担着旅游目的地整体产品和单项旅游服务的分销职能,为旅游服务提供商与旅游消费者节省时间、费用,降低交易风险,简化交易的复杂程度,使旅游活动更加专业化、程序化与规范化。主要的职能包括旅游产品的销售与代理,包价旅游产品的组织服务、协调旅游活动的相关部门、旅游接待的收入分配与沟通旅游信息等。

现今,旅游正在加速进入国民大众的日常生活,中国旅游研究院最新的预测表明:2014年国内旅游将超过36亿人次,出境旅游将达到1.15亿人次,旅游消费将超过3万亿元人民币,对于旅行社行业来说无疑是一个庞大的市场规模。随着市场的不断成熟,如今的旅行社产业主体已经发展成为四大类:一是中国国际旅行社总社、中国旅行社总社、中国青年旅行社等传统旅行社由市场化改革而来的旅游企业;二是春秋、众信、凯撒等民营旅行社;三是携程旅行网、途牛旅游网等基于互联网和移动互联网的线上旅游代理商;四是少量独资、合资或者以办事处名义开展业务的跨国旅行社分支机构。[2] 2002—2013年全国旅行社数量见图6-1。

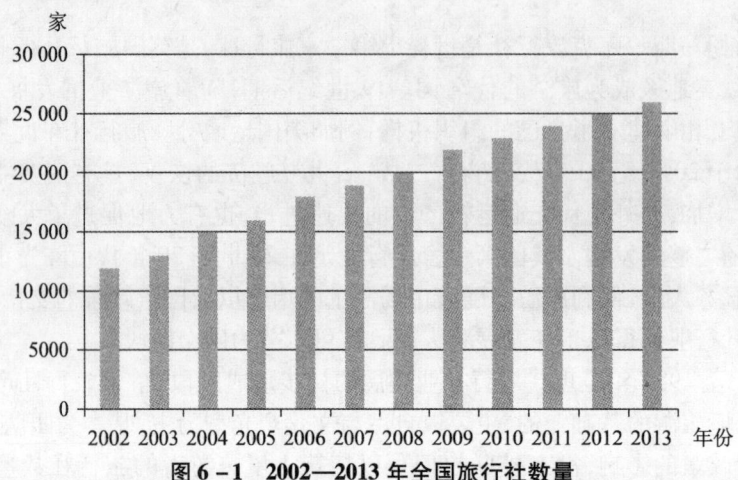

图6-1 2002—2013年全国旅行社数量

数据来源:国家旅游局网站。

截至2013年年底,全国旅行社总数为26 054家,全国旅行社资产合计为1039.77亿元,旅行社直接从业人员339 993人。2013年度全国旅行社营业收入3599.14亿元,其中旅行社国内旅游营业收入1762.11亿元,占全国旅行社旅游业务营业收入总量的55.25%。旅行社出境旅游营业收入1157.19亿元,占全国旅行社旅游业务营业收入总量的36.28%。2002—2013年全国旅行社营业收入总额见图6-2。

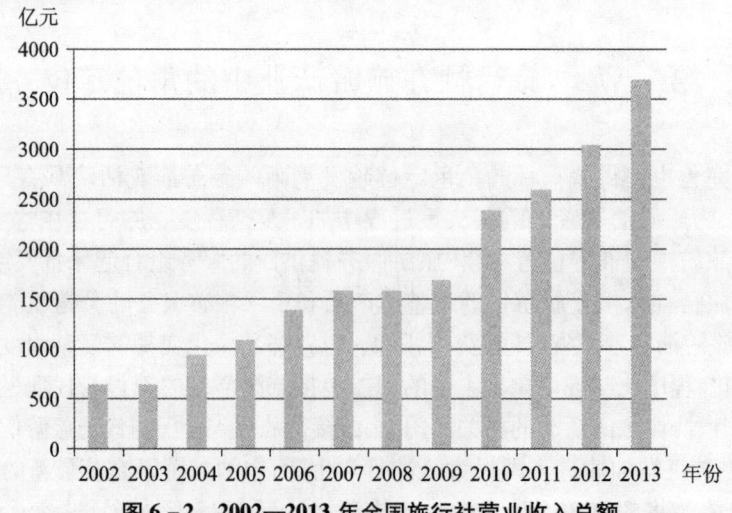

图6-2 2002—2013年全国旅行社营业收入总额

资料来源:《中国旅行社产业发展报告2014》。

第二节 在线旅游近年来发展情况

近十几年来,旅游业发生着突飞猛进的变化,随着互联网、移动网络等新技术广泛应用,旅游业市场化程度加深,竞争手段不断更新,线上旅游平台逐渐得到认可,传统旅行社的业务不断被蚕食,截至 2014 年 6 月,我国网民规模达 6.32 亿人,半年共计新增网民 1442 万人(见图 6-3)。互联网普及率为 46.9%,较 2013 年底提升了 1.1 个百分点。

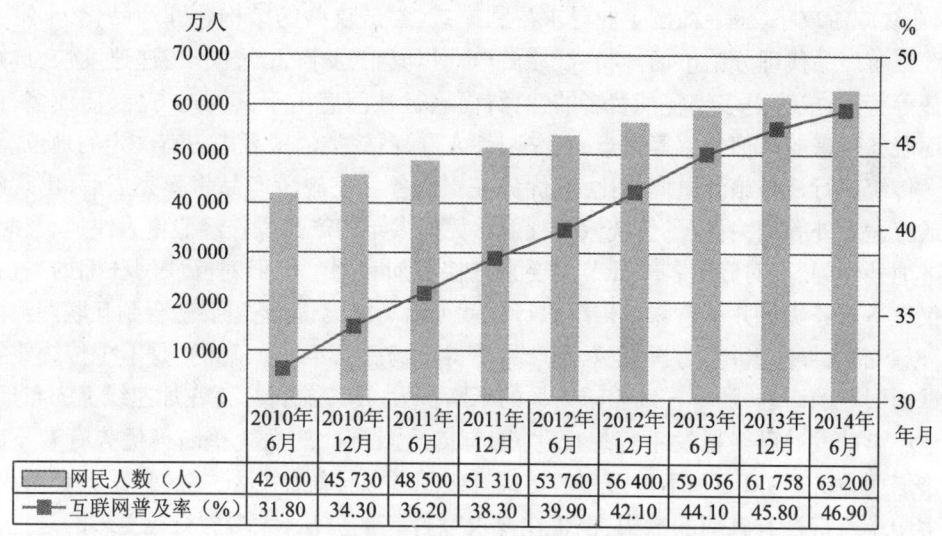

图 6-3　2010—2014 年全国网民规模及互联网普及率
资料来源:《第 34 次中国互联网络发展状况统计报告》。

消费习惯的转变使得中国在线旅游市场得到了高速发展,艾瑞咨询数据显示,2014 年中国在线旅游市场交易规模达 2772.9 亿元,比 2013 年增长 27.1%,增速保持稳定。随着国民旅游需求和在线旅游渗透率的提升,中国在线旅游市场将释放出巨大的增长潜力,据《中国在线旅游市场趋势预测 2014—2017》显示,中国在线旅游市场交易规模未来几年将保持稳定增长,2015 年将达到 3523.8 亿元人民币,环比增长 25.9%,预计到 2017 年市场交易规模达到 4983.4 亿元人民币。

在线旅游发展的最初原因更多是顺应互联网潮流,成为传统旅游分销渠道的补充,网站的业务大多是提供旅行社团队旅行路线和旅游目的地的旅游资讯等及酒店、机票的预订。随着在线市场的不断发展,如今的在线旅游服务代理商可以提供旅游者需要的各类资讯,并提供更加完善的服务。目前在线旅游服务已经不再单单是"机票+酒店"的模式,而是呈现出全产业链的发展模式,在线旅游已经从最初简单的产品预订发展成为经营度假产品、提供旅游信息等的全方位的服务平台[3]。2014 年中国在线旅游市场的稳定增长主要受机票、酒店、度假三大核心板块的利好发展驱动。从细分领域来看,机票是在线旅游市场中发展最成熟的领域,由于其基数较大,因此发展增速相对较慢;近两年国内休闲用途住宿需求逐渐释放,酒店市场持续火热。

可以说在线旅游业务已经成为消费者获得旅游服务的重要渠道,一方面消费需求的多样化使得越来越多的消费者已经不再满足于传统的跟团游,个性化以及多样化的旅游形式正在广泛推广。另一方面由于传统的跟团游存在一定的强制购物等问题,对消费者的信任以及口碑造成了一定的影响。[4]从在线旅游自身的优势来看,在线旅游市场持续稳定增长的主要原因来自多个方面:一是外部环境,消费者对旅游的重视带动整体规模的扩大;二是核心企业,在线旅游核心企业近年来持续发力;三是新增模式,在线旅游攻略、旅游社区企业寻求盈利模式,尝试攻略的结构化和产品化,丰富了在线旅游产品代理分销市场。[5]在线旅游电商以其信息丰富、透明、传递速度快、选购便捷等特点,成为更多年轻消费者的选择;而旅行社门店由于其沟通方便、店面多、面对面服务带来的高信任感等特点,在夕阳红人群、商旅类消费者中占有一定的地位。

传统旅行社与旅游电商相比,其优势在于服务。在旅游产品售卖完成后,出现纠纷或旅途意外等相关情况,传统旅行社能够凭借多年的产品操作经验更为快速、及时、妥善地处理问题,对旅游各个环节的要素把控更加有力。但面对互联网狂潮的冲击,仅仅具备服务优势并不意味着传统旅行社就可以高枕无忧,还需要融合到互联网浪潮中,以产品为导向,拼实力拼资源,用产品赢得市场。几年前,"触网"是不少传统旅行社试图回避的话题,随着在线旅游市场的不断扩大,传统旅行社正在加速线上的布局,在线旅游的发展已经越发不容忽视。[6]国有传统旅行社的品牌垄断等优势有着不断被市场弱化的趋势,面临不可回避的转型升级问题。传统旅行社"触网"是大势所趋,大多中小旅行社有触网的欲望,也正在寻求"触网"的方法,大多旅行社更多的是把在线旅游当作一个渠道,想通过互联网实现快速收客,扩大顾客群。随着散客化时代的到来,在线旅游代理商一步一步地蚕食传统旅行社的市场,传统旅行社的"触网"之路已成为必然和共识。

各类资本市场的涌入使得旅游圈的经营策略发生了天翻地覆的变化,在线旅游代理商依靠庞大的资金支持,投资并购、大力营销,令不少传统旅行社倍感压力。而作为传统旅行社的代表企业,中青旅、春秋、凯撒、众信等也纷纷采取措施以应对移动互联网时代下新的市场特征,从线下到线上、品牌升级、平台化……传统旅行社的变革之路终于走到了关键。[7]线上服务越来越广受关注,而线上渠道的拓展与优化,也成为传统旅行社转型的切入点。

无论是国有还是民营的传统旅行社都在积极发展线上旅游,以广之旅为例,其在线服务的营业占比已经达到公司总体的 8.5%,在线交易预计占整个公司交易额的 13%~15%。广之旅负责人认为传统旅行社与旅游电子商务 OTA 的相互渗透是大势所趋。凯撒旅游总裁陈小兵提出"产品"和"服务"始终占据着旅游业发展的核心。作为一家提供产品和服务的旅游企业,凯撒将会与众多优秀的在线旅游代理企业展开紧密的合作,为游客提供更为科学、便捷、优质的线上线下一体化服务,企业 O2O 的发展模式(从线上到线下)才更适合互联网时代下的目标群体。众信旅游总裁冯滨认为移动互联技术使在线企业在用户覆盖面、效率转换方面比传统旅行社有一定优势。众信会往线上转变,现阶段已经进行了官网改版、官方微信的应用、移动 APP 的开发、网店登录大型电商等改良手段,但与此同时众信也会坚持传统旅行社的基因,因为众信有诸如批零一体、线下服务等很多自身的优势,这是在线旅游企业所不具备的。[8]

在线旅游企业所带来的冲击令不少传统旅行社很焦虑,但是从美国、西欧、日本的相关经营状况来看,提供具体服务的旅行社更占优势。简单的如机票、酒店等,更适合在线,复杂的还是需要传统旅行社来做。面对互联网的趋势,传统旅游产业需要与新形势接轨,同时也需要认识到整体产业的在线化不只是代表营销方式的在线化,对于服务、客户维系等方面传统旅行社其实也更应该考虑如何依靠移动端和互联网的手段来进行升级。[9]

第三节　传统旅行社在线运营状况

目前许多传统旅行社均有自己的网站,以在线吸引消费者并且发布丰富的内容。通常各旅行社网页页面上涵盖了出发地、目的地、行程、路线等许多分类信息供游客选择。根据目前传统旅行社在线运营的发展情况,大致地将"触网"分为建网、借网、利用营销平台三类情况。[10]

一、传统旅行社自建门户网站

现在很多旅行社都有自己的门户网站,用来宣传自身的产品以及推广公司的品牌,其中中青旅以及一些实力较强的大旅行社自有网站的运营较为突出,一方面是因为这类知名大社有着较为庞大的忠实用户,能够为网站的运营带来基本的访客保障;另一方面,企业自身的资金以及技术、人员支持等也使得网站的运营以及推广比较到位,较好地树立起自身的品牌形象。但这种"触网"的方式也存在着一定的缺陷,主要是相对于大型的在线旅游代理商来说能够提供的功能不全面。很多旅行社的官方网站、门户网站在线上提供信息并及时更新,将业务转到线下进行,这样在投入上能减少很多,如果想实现在线预订、在线支付、会员管理等一系列功能,投入则比较大。

二、传统旅行社利用第三方零售商进行旅游产品推广

随着大型电商介入旅游行业,这类平台可以大致分为两类:一种是携程旅行网、去哪儿网、同程旅游网、欣欣旅游网、美团网等众多分销平台。一个产品可以同时在多个平台上同时上线。这其中途牛旅游网作为专门提供旅游线路的网站,成为许多中小型旅行社的选择,为中小型旅行社的产品整合推广起到了很好的效果。还有一种是淘宝新推出的去啊·旅行,与淘宝商家的运行模式相类似,旅行社在这个平台上可以与旅游消费者进行直接的交流,淘宝这个平台可以提供技术的支持以及庞大的用户群。但

去啊。旅游类产品中销量最大的是门票,其次是住宿以及自由行产品,线路类做得专业的不多。

三、充分利用在线营销平台的优势

旅行社需要基于微信开放接口进行开发,但其成本对于中小型旅行社来说不算小数目,后期的维护更需要大量的人力。有策划水准、资源、丰富活动的旅行社能够很好地吸引大批粉丝。微博营销是通过微博的发布与讨论来营销产品或者服务,每天更新的内容就可以跟消费者交流,或者有消费者所感兴趣的话题,很多旅行社或者是地方旅游局都有自己的微博账号,会实时更新旅游信息,使消费者能够更加直接了解到旅游产品的信息。由于发布信息的主体无须经过繁复的行政审批,从而节约了大量的时间和成本。但粉丝人气是微博营销的基础,如果发布的信息粉丝没有及时关注到,那就很可能被埋没在海量的信息中。

传统旅行社在"触网"时总会担心在线旅游代理商实力过于强大、线路过于同质化、产品无亮点等,但随着整个市场需求的不断丰富,旅行社可选择的发展空间也越来越灵活,例如提供类似私人定制专属的服务。在线化运营商、大型的传统旅行社可以利用自己的口碑信誉以及丰富的资源,在互联网上吸收更多的客源,而中小旅行社发展旅游电子商务,不论是何种发展策略,应该尽量避开那些现有的行业巨头,从小处着手,走差异化发展道路。传统的旅行社产业在互联网运作的过程中,可以寻找为旅行社量身打造综合旅游信息化解决方案的平台,从基础的电子商务平台的打造和推出,到新媒体的运营和传播推广,以及线上线下的同业互通合作等几个方面入手。[11]旅游市场单纯打价格战的时代已经结束,无论时代如何变迁,旅行社都要确保好自己的"线下"优势,紧跟时代步伐发展"线上",双管齐下,才能获得更多的市场机会。

第七章 旅行社自设在线平台简介

随着网络时代的到来,企业已经把网络作为一个产业,阿里巴巴、京东的快速发展,使人们确实看到了网络的力量。现在网站已成了企业的必需品。企业建立网站,是企业在网络时代的企业舞台中展现自身实力和寻求发展的重要途径。企业通过简单优雅、特点鲜明的网页推出自己的产品信息和服务,并及时、全面地接受用户的信息查询和信息反馈。在旅行社行业中,绝大多数的大型传统旅行社都有了自己的网站,这类网站有利于企业自主把控旅游产品的营销,同时也有利于企业更好地实现"线上"与"线下"的融合发展,有助于企业在互联网时代维护用户黏性。

旅游企业官网的建设与运营具有明显的优势。首先,官网能够提供消费者所需要的大量信息,一本宣传册充其量做到几十页,但网站却可以涵盖几百页的内容,并且更加直观、形象生动。官网能够每天更新,可以反映企业的最新情况。其次,官网可以提高企业的知名度和品牌。旅游企业建立网站,将信息咨询站开设到网上,提供信息服务,可与外部建立实时的信息交流渠道。最后,网站运营没有时空限制,可随时随地实现沟通。[12]旅游者看到企业网站后产生进一步洽谈的意向后可即时联系,能够有效地留住产生了购买冲动的客户,此外,旅游者对旅游企业的意见或建议也可通过网站表达。在传统旅行社官网运营这部分中,选取了遨游网、国旅在线以及芒果网作为主要案例,这三个网站是典型的大型国有旅行社"触网"运营的例子,有其独特的运作模式,具有很强的代表性。

第一节 遨游网

一、遨游网简介

遨游网是中青旅控股股份有限公司旗下的专业度假网站,向消费者提供全方位值得信赖和高品质的旅游度假预订、资讯及专业服务。依托上市公司中青旅30多年的行业领先优势,拥有享誉全国的中青旅联盟逾10年的全国网络和旅游服务资源。遨游网提供旅游产品预订及度假服务,包括出境旅游度假、国内旅游度假、海岛旅游度假等线路及服务,已拥有百万名会员。遨游网依托技术手段,立足标准化产品体系,建立了在线预订、在线支付平台,以中青旅品牌为依托和保证,提供开放性、全国性的旅游度假产品预订及旅行服务。遨游网既是中青旅旅游产品的在线销售渠道,也是旅游业务面向"新市场、新需求、新业态"的创新业务事业部;既是现有主业的有力支撑,也是面向未来的创新型组织(见图7-1)。

图7-1 遨游网主页

资料来源：遨游网官方网站。

中青旅控股股份有限公司是以共青团中央直属企业中国青旅集团公司为主发起人,通过募集方式设立的股份有限公司,1997年11月26日公司创立,12月3日公司股票在上海证券交易所上市,是我国旅行社行业首家A股上市公司(股票代码:600138)、北京市首批5A级旅行社,现有总股本4.1535亿元(见图7-2)。中青旅坚持以创新为发展的根本推动力,不断推进旅游价值链的整合与延伸,在观光旅游、度假旅游、会展与奖励旅游、差旅管理、景区开发、酒店运营等领域具有卓越的竞争优势。目前,中青旅已达到年接待游客突破150万人次、年营业收入80多亿元的经营规模,正矢志成为一家具有卓越品牌形象、拥有领先市场份额和跨地域、跨产业链运营的国际化现代旅游集团。[13]中青旅控股股份有限公司在2014年第三季度报告披露,2014年三季度公司整体经营情况良好,在线发展战略持续推进,线上线下资源深度共享,景区、会展等核心业务取得良好经营业绩。前三季度,公司实现营业收入81.62亿元,较2013年同期增加16.65%;实现净利润3.01亿元,较去年同期增加40.86%。[14]

图7-2 中青旅以及遨游网徽标

资料来源：遨游网官方网站。

二、发展历史及现状

遨游网以出境旅游为主、国内旅游为重要补充,致力于建立一个以中青旅品牌为依托和保证,开放性、全国性的旅游度假产品预订及旅行服务网站。遨游网网站于2005年5月31日正式上线,当时定位于休闲游在线服务商;2006年12月,遨游网上海站正式上线;2007年8月与中青旅官网进行了合并,定位改为"专业度假网站与在线旅游一线品牌";2010年10月1日,遨游网成立事业部,正式独立运营;2011年2月遨游网的宣传语确定为"度假就上遨游网";2014年8月,遨游网发布"遨游旅行"APP3.0最新版,遨游旅行APP3.0的上线,标志着中青旅移动互联布局迈出了重要的一步;2014年9月,遨游网定制频道正式上线,两个月该频道带来订单金额超300万元。定制频道根据游客的需求,根据个人爱好、目的地、行程天数的不同,由资深旅游专家为游客实行一对一服务,从路线、方式和服务等方面为旅游者量身打造专属旅行方案。艾瑞研究报告显示,遨游网在中国在线旅游度假市场2013年度交易规模排名第四,在出境游细分市场排名第三,已成为中国领先的在线旅游运营商,跻身于国内在线旅游一线品牌(见图7-3)。

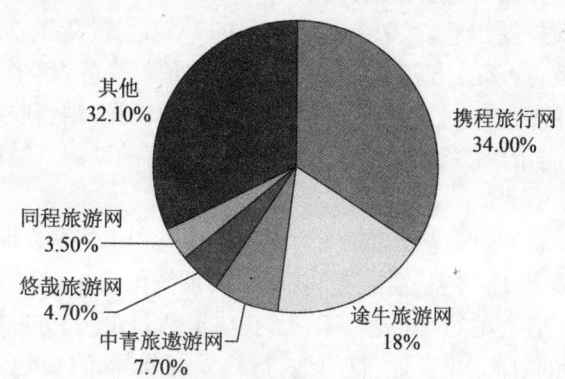

图7-3　2013年遨游网在线出境游市场占比

资料来源:《中国旅行社行业发展报告2014》。

近年来遨游网重视网站服务质量的建设,主打服务牌,率先提出度假旅游电子商务网站的系列服务标准,包括"透明价格、阳光行程、安全保障、购物承诺、应急响应、服务追访"的规模化,达到线上线下结合;同时加大了投入,2013年10月中青旅的非公开发行股票中,12.3亿元的募资中有3亿元投向了"遨游网的平台化、网络化、移动化"项目,欲使其升级助力旅行社全面线上线下相融合(见图7-4)。遨游网的"渠道—平台—模式"建设路径清晰:一是由渠道向平台转化,2013年遨游网的订单数量已经超过30%的占比,组织结构已经调整到位,良好的网站基础也已经具备,2014年开始遨游由渠道向平台转化;二是O2O模式,线上的销售机会最大限度溢出至连锁店和呼叫中心,逐步把线下的标准化产品转移至线上,而线下则满足高端、旅游定制等需求和服务。[15]

图7-4 遨游网产品特征

资料来源:遨游网官方网站。

三、主要产品

近年来,依托中青旅对遨游网的持续投入和支持,加上自身线上平台的不断发展和完善,遨游网表现越发出色。2014年遨游网的"双十二"线上活动中,市场反应热烈,一小时订单突破百万元,出现了春节旅游产品的预订高峰,越来越多的游客开始通过遨游网预订旅游度假产品。中青旅持续推进遨游网建设,销售收入不断增加。作为中青旅布局在线旅游市场的重要平台,遨游网为其丰富的度假产品组合提供了高成本效益比的线上出口。

遨游网利用丰富的资源优势,推出了"百变自由行"以及各类旅行团产品。"百变自由行"凭借中青旅数十年的优质服务和资质,由传统的自由行形态而创新演化发展而成,在专业、安全、省心的行程推荐基础上,提供灵活自由可选的旅游组合元素,让旅行者可以根据自己的时间、出发地、目的地、行程以及预算,自由地选择符合个人需求的酒店、机票及当地地接服务,随意搭配出安全、满意、高性价比的自由行产品。中青旅参团旅游旨在为游客提供高性价比的旅游产品,精心设计的参团旅游线路,集合了国内及世界各国经典景点。中青旅首开旅游业界包机旅游之先河,坚持创新,不断改进优化,已成功组织了近百个旅游目的地首发团。参团产品目前已拥有邮轮旅游、文化休闲、中东观光、北极产品、欧洲精品、美国旅游、马尔代夫等强势产品;首创"慢品慢游""环球主题乐园""环球海岛专家""世界遗产大使"等品牌产品;研发了夕阳红老年旅游、东方学子修学游、婚庆蜜月等细分市场的精品线路。

四、特征分析

遨游网目前作为中青旅及中青旅联盟的分销渠道,本质上是一种商业平台属性,主要依靠进销差价作为营收来源。分销规模越大,获取的差价及佣金越高。遨游网一方面充分借助于中青旅在市场营销、信息技术、订单服务等方面的既有资源,另一方面通过探索模式创新,提高交易效率,扩大交易规模的方式,降低渠道成本。遨游网的主要收入一方面是机票、酒店等的预订佣金,另一方面与传统OTA不同的是商业收益,即客户批发差价。客户批发差价指的是遨游网将散客打包后批发给旅行社,旅行社将批发价与散客价之间的差价给遨游网。除了主要收入以外,遨游网还有部分潜在收入,主要包括广告收入以及第三方旅游企业支付的遨游网平台费用。

(一)选择电商之旅

尽管遨游网在旅行社在线运营中表现突出,商业模式也较为清晰,但与业内多数在线旅游网站一样,尚未实现盈利,截止到2013年,遨游网已经连续八年亏损,遨游网虽然是独立的在线旅游网站,但体制内的属性决定了遨游网在产品丰富度和操作的灵活性上较机制上独立的OTA相去甚远,在薪酬待遇、股权激励机制、发展空间等方面缺乏竞争力。

中青旅选择走互联网的电商之路,主要是基于三方面的考虑:一是外部市场的需求变化,互联网打破了地域的限制,可以在一夜之间覆盖全国;二是旅游商务(包括互联网)可以最大提升企业的运营效益,通过应用手段提升销售或者沟通效率。此外电子支付环境也有利于传统旅行社旅游线路的线上销售。遨游网网站现在的电子支付已经非常成熟,每一笔订单支付平均价为1万~1.5万元。每个客户用互联网的支付方式能够达到1万元的金额,比企业想象的客户接受程度大很多。这几个条件促使了中青旅要走在线和电商之路。

(二)产品特征明确

中青旅作为典型传统旅游业企业,和互联网企业不同的是传统企业做电商拥有明显的线下资源优势,线上不是孤立的,而决战线上的根本条件是决胜线下,企业需要把自己的内功做好。中青旅不光是做流量的品牌,更是生产产品、制造产品、制造服务的企业。此外遨游网将线上的旅游产品信息做到了标准化展示,以提升网站预订的效率。目前遨游网也是国家旅游局的标准化试点单位。产品的信息化能够在互联网展示是最基础的。服务才是决胜的关键,因为互联网更多是带来客源和订单,带来企业品牌认知和往来。遨游网将旅游服务分为行前和行中、售后的标准疏理,以提升消费者的购物体验。[16]

不同的企业在互联网的大的浪潮和驱使下一定要找到自己的优势和品牌定位。遨游网一直坚持做度假旅游,追求并致力于成为优质的领导品牌。电商一般强调便携和实惠,这是最基本的一个需求满足——方便、实惠、价格低,但是遨游网的目标是将度假旅游上升到另一个层次,利用中青旅的传统优势,为客户创造专业服务的新价值。

第二节 芒果网

一、芒果网简介

芒果网有限公司是国资委管理的中央企业中国港中旅集团的全资附属公司,是中国港中旅集团顺应现代旅游和电子商务的发展趋势建立的、以独立品牌专门从事在线旅游业务的电子商务平台。芒果网总部设在深圳,注册资本5.2亿元人民币,已在北京、广州、上海、南京、武汉、成都、杭州、香港设立了分公司。

经过多年的发展,芒果网业务拓展迅速,发展了相当的客户群,芒果网的品牌知名度快速提升(见图7-5),初步形成了与主要同行三足鼎立的中国在线旅游市场格局,成功通过了"深圳市软件开发'双软'企业"认证,成为"2006年度深圳市高新技术企业",获得了"深圳市福田区总部企业称号""2006互联网年度十大创新商业模式大奖""中国互联网最具创意网站""品牌中国金谱奖——中国信息技术行业年度10佳品牌"、香港客户中心协会"年度最佳离岸呼叫中心奖""2009年度中国最佳呼叫中心""歌诗达邮轮中国区销售冠军""2010年中国电子商务百强企业""2011年中国大学生最喜爱的旅游网站钻石奖——青芒果""2012年广东省电子商务示范企业"等诸多荣誉。

图7-5 芒果网主页

资料来源:芒果网官方网站。

芒果网对自己的品牌logo(见图7-6)给出了非常详细的解说,品牌主色调为清新明快、充满活力的橙黄色,代表芒果网的热情与成熟。mangocity中,"man"意指我们的客户——旅行的人;"go"寓意行走、旅行;而"city"则代表在城市间自由来往。同时,mangocity也代表了旅游和芒果网业务的一种生态,音译和意译合起来是芒果城,潜意表达了芒果网的发展之路和客户集群。芒果网底部创新形态的星星正是港中旅在线的动感北斗星,这也是芒果的一个"脐",象征着芒果网与中国港中旅血脉相连的关系。

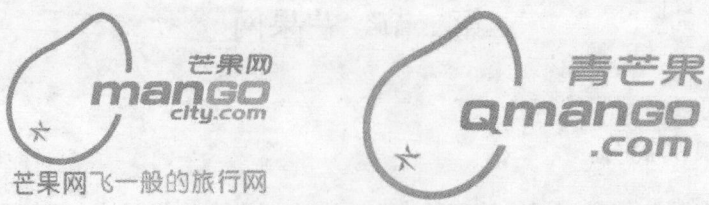

图7-6 芒果网以及青芒果徽标

资料来源:芒果网官方网站

芒果网的子品牌——专注于经济酒店、特色客栈纯互联网预订的青芒果旅行网，也已发展成为中国优质低价住宿产品预订这一细分市场的领跑者，提供3.3万多家各式经济类酒店、客栈、青年旅馆和家庭旅馆的预订服务，深受广大驴友、自助游游客和价格敏感型商务人士的青睐。青芒果是第一家纯电子商务旅游在线预订网站、第一家采用预订模式酒店预订平台、第一采用预订酒店免费送保险网站、第一家开通微信支付旅游电子商务网站、经济类酒店数量和销量全国第一、第一家实施"贵就赔"和"到店无房"双重服务承诺在线旅游预订网站。

芒果网是中国港中旅集团公司旗下的旅游电子营销平台，港中旅集团创立于1928年4月，是香港四大驻港中资企业之一，经过几代人的开拓经营，现已发展成为以旅游为主业，以实业投资、房地产、物流贸易为支柱产业的海内外知名的企业集团，是中央直接管理的国有重要骨干企业。香港中旅国际投资有限公司(简称港中投)成立于1992年7月，同年11月在香港挂牌上市(股票编号308)，是港中旅集团旗下专门从事旅游业及相关产业投资和管理的上市公司。港中投主要从事旅行社、酒店、高尔夫球场、客运、景区、旅游电子商务、度假村等旅游及旅游相关业务，以及货运和发电业务，业务遍及香港、澳门和中国内地主要城市以及海外14个国家和地区。2005年,港中投斥巨资建设了在线旅游电子商务平台——芒果网，并全力推动芒果网迅速成为中国旅游电子商务市场的重要力量。[17]芒果网隶属关系见图7-7。

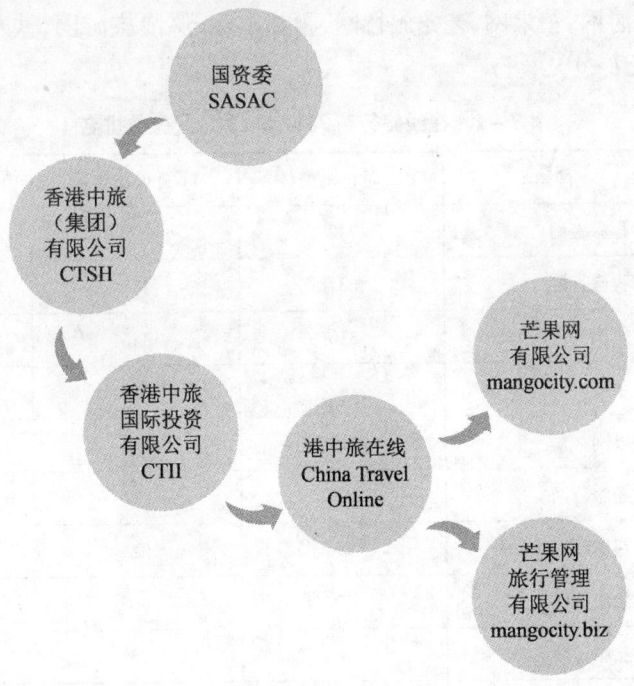

图7-7　芒果网隶属关系

资料来源:芒果网官方网站。

二、发展历史及现状

芒果网正式成立 2006 年 3 月,2007 年 6 月开通国内在线旅游网站第一个邮轮频道。2009 年 3 月,芒果网正式宣布完成对易休旅行网的收购和业务整合,并在此基础上推出全新品牌"青芒果旅行网",该网站是全国首家以年轻驴友、背包一族为对象的即时预订在线网站。2011 年 1 月,该网站与澳洲旅游局合作,开辟澳洲自由行之旅;2013 年 3 月,青芒果网完成 A 轮融资,同时正式从芒果网分拆出去;2014 年 3 月,港中旅集团全资回购芒果网;2014 年 4 月 29 日,香港中旅发布公告称,把旗下的芒果网(投资)有限公司以 6.02 亿元的价格出售给港中旅集团的全资附属公司 Dean Success Limited。之所以出售,是因为芒果网长期亏损。香港中旅公告显示,全资附属公司港中旅在线已与 Dean Success 于 3 月 27 日订立出售协议,Dean Success 以 6.02 亿元的现金收购芒果网全部已发行股本。芒果网是港中旅在线的全资附属公司,而港中旅在线又是香港中旅的全资附属公司,同时港中旅集团是香港中旅的控股股东。而这起交易的买方 Dean Success 是港中旅集团的全资附属公司。因此芒果网此次交易后仍在港中旅集团旗下。[18]

根据劲旅咨询—劲旅智库对 Alexa 最新数据统计结果显示,2014 年 12 月用户覆盖数排名前 10 位的在线旅行商(OTA)网站依次是:同程旅游网、携程旅行网、驴妈妈旅游网、途牛旅游网、芒果网、艺龙旅行网、腾邦国际、悠哉旅游网、铁友旅行网以及翼游旅行网(见表 7-1)。

表 7-1 在线旅行商 2014 年 12 月覆盖数排名

排名	网站	12 月份覆盖数	11 月份覆盖数	环比变化(%)
1	同程旅游网	740	622	↑19.1
2	携程旅行网	631	455	↑38.6
3	驴妈妈旅游网	310	346	↓10.4
4	途牛旅游网	242	230	↑5.4
5	芒果网	225	223	↑1.1
6	艺龙旅行网	187	177	↑5.7
7	腾邦国际	59	122	↓51.4
8	悠哉旅游网	46	178	↓74.3
9	铁友旅行网	34	25	↑38.8
10	翼游旅行网	31	29	↑15.2

资料来源:劲旅网数据。

三、主要产品

芒果网提供机票、酒店、度假产品、邮轮、票券、签证、租车及其他旅游产品的预订、交易，包括海内外逾 10 万家星级酒店、通航城市机票全覆盖、10 余个出发城市前往 200 多个国内外热点旅游目的地的度假产品及主要邮轮公司产品。芒果网以"成为大中华区最受欢迎的互动式旅游电子商务平台"为愿景，致力于为客户提供最为便捷的旅行产品预订服务、最为愉悦的客户体验、最为丰富及最具吸引力的旅行产品。芒果网采用"网站＋电话客服中心＋3G 客户端"的服务模式，基于统一的后台数据库为客户提供一站式旅行预订服务，并通过先进的客户关系管理系统跟踪客户的消费模式，为目标客户提供个性化产品定制和增值服务。

机票业务是芒果网营收第一大业务，2013 年机票营业收入占芒果网营业总收入的 42%。酒店业务是芒果网营收贡献第二大业务，2013 年酒店营业收入占芒果网营业总收入的 24%。2013 年商旅业务营业收入占芒果网营业收入的 15%，芒果网商旅业务的客户包括了外资、国有及私营企业。依靠母公司央企背景，芒果网根据自身优势及业务特点，目标客户重点是国有企业。旅游度假业务是芒果网各业务线增长最快的业务，2011 年后营收规模赶超商旅业务，2013 年实现销售额 7.2 亿元，占芒果网营业收入的 19%。随着邮轮市场的快速发展，以邮轮旅行项目为主打业务之一的芒果网动作频繁，据悉，芒果网已经大手笔包下 5 条豪华邮轮，作为旗下旅游产品 2015 年的"开年大戏"，这一邮轮旅行项目于 2015 年初重磅亮相。2015 年 1 月 22 日中华泰山号出航，紧随其后的是 2 月 12 日与 21 日出航的维多利亚号。赛琳娜号的两个航次排期为 2015 年的 7 月和 10 月。密集的航行安排不仅意在将只有少数人才能体验的邮轮旅行方式转向大众，更希望进一步开拓中国的邮轮旅行市场。[19]

四、特征分析

芒果网的商业模式可以概括为旅游产品的在线商城化，即 EC 模式，目前在国内，大部分旅游资源还是掌握在传统旅游社的手中。随着电子商务的发展，传统旅行社开始注重在线化，通过把线下旅游产品在线化销售，实现线上和线下双渠道销售。主要依靠进销差价作为营收来源的电商模式，盈利方式比较稳定，但因旅游产品的价格透明度较高，盈利空间普遍较薄。芒果网采用佣金＋差价为主模式，探索服务费＋买断包销＋广告等多元化盈利模式。虽然芒果网能够依靠港中旅提供丰富旅游产品，但在线旅游市场竞争激烈，尽管业内龙头公司收入增长迅猛，但芒果网的收入却在 2012 年下降了 12%。实际上芒果网自 2006 年开业后就持续亏损。香港中旅公告显示，芒果网 2012—2013 年利息收入前经营亏损分别为 1540.3 万元、2715.4 万元。值得注意的是，截至 2013 年 12 月 31 日，芒果网的市场占有率仅为 1.6%，而且还在下降，携程旅行网和艺龙旅行网的市场占有率分别为 49.7%、9.7%。[20]

传统旅行社触电后市场份额的下降原因是多方面的，传统旅行社和在线旅游运营商基因不同，各自拥有的运营模式截然不同。发展线上业务，不仅是定位的变化，更需要大量既懂旅游又懂互联网的人力资源的投入,由此芒果网必然会面临与途牛旅游网、悠哉旅游网、同程旅游网等在线旅游企业的人才竞争。网络收客的成本实际上并不比门店收客的成本低,甚至更高,再加上旅行社的人才、技术均跟不上,旅行社还须对产品体系进行重构,要实现全面转型困难重重。港中旅集团的附属公司Dean Success收购芒果网后,将对其旅行社网络及芒果网集团进行整合,致力提供更全面的旅游相关服务及产品,实现协同效应及提高竞争力[21]。易手之后的芒果网业务上未受影响,并着手整合旅游资源,充分利用港中旅集团强大的地面旅行社资源,为旅客提供全天候、全方位的服务,形成了"港澳游、找芒果"的品牌影响力。关于转手后的整合,目前在方向上还不清晰,希望能有效促进芒果网未来的发展。

第三节　国旅在线

一、国旅在线简介

国旅在线网站是中国国旅官方预订网站,是向全国消费者展示国旅公民游产品及资讯并提供产品在线预订、在线支付的重要门户网站。随着电子商务的快速发展和网民在线购物习惯的迅速养成,国旅在线网站以"积极响应消费者诉求,注重用户体验"为出发点,建立了一整套规范化和标准化的产品咨询、预订、在线支付流程,为消费者提供值得信赖的品质保障。目前,国旅在线网站已获得中国互联网协会颁发的AAA信用评级、中国电子商务协会颁发的首批中国电子商务诚信网站示范企业等诚信认证称号。国旅在线主页见图7-8。

图7-8　国旅在线主页

资料来源:国旅在线官方网站。

中国国际旅行社总社有限公司(简称国旅)前身为中国国际旅行社总社,英文缩写为CITS,成立于1954年,是目前国内规模最大、实力最强的旅行社企业集团,现为中国国旅股份有限公司旗下三大企业(中国国际旅行社总社、中国免税品集团总公司、中国国旅地产与物业管理公司)之一。2007年国旅被评为北京市首批5A级旅行社,多年被评为"首都旅游紫禁杯最佳集体"。2008年第29届北京奥运会,国旅作为唯一参与接待服务工作的旅行社企业,承接了四个奥运官方服务项目,被北京市政府和北京奥组委评为"北京奥运会和残奥会先进集体"。2010年上海世博会,国旅成为首批上海世博旅游指定旅行社。国旅多次荣获国家和北京市政府"最佳企业奖""旅行社最高创汇奖""旅行社最高外联人数奖"等奖项,连续10多年蝉联中国旅行社百强第一名,连续荣列"中国企业500强"中旅游业第一名。中国国旅先后加入PATA(太平洋亚洲旅行协会)、IATA(国际航空运输协会)、ASTA(美国旅行代理商协会)、WTTC(世界旅游业理事会),系联合国世界旅游组织(UNWTO)在中国的唯一企业会员。国旅在线作为中国国际旅行社总社官方旅游网站,提供便捷的出境游、国内游、自由行、酒店、机票、签证等在线预订服务。

二、发展历史及现状

2004年,国旅制定了发展电子商务的战略决策,这个中国线下旅行社希望自己能成为中国最大的旅游在线运营商。国旅有着清晰的电子商务理念——用IT与互联网技术,整合和利用传统旅行社的优势资源,做旅游的在线运营商。构建完统一的电子商务平台后,国旅电子商务部的任务是把所有线下旅行社业务转换为线上产品,在统一的电子平台上进行分销,这其实也是对业务流程重新梳理的过程。2005年9月,国旅电子商务部成立了呼叫中心,坐席员通过国旅的统一分销平台,在电脑屏幕上就可以清楚看到各类产品的实时销售情况。此外,国旅总社的所有门市部及经营部门都在同一个平台上运作,可以随时查到所有产品、线路的流量和价格。国旅的电子商务部还将企业的分销平台与后台ERP系统实现了实时联通,客户通过前台分销平台产生的订单能直接传递到后台的各支持系统,业务部门不仅可以调动线下的旅行社资源,还可以进行应收应付账款的财务管理,形成了完整的管理闭环。

2007年,配合国旅总社整体上市的目标,电子商务部又开始以IT系统为支持,对分布在全国各地的国旅分社、支社的业务进行整合。2007年开始,国旅总社开始将电子商务部已成功搭建的系统、确定下来的标准业务模式,向上海、广州、武汉等城市参股或控股地方国旅进行复制——"打通和建立资源渠道,使地方社与总社形成产品与订单的实时、真实和流量可控的战术关系"。其目的是:一是可以通过IT方式,提升地方国旅的服务水平、增强竞争力;二是可以把各地国旅纳入总社的统一运营中,做到服务品质的标准化。现在,在上海、武汉等国旅网站上可以查到当地的产品、实时流量,客户可直接通过网络下订单。

国旅总社面向地方国旅的资源整合过程被分成三个层次:核心层是国旅总部的资源整合,在这个过程中同时形成具有国旅品质的服务流程和质量标准,这是向全国复制的基础。第二层是整合紧密层。先对国旅旅行社网络中的战略点进行整合,并以点为中心,向周边区域进行整合、辐射。第三层则是整合外围资源,包括其他可以合作、符合国旅品质的供应商、分销商和运营商,这些资源是国旅资源的有益补充,他们的加入会使国旅的服务更加全面。[22]

为应对日新月异的在线旅游市场发展趋势,国旅在互联网领域加大投入、重新布局,借助"国旅"中国旅游第一品牌、60多年深耕旅游的专业经验和优势的内外部行业资源,用"品牌+专业+资源",倾力打造"国旅在线"品牌电商改版上线。新版网站更加稳定、快捷地支持在线查询、快速预订、在线支付,并对接全国千家实体门店的线下服务网络,使游客在旅游预订的各个环节中更加方便。国旅在线旗下目前共有国旅在线网站(cits.cn)、APP客户端、呼叫中心、蒲公英分销平台四大线上平台,同时辅以第三方平台旗舰店、官方微博、微信公众服务号等。在未来,"国旅在线"将继续整合内外部旅游资源,发挥网络优势,在在线旅游市场中占据一席之地。

三、主要产品

目前,旅游者通过国旅在线,可以办理入境、出境、酒店、机票、火车、国际列车、国际游轮、长江游船、签证等全方位的旅游业务。国旅总社的竞争优势在于通过IT支持,实现了咨询、预订一体化的一站式服务。这不仅使仅作咨询的呼叫中心成为一个直销部门,还让整合进平台的传统业务部门,如遍及北京市的门市营业部,也都能向客人提供一站式服务,在客户打进第一个咨询电话时,就能直接将其引向订单的生成。

国旅在线现阶段的发展集中在自身网站服务的丰富以及创新。国旅在线新版网站于2014年8月正式改版上线。新网站启用了鲜明、醒目的新域名cits.cn,强化跟团游、自由行、邮轮、周边/当地游、签证等旅游产品展示效果,推出国旅会员的互动社区"爱旅行",在业内首次推出"动态行程图"功能,为用户预演旅行路线及交通工具,让用户在出行前对行程一目了然。在移动互联网快速发展的背景下,国旅在线于2014年10月发布了最新版的手机APP应用。新版APP突出服务功能,新增出团提醒、目的地天气预报等服务信息实时推送功能,使服务更贴近用户的旅行生活。此外为了带动更多中小旅游企业以电子商务的方式实现转型升级,增强市场话语权,国旅在线针对供应商、分销商等合作伙伴推出了B2B的蒲公英平台,旨在打造集销售、服务于一身的开放式B2B同业分销平台,目前已吸引全国4000多个产品供应商和分销商、1.6万多个旅游从业者在平台上实施交易,为国旅在线网站、APP应用提供强大的支持。[23]

四、特征分析

国旅在线作为国旅自建的电子商务平台,借助国旅强大的人力、物力和财力的支持,能将国旅线下的旅游产品进行线上展示和推广销售,其在线产品具有价格优势。网站的主要收入来源为旅游产品的进销差价、旅行线路服务费、酒店和机票的预订代理费等。国旅在线能够拥有大量资源开展线上业务,但目前由于在线旅游企业竞争比较激烈,加之国旅的线上业务起步较晚,国旅在线还处在扩大市场份额的阶段,未实现盈利。随着国旅线上业务的支持和重视,仍需要在出境游、国内游、境内外机票酒店预订等方面加大宣传促销力度,抢占市场。除了自身电子商务平台的推广,国旅与悠哉旅游网签署战略合作协议,双方将自身线上线下的资源进行深度共享,国旅在线的旅游产品将通过平台对接方式,直接提供给悠哉旅游网并销售;而悠哉旅游网在引进国旅旅游产品的同时,借力国旅优势的线下网络资源,为悠哉旅游网提供便捷的线下服务。在线旅游企业在打理平台时的技术、运营、推广拥有目前传统旅行社很难达到的成熟,国旅选择了在线运营能力强于其企业的在线平台进行合作,双方此次合作更多是想利用对方的优势资源弥补自身的不足,实现双赢。

传统的大型旅行社应对旅游电子商务的发展所做的将线下资源与线上平台进行整合的努力与尝试,其优势在于能够将线下的丰富资源进行集中展示和销售,依托传统社规模的优势,能够给顾客提供具有价格竞争力的旅游产品。此外传统社的资金丰裕,能够在在线促销上给予更多资金支持;与此同时,对于消费者来说,传统旅行社同大型电商相比,其产品可选择性较少,产品的多样性存在一定局限,并且很多旅行社的门户网站趋同性质严重,定位不够清晰,使得消费者很难成为忠诚顾客。

第八章 第三方零售商

在线旅游运营商(Online Travel Agent,OTA)近年来占据了在线旅游市场的主要份额。代表企业有携程旅行网、去哪儿网、驴妈妈旅游网、蚂蜂窝、乐途旅游网、欣欣旅游网、芒果网、艺龙旅行网、同程旅游网、途牛旅游网等。OTA 的出现将原来传统的旅行社销售模式放到网络平台上,广泛传递了线路信息,互动式的交流方便了客人的咨询和订购。与传统的旅行社相比,OTA 在互联网时代有着自身的独特优势。

(1)OTA 网站能够提供全面丰富的信息。全面丰富的旅游信息能够吸引更多的游客,有效提高旅游网站的黏性和游客的忠诚度。旅游网站强大的数据库,是提供信息咨询服务与旅游预订服务的基础。针对目标游客的需要,OTA 网站按照网站产品栏目,把信息与链接进行分类,同时设置站内搜索引擎,方便游客的查询与选择。OTA 网站还重视信息展示的视觉效果,以文字、图片、音频视频资料,立体展示景点、食宿、交通和消费点评的详尽信息。

(2)OTA 网站有针对性的目标市场。基于大数据优势,OTA 网站利用时空无限制的网络营销优势,可以把获取市场的触角延伸得更远,而正确的目标市场定位必将带来良好的经济效益。目标市场的划分是多维度的,可以按地域、年龄、产品偏好、价格偏好等指标来划分,也可以进行单项指标立体划分,比如可把顾客划分为普通客户与商旅客户,而商旅客户可按散客与公司团队客户来划分,公司团队客户又可按公司规模来划分。与传统门店旅行社相比,OTA 网站通过互联网提供的详尽旅游信息,更具有吸引散客的优势,无论在出发地还是目的地,均能够迅速成团,形成规模效益。

(3)OTA 网站具有品牌竞争优势。OTA 网站的经营模式容易复制,故同质竞争非常激烈。发展旅游电子商务必须十分注重自身的品牌建设,提高品牌的市场美誉度、顾客的忠诚度,促进回头客的重复购买,有效地巩固原有市场,并通过口碑效应进一步扩大市场。OTA 网站供给上游的竞争迫使航空公司、酒店纷纷开展网络直销,同时也调低了给予在线旅游中介网站的佣金。更有新型旅游搜索引擎的去哪儿网、酷讯旅游网等推出比价网站,以搜索低价吸引了更多预订客户。类似于携程旅行网与艺龙旅行网的旅游综合网站的经营模式受到了挑战,最大冲击在于价格竞争。在 OTA 网站的同质竞争中,制胜没有诀窍,只有提供优质的预订服务才能进一步巩固原有的竞争优势。优质的预订服务要做到精准、有效、到位,要强调服务流程的标准化、精细化和系统化。这也促使了网站对自身品牌的树立与推广,有利于整个市场朝着健康的方向发展。

未来,OTA 网站的竞合将形成超大型在线旅游中介平台,它将以"去佣金"为突破点,广泛招商进驻,开展 BtoB 与 BtoC 业务,建造一个大型的虚拟旅游超市,以虚拟店铺出租和平台营销服务作为盈利来源。将来鲜有旅游中介网站继续效仿携程旅行网"拇指+水泥"的简单模式了,因为这种模仿只能加剧同质竞争。同时,中小型旅游中介网站和旅游供给企业将更多地考虑进驻大型在线旅游中介平台，或者向垂直网站的方向发展。目前来看OTA网站作为一个产品推广的平台，成为很多中小型传统旅行社的选择，因为这类旅行社无论是在财力还是人力方面均与传统大型旅行社存在一定的差距，平台营销成为更合适的选择。[24]现阶段可以基于与供应商的关系将OTA平台分为三类：一是专业型的旅游营销平台，例如途牛旅游网，主要与旅行社合作进行旅游线路以及景区的推广；二是综合型的OTA运营商，以携程旅行网为例，作为综合的旅游运营商，携程旅行网覆盖了旅游的各个环节，供应商方面也是涵盖了旅游六大要素的各个方面；第三类是单纯的营销平台，如去啊·旅行，作为淘宝模式的延续，去啊·旅行单纯作为供应商的营销与推广平台，由供应商与旅游消费者进行接触，而平台则是负责商户的规范与管理，权责相对来说较为明晰。

第一节　途牛旅游网

一、途牛旅游网简介

途牛旅游网（www.tuniu.com）是由现任CEO于敦德和现任COO严海峰在2006年10月创建的，是南京途牛科技有限公司旗下的网站，产品全面，是面向全国提供在线旅游预订服务的B2C电子商务网站。途牛旅游网利用互联网优势，整合旅游产业链，通过呼叫中心与业务运营系统服务客户，开辟了创新的在线旅游预订模式。跟携程旅行网、艺龙旅行网等卖酒店、机票产品不同的是，途牛旅游网只卖旅游线路；跟传统旅行社门店销售模式的区别在于，他们是以"网站+呼叫中心+旅游线路"的方式展开业务。途牛旅游网通过采集筛选整合旅游行业资源（旅行社、航空、酒店、门票、签证等），为旅游者提供一站式预订、一对一管家式服务。途牛旅游网线路全面，价格透明，全年365天电话预订，并提供丰富的后续服务和保障。同时，基于途牛旅游网全球最大的中文景点目录和中文旅游社区，可以帮助旅游者了解目的地信息，制订出游计划（见图8-1）。

图8-1　途牛旅游网主页

资料来源：途牛旅游网官方网站。

用户通过途牛旅游网网站的展示平台,能够轻松地找到自己满意的旅游产品,然后通过电话咨询或直接在网络上预订旅游产品并支付费用,为用户节省了更多的时间和精力。途牛旅游网专门设定了呼叫中心部,接受预订和咨询。2010年1月4日途牛旅游网全面启动"7×24小时全天候服务",用户可以随时随地享受途牛旅游网无微不至的贴心服务和深切关怀。[25]

二、发展历史及现状

2006年,于敦德跟几个合作伙伴一起创办了旅游产品电子商务网站——途牛旅游网,卖起了旅游路线。创业项目确定之后,他们花费半年时间建立网站,并取名为"途牛旅游网"。2007年,途牛旅游网召开了第一次全员大会探讨未来的发展规划。团队达成共识:单纯做互联网平台是不够的,必须落地,承接旅游产业的上下游,真正成为一家在线旅行社。2008年,途牛旅游网开始设立旅行社,尝试建立"网站+呼叫中心+落地"的模式。呼叫中心针对消费者的专属客服和"全程跟踪式"的回访制度,通过客户满意度打分,对供应商的线下服务能力进行考评。途牛旅游网内部也建立起一套全面的质量管理体系,覆盖到旅游业务的整个过程。2009年开始,网站结合销售团队和预订系统的两方面优势,销售额快速增长。通过多年的积累和调整,途牛旅游网已经形成了"十大保障"、专属客服、回访制度等行业领先的服务体系,大大提高了用户黏度和品牌口碑。至今为止,途牛旅游网已经有了超过100万人次的服务经验,与4000多家旅游服务商合作。2009年年底,途牛旅游网开始扩大销售团队,逐步开设了15个城市的分公司,负责客户签约、当地采购和供应商维护,大量扩充了旅游产品的数量和类别,逐步和4000多家供应商形成合作,覆盖了周边游、长线游和出境游。2011年4月,途牛旅游网完成C轮约5000万美元融资。有了资金的支持,途牛旅游网的出发城市扩充到现在的20个,并增加了旅游产品种类,如景区门票、自驾游等,产品数量达到2万余种,员工达到了1500人左右。2012年,在大量的标准化产品和流程体系的基础上,途牛旅游网对整体系统的自动化程度投入大量资源进行优化。2013年9月4日,途牛旅游网宣布完成来自淡马锡、DCM公司等D轮融资,约6000万美元。途牛旅游网CEO于敦德称会将大部分资金与精力用于系统的自动化及"提升效率"上。[26]

2014年5月9日,途牛旅游网正式登陆美国纳斯达克股市。中国在线休闲旅游行业以及市场的长期价值,受到了众多投资人的一致看好。途牛旅游网融资的资金将重点用在四大方面:继续增加服务中心、加大服务投入,包括VIP客服体系,加大无线投入、并购。途牛旅游网区域服务中心已从2014年初的15家拓展至75家,推出了"老于推荐""特卖平台"等特色服务产品,旅游顾问团队人数超过600人;无线端三季度流量占比超过50%,订单占比已达35%。途牛旅游网并与驴妈妈旅游网、京东商城、携程旅行网等达成了深度战略合作。[27]

艾瑞咨询统计数据显示,2014年3季度中国在线旅游市场交易规模达726亿元,环比增长15%,同比增长20%。途牛旅游网2014年的增长远高于行业增速水平,其中二三季度同比增速在85%左右。2014年途牛旅游网一系列的战略布局为未来的高速发展打好了坚实的基础。

2014年12月在线旅行商用户覆盖数排名见图8-2。

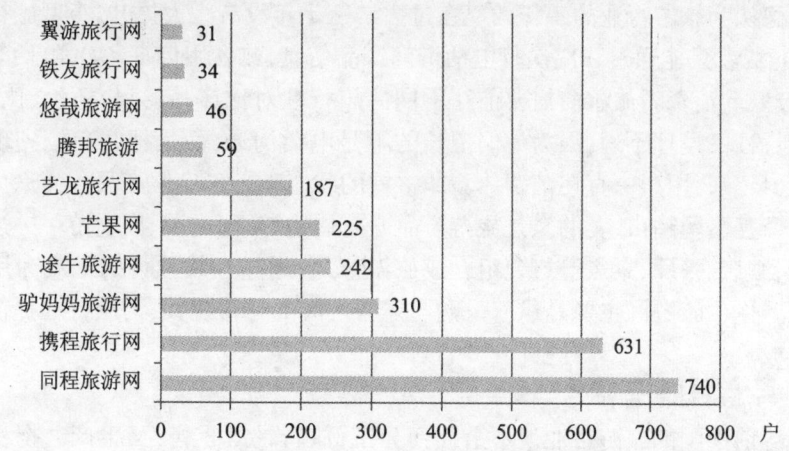

图8-2　2014年12月在线旅行商用户覆盖数排名

资料来源：劲旅网数据。

三、主要产品

途牛旅游网建立初期，于敦德将途牛旅游网定位在社区站点，带领为数不多的团队花费半年时间建立了一个国内最全面的景点库，涵盖4万多个景点。该景点库同时也是全球最大的中文景点库，这为产品的开发奠定了基础。紧接着又做了两个产品——"路线图"和"拼盘"，致力于打造国内驴友交流的一个公共社区。而随着聚集的人群越来越多，途牛旅游网成立半年后找到了明确的运营模式：国内有众多的旅行社，将这些旅行社的旅游线路集中在一起并且分类管理，游客通过访问途牛旅游网了解感兴趣的旅游线路，也可以向途牛旅游网的客服咨询，最后在途牛旅游网完成预订。

主要产品有以下四种：跟团游——包括周边短线游、国内长线游、出境游，行程透明、质量可靠；自助游——海岛游、港澳游、三亚游、丽江游、九寨沟游、厦门游等，既有国内外自助游套餐，亦可单订某项产品或任意搭配组合；特色产品——针对游客个性化需求为量身定制个性化的旅游产品；景点门票——数千家精品景区，超低价订购。

2014年，途牛旅游网大力投入服务和产品升级，不断丰富、优化产品类型，创新服务体验。同年4月中旬，途牛旅游网在业内首推特卖平台，涵盖了爆款、尾货、0元购等多种形式的特惠限时特惠旅游产品，3个月时间做到了行业第一；同年7月，特卖模式升级，业内独家推出CEO代言产品"老于推荐"，通过CEO于敦德自身"踩线"体验，让精选旅游产品以全新的形式，多维度、全方位地呈现给消费者；同年9月，途牛旅游网获得三峡大坝门票独家散客代理权，自助游游客登录途牛旅游网即可实现在线预约；同年12月，途牛旅游网正式公布将在2015年为游客提供韩国游0元移动Wi-Fi（牛无线）服务。[28]

四、特征分析

于敦德认为旅游行业的工作效率在过去二三十年没有太大提升,小型旅行社没有IT系统,消费者只能通过一次次打电话询问产品信息,或者用传真、QQ、电话等工具沟通,效率极低。消费者旅游前需要前往不同的旅行社对比产品、讨价还价、比价,打电话咨询旅行社又爱理不理,因为他们擅长的不是电话沟通,而是把客户拉到现场进行营销。多少年来,用户一直在消费体验非常差的状态下预订度假产品。而途牛旅游网就像是一个互联网超市,卖的全是旅游产品——周边游、国内游、出境游……途牛旅游网把航空、酒店、餐厅、景点等打包组合成旅游产品,通过在线预订的形式为用户提供旅游服务。途牛旅游网主要是靠着采购与零售之间的差价赚钱,为旅行社提供预订服务获取分成。

（一）与旅行社的合作

十几年前中国的旅游行业谈不上任何分工,旅行社既零售,又生产。携程旅行网就是典型的自产自销,他们建有旅行社,有庞大的线下团队,有导游、领队等,比较重资产。而其他旅行社之间,采取"联合组团"的模式,由其中一家旅行社发起和提供服务,形成产品,而另一些旅行社只负责采购和销售,传统旅行社既是批发商,又是零售商。这种无分工模式,导致的结果是旅行社基本靠人脉销售,靠开门店扩张市场,很少在产品上下工夫,产品老化,复制成风,缺乏个性化产品,很多时候靠低价策略取胜。

途牛旅游网把旅行社的旅游路线搬到网站上,采取按效果付费的形式打消传统旅行社的顾虑,为旅行社提供旅游路线预订服务。驴友跟旅行社签订合同后,途牛旅游网从中抽取一定服务费。途牛旅游网转给旅行社的已经不是半成品,而是经过确认的订单。客户打来电话,下单员询问线路编号之后,将信息传给接单员;接单员告诉旅行社预订的信息,同时与客户确认,帮助客户完成支付,最后发短信确认;出行之前,再发出行通知单,指导客户交通路线和行程。

在服务的另一端,途牛旅游网做的就是与供应商的深度结合。市场反应通过途牛旅游网传递给供应商,督促旅行社推出新产品。比如曾有客户看到别处推出买一赠一或者赠送门票的优惠活动,就会打电话到途牛旅游网询问,途牛旅游网则将这些要求反映给供应商,再推出相应的促销策略。

由于途牛旅游网零售品牌在旅游行业的渗透力不断加大,因而逐步促进了旅游行业的分工。比如,途牛旅游网2013年的第一大供应商是名为众信旅游的民营旅行社,已经在A股上市,是中国最大的出境游运营商。目前和途牛旅游网合作的供应商,包括上海春秋旅游、上海锦江、江浙直通车等,这些供应商都使用途牛旅游网的系统,进一步提高下单速度。

途牛旅游网招股说明书显示,其产品线由超过10万个跟团游库存单位(SKU)、超过10万个自助游库存单位以及海内外超过1000个旅游景区的门票构成。而途牛旅游网的系统能将这些产品线清晰显示出来,包括对应的价格、当天的库存状态。其所有的预订完全可以通过系统实现,前台预订完之后,后台会生成一个详细的数据库。在途牛旅游网之所以能实时查询到供应商的产品状态、产品特色以及最新的价格信息,是因为他们的系统已经和供应商系统实现对接,很多供应商愿意开放库存。途牛旅游网南京总部和分公司之间、不同部门之间的信息都能保持同步,所有操作也都在系统中完成。

作为在线休闲旅游细分领域的创新者和引导者,途牛旅游网自创立以来一直与供应商保持友好的合作关系。2014 上半年,途牛旅游网在武汉、西安、沈阳等 14 个城市召开供应商采购大会,加速在线旅游企业和传统旅游企业的壁垒攻坚,促进和达成了线上、线下的深度了解和快速融合。途牛旅游网还在业内首推供应链服务"牛业贷",有效解决了供应商的资金周转问题;不断优化、升级了供应商系统——N-Booking 系统,开通了手机确认功能,便于供应商库存随时随地对接与结算;此外,途牛旅游网提升了与供应商结算、付款速度,更多合作伙伴与途牛旅游网达成了战略合作协议。

截至 2014 年三季度末,途牛旅游网合作供应商数量已从 IPO 前的 3000 余家迅速拓展至 5000 余家。2014 年年底,途牛旅游网再次推动供应链转型升级,建立开放采购模式,实施"JBP 全球百亿采购计划",未来将有更多万级、千万级供应商诞生在途牛旅游网平台,对国内消费者而言,也意味着将有更多机会体验高品质、多元化的旅游产品。

(二)产品的推广

在营销方面,途牛旅游网从 2009 年开始投放广告。面对铺天盖地的媒体,途牛旅游网的营销团队一直保持着清醒头脑,线下媒体选择了最适合当时发展阶段的地铁公交媒体以及分众传媒,线上一直注重与搜索渠道的合作。目前,途牛旅游网每年都会选择某一时段继续在这些线下媒体上投广告,同时全年锁定线上搜索渠道持续投放,保证同一渠道的持续性声音,从上下班路上到工作所在地,从午休到更多的工作间隔时间,将受众的碎片时间串联起来,形成了整线宣传的效果。

2014 年 3 月,林志颖、Kimi 作为途牛旅游网形象代言人出现在公众视野;同时,途牛旅游网携手代言人与壹基金共同推出了"志爱途牛 壹路阳光"公益项目,推出了业内首个门票公益活动,途牛旅游网通过该活动捐出 100 万元善款用于关注留守儿童。2014 年第四季度,途牛旅游网成为江苏卫视大型婚恋交友真人秀《非诚勿扰》以及天津卫视《囍从天降》等综艺节目的总冠名,在在线旅游业内掀起别样的在线旅游品牌营销传播"风暴"。

除了广告的营销,途牛旅游网也加强了与电商的合作,2014 年 12 月,途牛旅游网完成了新一轮融资,与弘毅投资、京东商城、携程投资及途牛旅游网管理层签订了股价认购协议,发行 1.48 亿美元的新股份。此举对途牛旅游网未来发展意义重大,新的资金流将有效支撑途牛旅游网围绕既定战略长期持续投入,推动途牛旅游网专注休闲旅游业务快速发展,巩固途牛旅游网在线旅游行业的领导地位。途牛旅游网与驴妈妈旅游网达成战略合作协议,双方在各自优势领域即途牛旅游网的出境游和驴妈妈旅游网的门票、周边自驾游展开深度合作;途牛旅游网与携程旅行网正式签署战略合作协议,未来双方将在包括机票、汽车租赁服务等其他旅游资源上加深合作;途牛旅游网再次宣布与京东商城在邮轮业务上建立战略合作关系,京东商城签约的皇家加勒比国际邮轮旗下的高端品牌"精致邮轮千禧号"已在途牛旅游网独家上线。与京东商城的战略合作,将加速途牛旅游网在邮轮业务尤其是中高端邮轮的发展。

第二节 携程旅行网

一、携程旅行网简介

携程旅行网创立于1999年,总部设在中国上海,员工3万余人,目前公司已在北京、广州、深圳、成都、杭州、南京、厦门、重庆、青岛、沈阳、武汉、三亚、丽江、香港、南通等17个城市设立分支机构,在南通设立了服务联络中心。凭借稳定的业务发展和优异的盈利能力,携程旅行网于2003年12月在美国纳斯达克成功上市,上市当天创纳斯达克3年来开盘当日涨幅最高纪录。2010年,携程旅行网战略投资台湾易游网和香港永安旅游;2014年,投资途风旅游网,将触角延伸至北美洲。

作为中国领先的综合性旅行服务公司,携程旅行网成功整合了高科技产业与传统旅行业,向超过2.5亿名会员提供集无线应用、酒店预订、机票预订、旅游度假、商旅管理及旅游资讯在内的全方位旅行服务,被誉为互联网和传统旅游无缝结合的典范(见图8-3)。通过并购、收购等手段,携程旅行网现拥有七大成员。

图8-3 携程旅行网主页

资料来源:携程旅行网官方网页。

(一)途风旅游网

途风旅游网创立于2006年,是最早专注于海外目的地旅游的在线旅游网站。美国公司设在加利福尼亚州的洛杉矶,中国公司设在四川成都,现有中文、英文、西班牙文三个网站。在目的地旅游细分市场中,途风旅游网从美洲开始深耕细作,凭借丰富的旅游线路、优质的服务、可靠的行程品质、透明实惠的价格在全球华人美洲旅游市场拥有良好的口碑和颇高的知名度,是国内现有的美洲旅游第一品牌。

途风旅游网定位为"海外目的地旅游专家",从美洲向欧洲、澳洲、亚洲等区域市场快速扩张,向旅游者提供以目的地旅游为核心的全方位产品,包括目的地参团、目的地活动、定制包团、门票、酒店、度假公寓、接送服务及私人导游等旅游配套服务,同时针对个性化出游需求提供邮轮游、小众游、名校游、购物游等特色旅游,已成功服务游客超过100万人次。

(二) 台湾易游网

易游网成立于2000年1月,在网络上提供全方位的在线订位及在线付款,现资本额为2.18亿元,员工人数460人,拥有220万名会员,服务游客突破220万人次,自2000年4月开站营运后,一直是台湾在线旅游的领先者,不仅营收持续快速成长,营运绩效更居台湾旅游网站之首。

(三) 中软好泰

中软好泰成立于1995年,是优秀的酒店软件与服务全面解决方案提供商。经过10余年的发展,中软好泰凭借技术与产品的持续创新能力、完善的服务支撑体系等强大的综合实力,成为中国旅游饭店业民族软件的第一品牌。

(四) 香港永安旅游

香港永安旅游成立于1964年,公司已累积50多年的丰富营运经验。永安旅游凭借其出入境旅行团的报团人数、旗下办事处及分行的数目,以至管理质素、旅行团路线网络以及多元化的业务范畴等多项超卓表现,成为香港旅游业界首屈一指的旅行社。永安旅游现设有17个分行,分行网络遍布香港、九龙及新界,为方便顾客,大部分设立于港铁沿线中人流极旺的商厦,提供不同种类的旅游服务。现时,永安旅游在全球聘用超过600名精英,建立了一支精练团队。永安旅游每年客量超过40万人次。为迎合港人热爱旅游的特质,永安旅游不断拓展崭新路线,每年开发超过2000个旅游产品,涵盖400多个目的地,路线遍布全球50个国家和地区。

(五) 铁友旅行网

铁友旅行网(前身为久久票务网)成立于2009年,铁友旅行网以互联网为平台,高效整合"铁保通"综合旅行服务、物流服务、酒店、机票等在线预订服务,独创全国铁路旅行一站式服务,是国内领先的铁路旅行服务专业平台。近几年来,铁友旅行网已经发展为行业的领先者,服务网络覆盖国内绝大多数城市,立志成为铁路旅行专家。截至目前,铁友旅行网已经成功为上亿用户购买火车票,网站注册用户突破1200万,月度服务用户2亿人次。

(六) 途家网

途家网平台于2011年上线,是一家高品质度假公寓预订平台,提供旅游地度假公寓的在线搜索、查询和交易服务。度假公寓是在旅游地提供酒店式管理和服务的可租赁的公寓,既为旅行者提供了优质的度假新体验,又为业主提供了灵活的闲置资产托管增值服务。

(七) 鸿鹄逸游

鸿鹄逸游是携程旅行网旗下顶级旅游品牌,2012年3月由携程旅行网、台湾易游网、香港永安旅游联合创立,同年4月战略投资太美旅行,集合了四家企业分别在品牌、研发服务能力、精英团队、资源网络等方面的优势,2010年起连续三年成功推出"顶级环游世界";此外,还有北京、上海、台北三地出发共近200条针对高净值人群的高端旅行线路。

二、发展历史及现状

1999年5月,携程计算机有限责任公司在上海成立,该公司在海外风险投资的支撑下组建,是中国最早一家建于电子商务平台上的旅行服务公司。1999年10月,携程旅行网正式开通,该项目当时被上海市徐汇区科委评定为高科技项目,得到了当地政府的支持。在后来的发展中,携程旅行网一直秉承Customer、Teamwork、Respect、Integrity、Partner的理念,在酒店、机票、旅游线路预订以及旅游信息查询等业务中越战越勇。2002年3月,携程旅行网的酒店预订量创国内酒店分销业榜首;2002年10月,其当月交易额首次突破1亿元人民币;2003年10月,其机票预订网络覆盖国内35个城市;2004年11月,建成国内首个国际机票在线预订平台;2005年9月,注册会员数突破1000万人……当前的携程旅行网是中国遥遥领先的在线旅行服务公司、中国最大的酒店分销网,拥有亚洲旅游服务业最大的呼叫中心,拥有"中国企业信息化500强"(2003)、"中国500最具价值品牌"(2005)、"中国科技100强"(2005)、"中国行业电子商务网站100强"(2006)等众多荣誉称号。携程旅行网在2007年推出了"携程商旅通"在线管理系统,使企业客人可直接在网上查询酒店、机票的实时价格,并进行在线预订;2008年,再次推出了"商旅通智能报告",可以为企业客人提供详细、实时的数据,帮助企业更科学、有效地控制商旅费用;2009年,荣获"最佳差旅管理公司"称号。[29]目前,携程商旅管理业务也已成为携程旅行网增长的第四极。

经历了一系列的跌宕起伏,2013年2月21日,携程旅行网创始人之一梁建章在退居幕后6年后重返携程旅行网,并出任董事会主席兼CEO。2013年4月,携程旅行网提出了"拇指+水泥"的战略,并对外发布"携程在手,说走就走"的广告语。在其"指尖上的旅行社"模式中,携程旅行网将机票预订、酒店预订、旅游产品、门票、租车、社区攻略等服务整合,把一站式休闲旅游服务推向极致。随着移动互联技术的飞速发展和智能手机的普及,旅游移动应用在旅行预订中的地位也急速上升,"得移动市场者得天下"已成为OTA巨头的共识,旅游预订APP未来会成为旅游预订的核心渠道。

携程旅行网近两年来整合其多方旅游资源并努力开拓海外市场。除加速投资并购外,携程旅行网还积极寻求与相关行业的共同合作,如:2013年12月4日,全面推出"平台化"战略,引入更多旅行社业界的供应商,大力发展旅游代理业务;2014年3月,在旅游开放平台推出"T+7"结算政策,即客户预订后7天付款给代理商,而行业内平均结算周期达2~3个月。此外,携程旅行网还与腾讯达成全面合作,用户不仅可以在PC版的携程旅行网上使用微信支付进行预订,而且还能在移动APP和微信公众号中也使用微信支付,方便、快捷地进行预订,从而使"说走就走"成为可能。[30]

三、主要产品

携程旅行网主要的业务有四大块：酒店预订、机票预订、旅游度假和商旅管理。虽然携程旅行网还有其他的关联业务，如目的地资讯、酒店管理输出等，但是酒店预订、机票预订、旅游度假、商旅管理才是携程旅行网的"四足"。随着移动互联网的发展，2012年，携程旅行网进行了体制上的改造，成立了五大事业部——机票事业部、酒店事业部、旅游事业部、商旅业务事业部以及无线事业部。

酒店预订市场庞大，旅行者需要在出行前订好客房，酒店也需要进一步拓宽其客房销售面，于是携程旅行网在二者中间扮演了中介的角色以赚取佣金和差价，加之酒店产品基本无须物流配送，在技术上易于操作，携程旅行网最初便以酒店预订作为其发展方向。2000年3月，携程旅行网吸纳了北京商之行公关经理以上的所有管理层人员，这些人的到来为携程旅行网注入了新鲜血液和新鲜活力，他们不仅有着丰富的酒店谈判和销售经验，还帮助携程旅行网建立了呼叫中心和一支精干的销售队伍，从而使得携程旅行网的订房量大幅提升。同年10月16日，携程旅行网并购了北京现代运通订房中心，这是当时最大的呼叫中心，通过这一举措，携程旅行网在酒店分销中的领头羊地位进一步巩固。截至目前，携程旅行网与全球234个国家和地区的34.4万家会员酒店建立了长期稳定的合作关系，其月预订量超过200万间夜。2014年8月7日，携程旅行网与美国Priceline集团达成战略合作，双方约定：Priceline向携程旅行网的客户开放其在大中华区以外的全球超过50万家酒店资源，同样携程在大中华区的超过10万家酒店资源也将对Priceline的客户开放。携程旅行网2014年第二季度的住宿预订营收为7.35亿元，同比增长47.3%；酒店预订量同比增加64%，超过了公司50%~60%的增长预期。在酒店预订市场大好的前景下，与Priceline的合作将使携程旅行网的酒店预订业务建起新的里程碑。

2002年3月，携程旅行网收购了华北地区五大机票代理之一的北京海岸机票代理公司，通过这一步，携程旅行网取得了票务代理资格。同年5月，携程旅行网启动全国中央机票预订系统，随后陆续在全国开展送票服务。目前，携程旅行网的机票预订服务已覆盖国内所有航班和国际的绝大部分线路，实现了国内60个城市市内免费送票和异地机票的本地预订、异地取送服务。

同酒店预订、机票预订业务一样，携程旅行网在旅游市场上运作也是从收购开始的：2001年3月，携程旅行网入股上海星宇旅游有限公司，开始开展度假旅游业务；2004年2月，收购上海翠明国际旅行社，获得出境旅游经营权；2006年2月，收购台湾易游网部分股权；2009年4月，控股易游网，并将易游网并入公司合并报表；2010年2月，投资香港永安旅游（控股）有限公司旗下旅游业务；2012年4月，战略投资太美旅行；2014年1月，战略投资途风旅行网。通过一系列的并购和战略投资，携程旅行网的旅游度假业务做得顺风顺水。目前携程旅行网的旅游业务在包括上海在内的全国15个城市中有落地公司，其中13家公司专做组团业务，负责组织国内旅游和出境旅游；另外两家公司分别设于三亚和丽江，专做接团业务——接待携程旅行网送到三亚、丽江、海南、云南等地的会员。携程旅行网在海外的旅游业务公司主要有3家：台湾易游网、香港永安旅游和加拿大途风旅游网，三者皆为通过收购方式被并入携程旅行网。

携程旅行网于2006年启动商旅管理业务。携程旅行网的商旅管理业务面向国内外各大企业与集团公司，以提升企业整体商旅管理水平与资源整合能力为服务宗旨。携程旅行网依托遍及全国范围的行业资源网络，以及与酒店、航空公司、旅行社等各大供应商建立的长期良好稳定的合作关系，携程旅行网充分利用电话呼叫中心、互联网等先进技术，通过与酒店、民航互补式合作，为公司客户全力提供商旅资源的选择、整合与优化服务。据测算，携程商旅管理服务一般能将企业的年差旅费用降低20%左右。2007年3月，携程旅行网又推出全新的携程商旅管理系统——"商旅通"，这是国内商旅管理行业内第一个实现完全在线的商旅管理系统。

四、特征分析

携程旅行网的盈利模式属于会员模式，通过发行会员卡吸引了大量用户，又利用积分的方法保证了会员卡的重复使用率；在此基础上，携程旅行网与酒店、航空公司等供应商达成合作，为其提供产品分销服务并收取一定比例的佣金。目前携程旅行网的收入主要由酒店预订代理费、机票预订代理费、度假产品、自助游、商务游中的酒店和机票预订代理费、商旅管理服务费、预订旅游门票费、订餐佣金以及旅游书籍销售收入和广告收入构成。其中酒店预订代理费通过盈利折扣返还实现，机票代理费通过顾客订票价格与航空公司出票价格的差价实现，而商旅管理服务费一般是直接按交易额收取或从节约的差旅费中按比例收取。

携程旅行网实际扮演着旅游业上下游信息整合者的角色。一方面，携程旅行网与全球234个国家和地区的34.4万多家酒店，覆盖国内、国际的各大航空公司，近20家海外旅游局和16家国内旅游局等上下游资源方进行深入合作，并与超过300家金融机构和企事业单位达成合作协议，从而建成了快捷有效、体贴周到的服务体系；另一方面，通过在机场派发蓝色免费携程会员卡以及有效的CRM（客户管理软件）系统，携程旅行网会员数量不断扩大，截至目前，其全球会员数已超过1.41亿人。通过对上下游资源进行整合，携程旅行网有效地将旅游业的供应商与消费者连接在了一起。目前携程旅行网拥有世界上最大的旅游业服务联络中心，拥有1.2万个座席，呼叫中心员工超过1万名，在全球190个国家和地区与超过50万家酒店建立了长期稳定的合作关系，其机票预订网络已覆盖国际国内绝大多数航线。[31]在庞大资源的支撑下，携程旅行网采用了规模化经营的方式，这种运营方式不仅可以为会员提供更多优质的旅行选择，还保障了服务的标准化，确保了服务质量，并降低运营成本。

（一）技术与管理护航

携程旅行网的技术创新之路自1999年11月在线预订系统正式启用；2000年6月，携程旅行网24小时呼叫中心开始启用；2002年5月，携程旅行网全国中央机票预订系统启用；2004年11月，携程旅行网建成国内首个国际机票在线预订平台；2004年

12月,携程旅行网斥资2000万美元建造现代化在线旅行技术服务中心;2007年3月,携程旅行网推出在线商旅管理系统"商旅通";2007年6月,携程网络技术大楼正式落成并投入使用;2008年12月,携程旅行网南通呼叫服务中心正式启动;2010年5月,携程信息技术大楼在江苏南通正式落成;2011年2月,携程旅行网南通呼叫中心升级为服务联络中心;2012年3月,携程旅行网推出全新国际机票预订平台;2012年8月,携程旅行网海外酒店预订新平台上线;2013年,携程旅行网将无线应用与呼叫中心结合,发布了"大拇指+水泥"策略,构建指尖上的旅行社,提供移动人群无缝的旅行服务体验。

携程旅行网已建立了一整套现代化服务系统,包括海外酒店预订新平台、国际机票预订平台、客户管理系统、房量管理系统、呼叫排队系统、订单处理系统、E-Booking机票预订系统、服务质量监控系统等。依靠这些先进的服务和管理系统,携程旅行网为会员提供更加便捷和高效的服务。

先进的管理理念创造了口碑效应。2002年,携程旅行网开始推行平衡记分卡,全面衡量部门业绩。平衡计分卡就是一个体系,用数据化的指标全面衡量每个人、每个团队的业绩。2004年,携程旅行网引进360度评价体系,以便从多种角度评判主管及以上职级干部的胜任能力。为保证360度评价体系的持续性,携程旅行网还自主研发了360度评价软件,以提高评估效率。同时,携程还将制造业的质量管理方法——六西格玛体系成功运用于旅行业。这种方法使携程人拥有这样的意识:把客人打给呼叫中心电话的等待时间控制在国际通行的20秒以内;接听比例从80%提高到90%以上;服务客户的电话时长缩减到150秒左右。这些精细化的管理制度使企业变得精确而高效,使企业完全具备了现代公司的快速、精准、反应灵敏、高速进化等典型特征。携程旅行网各项服务指标均已接近国际领先水平,服务质量和客户满意度也随之大幅提升。

(二) 与传统旅行社相结合

携程旅行网在建立自己的实体旅行社以前,曾被称为"无根的携程",因为它没有自己的实体,仅仅是网络中介代理。携程旅行网最初的成长,是因为它改变了旅游信息不对称的市场格局,让更多的旅游者了解到丰富的产品信息,因而拥有了自己的顾客群体。但在渠道多样化的今天,它又成了旅游信息不对称的固守者。因为携程旅行网的盈利来源主要是代理佣金,代理经营需要支付昂贵的上游维护成本。而供应商直销、垂直搜索引擎、推荐与点评网站呈现给旅游者更丰富的预订产品,且价格相对更合理,这一切无疑会分流携程旅行网原有的客户,携程旅行网在渠道价格方面的话语权在削弱,利润在降低。携程旅行网长期以来强调做轻资产,专心代理分销,但竞争却在蚕食着原来的市场份额。在这样的形势下,携程旅行网通过向上游旅游接待企业进行资本渗透就成为必然,比如控股投资连锁商务酒店或者实体旅行社;虚实结合两元化,"一虚一实、虚实结合、虚实渗透",实现线上预订业务与线下接待业务两条腿走路的方式,有效地提高了预订服务与接待服务的质量。

第三节 阿里旅行·去啊

一、阿里旅行·去啊简介

阿里旅行·去啊是淘宝网旗下的综合性旅游出行服务平台。淘宝网是中国最受欢迎的 C2C 购物网站,由阿里巴巴于 2003 年 5 月 10 日推出,近年来快速发展,网站商品涵盖服饰、数码、食品、家居、虚拟服务等 16 个大类,目前拥有近 5 亿的注册用户数。

2014 年 10 月 29 日,阿里巴巴旗下出现了一个新的独立品牌——阿里旅行·去啊,其前身是 2010 年推出的"淘宝旅行"。阿里旅行·去啊成为阿里巴巴集团旗下的事业群之一。阿里巴巴事业群是马云对公司组织架构的一次创新,是一个介于产业子公司与事业部之间的组织:与产业子公司相比,财务并不独立,也不是独立的法人;与事业部相比,在运营方面有更大的独立性,兄弟事业群之间按市场机制进行合作。图 8-4 是阿里旅行·去啊主页。

图 8-4 阿里旅行·去啊主页

资料来源:阿里旅行·去啊官网。

在阿里巴巴之前,在线旅游市场已是巨头云集,已有百度(旗下有去哪儿网)、腾讯(旗下包括同程旅游网,QQ 旅行等)及携程旅行网。阿里旅行·去啊总经理李少华透露,成为独立品牌后,阿里旅行·去啊将启用全新的 VI 体系(即视觉识别系统)和独立域(www.alitrip.com),原淘宝旅行使用的二级域名 trip.taobao.com 则继续保留并进行自动跳转。随着阿里旅行·去啊品牌的公布,阿里巴巴旗下品牌体系增加了新的成员。现在,阿里巴巴旗下已经有天猫、淘宝、聚划算、淘点点、神马、1688、虾米、阿里旅行·去啊等子品牌。[32]

阿里旅行·去啊品牌独立。品牌独立的原因主要有三:旅游度假市场发展迅速,消费者出行需求也逐渐趋向多元化,外出度假已经成为了消费者日常生活的一部分,关注消费者的出行预订需求,能够更深入地全方位为人们生活消费服务;淘宝旅行经过几年的发展,已经成为很多用户旅行度假的重要选择;旅游用户的需求与需要的服务和纯粹的购物用户之间是存在差异性的,阿里巴巴希望通过独立的品牌在服务上为消费者提供更好的服务,更加能够保障消费者利益,享受放心、省心的旅程。

二、发展历史及现状

阿里旅行·去啊脱胎于阿里巴巴集团旗下的淘宝旅行。

依托淘宝网强大的品牌优势和庞大的忠实消费群体,淘宝旅行平台的搭建非常顺利,从2010年5月平台推出起,就受到了广大旅游爱好者的关注。淘宝旅行首先整合了国内机票资源,推出国内机票订购;当年9月开始试运营酒店客栈业务,11月就推出了国际机票的订购,并正式推出了拥有1.7万家酒店客栈的客栈系统。随后,淘宝旅行就开始了大范围的市场推广,全国主要的交通工具、站点、户外LCD和网络上开始频繁出现淘宝旅行的小猪广告中。2010年5月至8月初,淘宝旅行平台每日机票出票量已达到1万张左右。根据艾瑞咨询的数据,2010年全年,淘宝旅行频道的交易量约为41.5亿元。2011年4月12日,淘宝旅行尝试进入旅游团购市场,并于4月27日正式上线了团购频道。2011年8月15日,推出淘宝旅行手机客户端,支持无线消费者通过客户端进行机票预订和信息查询。2012年下半年,携程旅行网、艺龙旅行网、同城旅游网三大在线旅游电商入驻淘宝旅行,淘宝旅行的市场地位进一步得到巩固。

从一些阶段性数据可以看出淘宝旅行的成长:淘宝旅行发布的2011年年度数据显示,2011年全年交易额突破100亿元,达到109亿元;2013年11月11日淘宝旅行单日旅游成交量17万笔,酒店预售超9万间夜,手机客户端成交2万笔,活动期间访问量超过1000万,这些数据也使淘宝旅行逐渐成为中国最具人气的在线旅游平台。至2013年底,淘宝旅行拥有800多个IATA认证的航空企业卖家、10万家可预订酒店、200万条旅游商品信息,携程旅行网、艺龙旅行网、同程旅游网、驴妈妈旅游网等旅游网站悉数入驻。不仅如此,各大航空公司、知名旅行社、部分在线旅游电商、各旅游代理商也与淘宝旅行展开合作,纷纷在淘宝旅行开设旗舰店,力求借助淘宝的大规模客户扩展自己的份额;同时,强大的品牌优势给淘宝也带来了声誉的提升和忠诚顾客的增长。

淘宝旅行还与多个地市的政府进行合作,推动地市旅游产业发展。2012年5月,淘宝旅行与丽江市政府合作,共同签署战略合作协议,结合丽江的旅游资源特色和淘宝旅行平台的优势,将丽江的客栈、旅游线路和机票等产品作为重点推广对象。随后推出的"百万淘友团丽江"项目在上线后短短几个小时就售出了10万张丽江淘宝旅行卡。2013年4月19日,贵州省旅游局与阿里巴巴集团合作搭建的淘宝旅行"多彩贵州旅游旗舰馆"正式上线,这次合作将来自贵州省的数百家企业的近千个旅游产品汇集起来,涵盖了景区、酒店、旅游线路、特色商品等,力求为旅游提供一站式服务。这种合作的模式仍在继续,淘宝旅行正在与全国各省市旅游局拓展合作。由淘宝论坛发布的资料显示,淘宝网计划从贵州开始,选择适合电子商务发展的地区开展全方位的扶持计划,以3~5年时间帮助地方的景区转型进入电子商务领域。

2013年,阿里巴巴集团还先后投资了旅游APP在路上旅游社区网站穷游网,这也显示了淘宝旅行发展开始着眼于平台的扩张,服务平台已不局限于互联网;还将无线客户端和社区网站作为拓展的突破口并不断完善,将已有平台成熟化、扩大化,增加服务方式;同时更加注重消费者的参与度和需求,进行"反向"销售,尝试以C2B的方式完善在线旅游平台。

2014年10月改版的阿里旅行·去啊已成功与1000家企业建立了合作伙伴关系,并将营销重点落在了淘宝的标志性活动"双十一"中,根据阿里旅行·去啊官方数据显示,"双十一"当天度假产品成交超5亿元,机票成交超过30万张,酒店客栈超过15万间夜。其中,"双十一"的出境游产品成交15万件,并且打造了12个当日销售量过千万级的商家,其中销售额最大的商家突破了8000万元。作为主要的目的地,美国出境产品在"双十一"销售火爆,合计成交2万件产品;帕劳单品销售4000余件,相当于当地人口的1/8;由阿里旅行·去啊整合推出的"纵横中国飞行套餐"销售15万张,名列单品销售第一。

2014年"双十一"期间,合计有4500万独立访问用户(UV)浏览了阿里旅行·去啊的活动页面,而阿里会员转化为阿里旅行·去啊的会员也超过了2000万名。阿里旅行·去啊的策略就是不仅在以超值特惠的旅游商品吸引用户,更通过平台C2B整合大数据、收集用户需求,联合商家通过柔性化生产满足互联网时代大量的个性化需求。

在电商领域,旅行行业有其特殊性,但脱胎于淘宝的阿里旅行·去啊平台,已经开始享受电子商务成熟发展的淘宝带来的人口红利,而在新品牌发布后,阿里会员转化为阿里旅行·去啊的会员也超过了2000万名,并有望在2015年底达到1亿名。

移动战略将是阿里旅行·去啊的核心战略,2014年"双十一"后机票的移动端占比已经超过50%,而2014年11月26日的移动端占比已经达到58%,预计此比例将达到70%。阿里旅行·去啊手机客户端还打造了与商家无缝对接的服务体系,为消费者提供移动化、随时随地的服务体验。阿里旅行·去啊APP除了承载功能性服务的落地,还将成为消费者旅行途中寻求资讯、服务、帮助的主要载体,甚至包括意外情况的保险救援等。[33]

三、主要产品

淘宝旅行业务涉及机票、酒店/客栈、度假产品以及租车、邮轮等服务产品的信息搜索、购买、售后服务,整合了数千家相关商家、代理资源,为消费者提供覆盖广且有保障的服务。淘宝旅行的服务口号是"爱梦想,去旅行",以分享和整合为消费者带来更广泛的选择项目、更系统的服务链条以及更低价的可能性。

淘宝旅行的客栈业务是其一大特色,与其他在线酒店预订网站相比,首次将国内旅游热门景点的公寓、民宿、旅店、客栈等小型特色住宿整合成为客栈联盟,提供给消费预算有限或追求个性化住宿消费的游客。消费者可以在客栈的页面上直接向客栈预订,同时在住宿后可以进行评价,淘宝旅行会对消费者的评价进行关键词和评分归类,以方便其他消费者进行判断和选择。

此外淘宝旅行在度假产品服务方面与部分全国百强旅行社合作,同时拥有多个热门旅游城市、景区的目的地旗舰店,消费者可以选择国内景区,也可以选择境外的热门目的地。淘宝旅行提供这些景区景点的旅行社服务(包括自由行、跟团行等方式)、门票购买业务;对于选择境外景点的消费者,旅行社店铺还提供办理签证等手续的服务。淘宝旅行的团购服务主要是将国内和境外的热门景点、路线进行整合,与多个旅行社达成合作关系,将自由行、跟团行、行住游组合等多种选择进行低价销售,消费者可以根据不断更新的路线和景区组合选择最适合自己的目的地和游览方式。淘宝旅行还提供部分城市的租车预订业务,消费者可以选择机场接送专车、自驾游租车、旅游包车等多种服务,还可以选择汽车品牌和车型,满足出行时的交通需求。

品牌独立后的阿里旅行·去啊作为平台服务商,优势是产品类别齐全,提供一站式服务。目前阿里旅行·去啊平台上的产品包括提供机票销售、酒店客栈预订、度假产品销售、签证服务等。阿里巴巴集团资深副总裁樊治铭表示,之所以推出阿里旅行·去啊品牌,主要是考虑到在线旅行市场的巨大潜力,以及大量的用户需求没有被满足。基于平台上品类丰富的服务,阿里旅行·去啊将推出一键退改、纵横中国、酒店后付、旅游宝等创新产品。这些产品创新的核心逻辑是 C2B,即基于用户需求进行定制。

一键退改解决的是消费者退票后,钱何时到账的问题。根据目前的退票流程,在消费者提交退票申请后,机票代理人会向航空公司提交申请,经航空公司审核通过后,等待航空公司退还票款,然后机票代理人再将票款退还给消费者。阿里旅行·去啊推出的一键退改,就是在消费者行程发生变化时,只要通过阿里旅行·去啊客户端一键提交申请,退票费用就快速到账,最长不超过 1 小时。

纵横中国是机票套票产品,产品有两种:一是 4999 元获得 10 次自由飞,2015 年全年有效,适用于全国 300 条热门航线,可供三人共同使用,单次成本不足 500 元;另一种是 9999 元 25 次自由飞,单次成本不足 400 元,可以五人共同使用。销售对象包括商务人士,也包括家庭出游。

酒店后付在于简化住店流程:用户在阿里旅行·去啊预订酒店后,到酒店前台无须预授权或交纳押金,可直接办理入住,退房时也无须排队付款,交回房卡即可离店,房费将自动从用户的支付宝账户中扣除。

旅游宝是余额宝的一种。消费者用余额宝购买了阿里旅行·去啊的旅行产品后,所付款项并没有"花"出去,而是仍旧在自己的余额宝账户中,直到"确认收货"之前,消费者都可持续享受这笔钱带来的余额宝收益。

一站式服务考验的是阿里巴巴大数据服务的能力。以一键退改举例,背后涉及用户、代理商、生产厂商等的资金结算、信用支付与担保、佣金核算体系,甚至包括对消费者个人信用值的评估与读取。可以说,阿里生态圈里的各类基础设施与大数据,为阿里旅行·去啊的服务升级提供了必不可少的支持。由于旅游产品品类复杂,并非所有产品都能标准化到可以用技术手段解决一切问题,因此阿里旅行·去啊表示,还将通过1亿元的消保基金为消费者提供保障,平台通过先行赔付以保证用户利益。

四、特征分析

淘宝旅行是一个开放的平台,符合经营要求的商家均可向淘宝旅行申请开店,通过一系列审核和考核,商家即可在淘宝的管理和监督下进行运营,申请到淘宝或者天猫商城的二级域名。一经合作,由商家向消费者提供实体服务,淘宝旅行运作和管理平台,提供技术支持等服务,保证整个平台的良性运转。

(一)基于淘宝的平台优势

据淘宝网公布的数据,每天有8000万固定访客访问淘宝,同时每天的在线商品数已经超过了8亿件,平均每分钟售出4.8万件商品。根据Alexa的统计,淘宝网是全球浏览量最高的20个网站之一。淘宝网迅猛的发展和良好的运作无疑为阿里旅行·去啊平台提供了好的基础,大量忠诚消费者自然而然地选择长期信赖的淘宝网作为在线购买旅游产品的网站;淘宝网良好的口碑也吸引了更多的游客尝试在阿里旅行·去啊平台消费。同时淘宝网还提供了服装、食品、旅行装备一系列商品,与在线旅游产品相结合,为消费者提供了更多的购物选择,降低了购物的时间成本,无形中增加了阿里旅行·去啊的品牌资产。

与阿里旅行·去啊一起运作的还有支付宝,它同属于阿里巴巴集团,其2004年开始独立运营,有着强大、安全的支付功能,为阿里旅行·去啊的健康运转提供了保障。支付宝作为阿里巴巴集团的关联公司,为阿里旅行·去啊的消费者提供了良好的支付平台。其高效、稳定、安全的服务,为消费者排除了很多支付障碍。支付宝与阿里旅行·去啊手机客户端的结合,更保障了商旅人士和旅途中的消费者可以便捷地购买机票、门票等产品,进一步推动了无线平台的发展。

阿里旅行·去啊不仅在互联网平台进行运营,还推出阿里旅行·去啊手机客户端,包括iPhone和Android手机两个版本,无线消费者除了可以登录手机淘宝页面购买机票,还可以通过客户端获得一系列预订信息服务。阿里旅行·去啊手机客户端与支付宝进行了结合,支持在线支付,为消费者节约了购买时间。同时,阿里旅行·去啊客户端具有定位功能,方便消费者根据自己的位置选择酒店,获取地址和导航路线,并根据客户端提供的价格等信息进行更便于出行的选择,这个"无线+互联网"的交易平台渐渐成为中国在线旅游发展的新星。作为阿里旅行·去啊互联网平台的拓展平台,阿里旅行·去啊手机客户端依靠下载量盈利,并将使用者吸附在阿里旅行·去啊服务之中。阿里旅行·去啊社区与蚂蜂窝等旅游社交媒体网站相比,更是节省了联系广告方、合作方的成本,直接扩充了淘宝用户规模,为阿里旅行·去啊平台自身做了广告。

(二)合作商家的利好

与大部分在线旅游预订企业不同,阿里旅行·去啊的选择范围更为广泛,不仅与国内大部分知名航空公司、酒店、旅行社合作,还开拓了客栈业务,将许多预订网站遗漏的特色旅舍纳入到平台之中,拓展了消费者体验和业务范围。只要是合法经营且符合阿里旅行·去啊开店要求的商家,均可以入驻阿里旅行·去啊,这无疑扩大了淘宝的影响力,也满足了相当一部分年轻的有个性化需求的游客,为消费者提供了更多选择。

阿里旅行·去啊的入驻商家主要分为四大类:旅游企业、航空代理、酒店/OTA、直营客栈。旅游企业主要包括旅行社、景点景区、主题乐园、门票代理、邮轮等旅游服务类公司;航空代理主要指拥有营业执照、资质证书和 IATA 号的航空公司及代理商;酒店/OTA 主要是电子商务、商务、订房、旅游、咨询、会展、会务、会议服务、酒店管理等项目的单体酒店、酒店集团、经济连锁酒店等酒店资源方、客栈公寓资源方以及订房中心、代订房业务的商家;直营客栈则是合法经营的特色客栈、青年旅舍、家庭旅馆的经营或拥有者。对所有商家,淘宝均有资质要求,并在通过开店申请前对商家进行培训、考试和审核(见图 8-5)。

 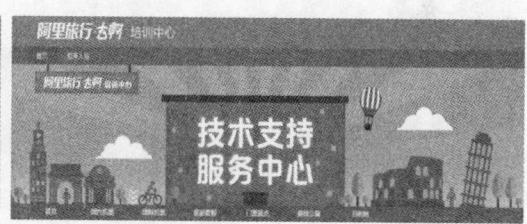

图 8-5 阿里旅行·去啊推出的商家培训

资料来源:阿里旅行·去啊官网。

阿里旅行·去啊向合作和入驻的商家提供网上销售的平台并为其提供技术服务,将各大商家会合起来,同时向商家收取一定费用,主要是保证金、技术服务年费以及实时划扣技术服务费,用以进行违约金支付和技术支持付费,其中与 OTA 和酒店之间的合作采取交易额分成(CPS)的模式。

由于阿里旅行·去啊将旅行者需要的机票、酒店、旅行路线和门票等商品置于平台上进行宣传和销售,并为商家提供网络支持,使得部分商家的网络运营成本和管理费用大大降低,同时淘宝的庞大的用户群为各个商家提供了开放和需求充足的市场,这些都帮助阿里旅行·去啊从商家获得低价格的资源;反过来,这些低价资源又为阿里旅行·去啊吸引来更多的顾客,形成了一个良性的循环。此外,较大的供应商(各大航空公司、酒店、旅游景点售票商、旅行社)的加盟也使得阿里旅行·去啊的平台更具有吸引力和竞争力。人们可以看到,互联网平台运作的成本低于传统的 call center,建立网络平台已经成为在线旅游企业发展的一个趋势,然而也要注意的是,各大航空公司、旅行社、酒店自建的网络预订平台也成为阿里旅行·去啊的潜在对手,虽然这些供应商无法为消费者提供一站式的服务,但他们的服务因为专一化更为完善,阿里旅行·去啊想要稳固自己的长期竞争优势,应更为关注保障商家品质、控制平台监管等方面。[34]

  阿里旅行·去啊还善于将竞争者变为合作者,阿里旅行·去啊刚上线时,与携程旅行网、同程旅游网、艺龙旅行网等在线企业有着明显的竞争关系,然而很快多个电商也开始进驻阿里旅行·去啊平台,与阿里旅行·去啊展开合作关系。阿里巴巴投资在路上APP和穷游网更是拓展了阿里旅行·去啊自有平台,不仅方便了消费者的购物和选择,也加深了阿里旅行·去啊品牌的渗透,提升了消费者忠诚度,以此获得的大量消费者数据也有助于战略部署和产品规划。

第九章 在线营销平台

第一节 微信营销与微博营销

网络营销是 21 世纪最有代表性的一种低成本、高效率的全新商业形式。是以互联网为核心平台,以网络用户为中心,以市场需求和认知为导向,利用各种网络应用手段去实现企业营销目的一系列行为。虽然网络营销以互联网为核心平台,但也可以整合其他的资源形成整合营销,比如销售渠道促销、传统媒体广告、地面活动等。互联网拥有其他任何媒体都不具备的综合营销能力,网络营销可进行从品牌推广到销售、到服务、到市场调研等一系列的工作,包括电子商务、企业展示、企业公关、品牌推广、产品推广、产品促销、活动推广、挖掘细分市场、项目招商等方面。在线营销网站是基于以企业营销为目标进行站点规划,具有良好搜索引擎表现和用户体验,能够有机利用多种手段主动寻找目标客户并将访客转化为顾客的网站。构建营销型网站,是以"营销"为核心目标进行网站规划和建设的。

在互联网高度发达的时代,信息成为各行业发展争先的优质资源。面对互联网带来的海量信息,将有效的信息传送到目标客户手中,成为未来营销的一种趋势。从旅游产品的营销角度来讲,对产品信息的收集和整理分析,是达到良好销售的前提,也是营销理念的创新思考方向。目前微信与微博基于庞大的用户群成为很多企业理想的营销平台。

一、微信营销

微信营销是网络经济时代企业营销模式的一种,是伴随着微信的火热而兴起的一种网络营销方式。微信不存在距离的限制,用户注册微信后,可与周围同样注册的"朋友"形成一种联系,订阅自己所需的信息,商家通过提供用户需要的信息,推广自己的产品,从而实现点对点的营销。微信营销主要体现在以安卓系统、苹果系统等的手机或者平板电脑中的移动客户端进行的区域定位营销,商家通过微信公众平台二次开发系统展示商家微官网、微会员、微推送、微支付、微活动、微 CRM、微统计、微库存、微促成、微提醒等,已经形成了一种主流的线上线下微信互动营销方式。

相较于以往的营销平台,微信有着自身独特的特点:(1)点对点精准营销:微信拥有庞大的用户群,借助移动终端、天然的社交和位置定位等优势,每个信息都是可以推送的,能够让每个个体都有机会接收到这个信息,继而帮助商家实现点对点精准化营销。(2)位置签名:商家可以利用"用户签名档"这个免费的广告位为自己做宣传,附近的微信用户就能看到商家的信息,如饿的神、K5 便利店等就采用了微信签名档的营销方式。用户可以通过扫描识别二维码身份来添加朋友、关注企业账号;企业则可以设定自己品牌的二维码,用折扣和优惠来吸引用户关注,开拓O2O的营销模式。

此外通过微信开放平台,应用开发者可以接入第三方应用,还可以将应用的LOGO放入微信附件栏,使用户可以方便地在会话中调用第三方应用进行内容选择与分享。如"美丽说"的用户可以将自己在"美丽说"中的内容分享到微信中,可以使一件"美丽说"的商品得到不断传播,进而实现口碑营销[35]。在微信公众平台上,每个人都可以用一个QQ号码,打造自己的微信公众账号,并在微信平台上实现和特定群体的文字、图片、语音的全方位沟通和互动。

微信的点对点产品形态注定了其能够通过互动的形式将普通关系发展成强关系,从而产生更大的价值。通过互动的形式与用户建立联系。互动就是聊天,可以解答疑惑,可以讲故事甚至可以"卖萌",用一切形式让企业与消费者形成朋友的关系,你不会相信陌生人,但是会信任你的"朋友"。

2011年1月21日,腾讯推出即时通信应用微信,支持发送语音短信、视频、图片和文字,可以群聊。时隔一年多的2012年3月29日,马化腾通过腾讯微博宣布其微信用户突破1亿大关,是新浪微博注册用户的1/3。在腾讯QQ邮箱、各种户外广告和旗下产品的不断宣传和推广下,微信的用户也在逐月增加。中国信息经济学会发布的《微信社会经济影响力研究报告》首次对微信在社会经济方面的价值进行了定性和定量分析。研究显示,微信在2014年一年中对信息消费的拉动达到952亿元,对就业的拉动达到1007万人,为中小微企业以及政务民生的应用创新提供了良好的平台(见图9-1)。

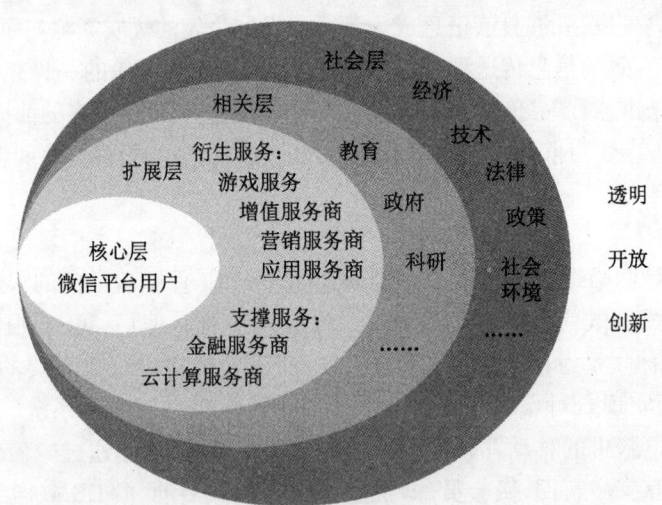

图9-1 微信平台的生态涟漪效应

资料来源:中国信息经济学会《微信社会经济影响力研究报告》。

微信逐渐显现对生活消费的拉动作用。尽管微信的商业化探索刚刚起步,但2014年微信直接带动的居民生活消费支出规模就已经达到110亿元。值得关注的是,由微信公众平台模式直接带动的居民消费支出已经达到44亿元,成为带动消费新的支撑点。未来这一领域还将有更加广泛的拓展和带动效益体现出来。根据《微信社会经济影响力研究报告》调研测算,近一年来微信带动的数据流量支出达867亿元,拉动三大运营商数据流量20%~25%的增长。调查者表示,微信的使用占据了智能手机使用的绝大部分时间,除了社交沟通以外,新闻、娱乐资讯的获取、转发、跳转大多是在微信平台上产生的。

微信已经成为中小企业信息化的重要渠道。微信公众平台账号的公司或机构的使用比例已经达到70%;其中,已经有53%的用户基于微信平台进行了信息化投入。微信也成为了重要的创业孵化平台,目前由微信带动的个体创业活动已经超过60万人。

微信致力于连接一切,打破时间和空间的限制,使得信息沟通无阻碍;同时,微信也是一个生态系统,每一个在微信平台上的个体用户、公司、组织都是这个生态的重要组成部分,繁荣共生,互利共赢。微信最终也将成为人与人、人与物、人与组织、人与社会的连接器,承载着我国社会经济的信息枢纽和转化的重要使命。

二、微博营销

微博营销是指通过微博平台为商家、个人等创造价值而执行的一种营销方式,也是指商家或个人通过微博平台发现并满足用户的各类需求的商业行为方式。微博营销以微博作为营销平台,每一个个体都是潜在营销对象,企业利用更新自己的微型博客向网友传播企业信息、产品信息,树立良好的企业形象和产品形象。每天更新内容可以跟大家交流互动,或者发布大家感兴趣的话题,这样来达到营销的目的,这样的方式就是新兴推出的微博营销。这种营销方式注重价值的传递、内容的互动、系统的布局、准确的定位,微博的火热发展也使得其营销效果尤为显著。微博营销涉及范围包括认证、有效粉丝、话题、名博、开放平台、整体运营等。自2012年12月后,新浪微博推出企业服务商平台,为企业在微博上进行营销提供一定帮助。微博营销是以传播学理论为基础,营销学经典理论与案例为指导,集成以往网络媒介营销手段的一种营销途径。但是微博营销依然表现出个性的特征。

微博具有媒体属性,是将信息广而告之的媒介,但是与其他媒体相比,微博注册免费、操作界面简洁、操作方法简易(所有操作基于信息发布、转发、评论),又有多媒体技术使信息呈现多样形式;而运营一个微博账号,不必花大价钱架构一个网站,不必有专业的计算机网络技术,也不需要专门拍一个广告,或向报纸、电视等媒体支付高额的时段广告费用等。充分利用微博的"自媒体"属性,做好"内容营销"即是微博营销的王道。[36]

社交媒体时代,传播强调人性化与个性化,"官方话"和"新闻稿"除了在严肃事件中扮演信用角色外,在这样一个社交与娱乐至上的场所就显得格格不入。企业用一个很人性化的方式去塑造一个自身的形象,不仅可以拉近和受众的距离,达到良好的营销效果,而且品牌的美誉度和忠诚度会大大提高。品牌拟人化,是指通过饱含个性、风趣、人情的语言,使品牌账号富有"人"的形态、性格与情感,真正与消费者互动,从而获得消费者的认可。这种认可不是传统的单纯的买卖关系,也不是粉丝的追捧,而更像是建立并维系一种"友情"关系。这样品牌的忠诚度和美誉度就很强,用户就会支持这个企业的产品,而且还会主动地参与到这个品牌的塑造过程中,微博就是实现口碑营销的绝佳途径。

2014年7月,中国互联网络信息中心第34次发布的《中国互联网络发展状况统计报告》显示,截至2014年6月,微博用户规模为2.75亿,活跃用户为1.2亿。其中,手机微博用户数为1.89亿,活跃用户为6766万。2014年8月15日,新浪公司及微博公司发布2014年第二季度财报。在IPO后的首个季度,微博的业绩表现非常强劲,取得了活跃用户及营收的双重增长。其中,净营收为7730万美元,较2013年同期大幅增长105%;微博月活跃用户数(MAU)于6月底达到1.565亿,较2013年同期增长30%;日活跃用户数(DAU)同比增长32%,达到6970万。新浪董事长兼CEO曹国伟表示,微博第二季度财务业绩优异,用户和流量稳固增长,在构建社交商务平台和向大品牌客户提供原生广告方面取得了重大进展。与此同时,新浪正在重新打造门户业务,利用品牌和媒体影响力把握移动和垂直领域机会,而且正在取得成效。

随着"微营销"时代的到来,各景区和主题公园不再满足于通过旅游电子商务平台进行吃、住、行、游、购、娱网上预订的营销模式,还纷纷搭建微博、微信等"微营销"平台,通过千万台手机向游客传递各具特色的旅游营销信息。不少旅游景区开通微博、微信,实时更新景区信息,充分发挥导航、导览、导游和导购功能;开展"扫一扫有惊喜"等微信活动,实行线上线下双轮驱动微营销,取得了花钱少影响大的营销效果。

第二节 春秋国旅

一、春秋国旅简介

上海春秋国际旅行社(集团)有限公司(以下简称春秋国旅)是春秋航空的母公司,成立于1981年,目前已拥有4000余名员工和导游,年营业收入60亿元,业务涉及旅游、航空、酒店预订、机票、会议、展览、商务、因私出入境、体育赛事等行业,是国际会议协会(ICCA)在中国旅行社中最早的会员,是第53、54、55届世界小姐大赛组委会指定接待单位,是世界顶级赛事F1赛车中国站的境内外门票代理。春秋国旅是上海市旅行社中唯一被授予著名商标的企业,也是中国第一家全资创办航空公司的旅行社。

1994年以来,春秋国旅经营中国公民境内旅游业绩显著,连续多年获国家旅游局排名的国内旅游全国第一名。春秋国旅是国内连锁经营、最多全资公司、最具规模的旅游批发商和包机批发商,在上海有50个连锁店,在北京、广州、西安、沈阳和三亚等31个国内大中城市设有全资公司,每个全资公司大都有2~10个连锁店,有"春之旅""中外宾客同车游""纯玩团""自由人""爸妈之旅"等多种特色旅游产品。同时,春秋国旅已经在美国、英国、泰国、德国、日本、澳大利亚和中国香港等7个国家和地区以及国内30多个大中城市设立分公司,形成了初具规模的"春秋联合体"。在江浙地区有400余个、全国有近2000个网络成员,分公司和网络成员之间使用春秋国旅自行研制开发的电脑系统销售春秋旅游产品,做到"散客天天发,一个人也能游天下"便利的散客即时预订服务。

2001年,春秋国旅包机3000余航次;2002年,包机近4000航次;2003年受非典影响,包机仍近4000架航次,上座率达99%。春秋国旅曾荣获2011年度"全国百强旅行社"综合第一名、国内游第一名,2011年度获"全国旅行社旅游包机20强"第一名;2012年度荣获全国百强旅行社第一名。2013年,春秋国旅入选上海企业100强(第53名)、上海民营企业100强(第12名)、上海服务企业50强(第26名)、上海民营服务业企业50强(第8名),并荣获上海市旅游系统先进集体等称号,在上海市旅游行业行风满意度测评中排名第一。[37]图9-2是春秋旅游主页界面。

图9-2 春秋旅游主页

资料来源:春秋旅游官方网站。

二、发展历史及现状

20世纪80年代,在国内旅游业为基础的前提下,上海春秋旅行社走出国门进一步开拓国际旅游业务。1987年,春秋国旅成为二类社,获准经营国际旅游业务,1992年春秋国旅成为一类社。1993年,春秋国旅在美国洛杉矶成立了美国分公司,打入美国主流市场,打破了"华资旅游公司在美没有成功的先例"的历史。经过10年多的拼搏,春秋国旅已经在美国洛杉矶地区站稳了脚跟,并在旧金山、纽约、休斯敦、西雅图、圣地亚哥等地设立了机票代售点,现已成为洛杉矶地区颇具规模的、招徕美国人到中国旅游的五大华人旅游公司之一。在美国分公司成功开办的基础上,春秋国旅相继在加拿大、泰国和香港地区开设了分公司。

1997年,春秋国旅把原票务部门扩建成了春秋票务中心,成为国际航协会员,经营国内外几十家航空公司全球航线的机票业务。票务中心设立了商务旅行管理部,为各类大中型企业提供全球饭店预订、国际国内机票预订等各项服务,取得了很好的效应。同年,春秋国旅建立了春秋会议展览服务有限责任公司,承办国内外各类会议、展览业务,提供会议策划、订房订票、会展布置、礼仪接待、广告宣传、口笔翻译和组织旅游观光等各项服务。

1998年,春秋国旅国内部门市员工率先使用由春秋国旅研发的NOVEL散客售票软件系统,告别了票板操作,在国内首创科技兴旅先河。接着,春秋国旅在国内率先实现旅游产品的标准化和实时化分销。

春秋旅游网是以春秋国旅为实体基础,以 Internet 技术为手段,整合公司实体资源优势,为客户提供方便快捷的度假、自由行产品、酒店等在线预订服务的电子商务网站。从 2000 年下半年起,春秋旅游网开始尝试电子商务运作模式,成立专门部门操作网上业务。经过一年多的探索,2002 年起,网上交易量开始迅速攀升,网站以订购旅游产品为主,兼营酒店和机票的预订业务。

2004 年 5 月,春秋旅游网尝试推出新型旅游预订模式——旅游电子票,即专门开辟出部分旅游线路,以"网上支付即可享受 30 至 500 元优惠"的做法来吸引游客网上订购旅游产品。此举旨在提供游客足不出户、从预订到支付的"一站式"旅游预订服务。同年 5 月 26 日,经国家民航总局批准,春秋航空注册资本 8000 万元人民币在上海正式筹建,以此全面打通旅游业上下游产业链,保障整个旅游业网络的顺畅,形成独一无二的春秋模式。2005 年 7 月 11 日,春秋旅游网(www.china-sss.com)与春秋航空网(www.air-spring.com)合二为一,成立春秋航空网,使用统一域名 www.china-sss.com。2007 年,春秋航空网的电子商务快速发展,入选 2007 年度"中国商业科技 100 强"。春秋航空网充分利用电子商务信息系统,提升核心竞争力,实现单机营运成本最低、收益率最高,网上 BTC 销售比例高达 70%。2011 年,春秋航空网分离为两网,分别使用 www.china-sss.com 与 www.springtour.com 域名,着力发展春秋廉价航空,力求上市。春秋航空定位于低成本航空的优势显现,2011 年、2012 年、2013 年客座率分别为 94.35%、94.11%、93.54%,高客座率为公司获得了起降费优惠,降低了单位成本。[38] 春秋航空自成立以来平均客座率保持在 95% 左右,在世界航空公司中排名前列,已经初步探索出适合中国的低成本航空发展的商业模式。

2014 年 3 月 1 日,春秋国旅旗下的春秋旅游网推出"超级预售"的旅游产品在线销售模式,其中部分国内、国外的产品在当天便销售告罄,引起同行热议。而吸引同行们关注的则是春秋旅游网为这次预售打出的广告语"不返现、不送券、纯让利,爽购这 7 天,一年不用上鞋城"(见图 9-3),直接叫板业内老大携程旅行网的"全球产品预售"。

图 9-3 春秋旅游广告

资料来源:春秋旅游官方网站。

从春秋旅游网预售产品页面来看,主要以国内及境外的机+酒自由行产品为主,采取低价策略,产品的售价较市场价低 25%。春秋旅游网预售模式更像是糅合了预售、限时特卖与定制化的尝试：在每月的第一周开始进行预售，预售结束后又用接近两周的时间，由用户选择最喜欢的旅行产品进行投票，投票结果将影响下期上架的预售产品，结果在月底发布。产品的设计过程中融合了用户互动元素。

春秋旅游网 2014 年 7 月 7 日推出全新自由行品牌——"行简住优"，该品牌融航空、旅游为一体，将最便宜的机票和最具特色与品质的目的地酒店打包出售。游客选择该类产品，就不必再连夜守候在电脑前等候廉价航空公司的特价机票，也不必在眼花缭乱的各类酒店中举棋不定，在旅游总预算不变的情况下，得到比同类产品更优质的旅行体验。

经过多年的筹备，春秋航空成功登陆 A 股市场，募集的资金将用来扩大机队规模，以进一步降低成本。对于未来，春秋国旅创始人王正华表示，除加密现有主要商务航线外，争取用三至五年时间，使航线网络基本覆盖国内所有主要城市，并进一步拓展港澳台和东北亚、东南亚等周边地区航线；争取 2015 年年末飞机数量较"十二五"初期大幅增长，达到 60 架，2018 年年末达到 100 架。

三、营销平台的利用

旅游微博营销作为一种新兴的营销手段，是旅游企业或者个人通过微博发表 140 字以内的旅游产品及相关信息，或者是在旅途中所见所闻的视频、文字、图片，实现即时分享、更新、参与话题讨论及与粉丝交流，从而达到营销的目的。

旅游微博不仅是销售旅游产品，也是旅行社品牌推广和舆情监测的最好工具。目前旅行社旅游微博营销的内容除了体现在旅游线路推广、旅游优惠活动、旅行社业务活动等以外，也出现了一些结合各自特点的新鲜元素。

春秋旅游网十分注重利用营销平台进行产品的推广，产品信息会同时发布到微博与微信上，很多是精心挑选的促销活动以及预售产品，吸引了大量粉丝。春秋旅游集团通过开通王正华董事长的官方微博、春秋航空官方微博和春秋旅游官方微博三大板块，有侧重地进行宣传和推广，形成很好的联动效应（见图 9-4）。丰富多彩的旅游

图 9-4　春秋旅游网微平台推广

资料来源：春秋旅游网官方网站。

微博不仅吸引了粉丝们的眼球,而且取得了很好的旅游产品推广效益,提升了旅行社的知名度。[39]

"活动＋奖品＋关注＋评论＋转发"是目前微博互动的主要方式。旅行社往往通过在旅游微博里策划一些有奖活动和流行话题来刺激粉丝们参与。2015年年初,春秋旅游网在微博上置顶的活动是:2015韩国购物季,即日至2015年2月15日关注@春秋旅游 @yourKoreaGrandSale@首尔攻略特丽笔_tripviseoul,转发本微博并@3好友,便有机会赢取韩国济州岛往返机票、乐天酒店高级商务套房等众多好礼。2015韩国购物季特别主题周产品有50%～70%的折扣优惠,并有免费优惠券(见图9－5)。此外,春秋旅游网还利用新浪微博发私信的功能除了给忠诚度高的粉丝们推介精彩的旅游线路和优惠活动外,还为粉丝出谋划策。无论是有奖活动还是私信,这些都能增强旅行社与粉丝间的互动性及黏性。

图9－5　春秋旅游网官方微博及推广活动
资料来源:春秋旅游网官方微博。

随着移动互联网技术的日臻完善,移动平台销售越来越呈现出一个鲜明的市场趋势,成为诸多航空公司、在线旅游公司的必争之地。其中,除了推出IOS、安卓、windows平台的移动客户端外,微信作为几乎打通所有智慧手机平台的新领域,几乎可以成为航空公司沟通中国内地消费者的另一个直销平台。

在微信公众平台中,通过关注和信息推送,企业不仅可以向其用户推送相关产品及活动信息,还可以建立自己的用户数据库,使微信成为有效的用户关系管理(CRM)系统。企业可以通过用户分组和地域控制,针对用户特点,将信息精准推送至目标用户。这能保证用户完全接收到企业推送的信息。由于用户是主动关注的,当接收到来自企业官方微信的信息时,他们能有效地关注所接收的信息。

2013年3月,春秋航空就已率先试行了"微信订票"服务,同年5月又升级为2.0版,推出了自助式菜单。旅客只需打开春秋航空的官方微信,页面底层会出现机票预订、会员中心、客户服务等3个菜单;点选机票预订一栏,又会出现机票预订、订单查询、航班动态,近似于一个移动APP。作为直销比例达90%以上的低成本航空公司春秋航空来说,继互联网之后,微信无疑被看作是移动互联网中的下一个可以直达旅客的机票直销平台。2013年7月,春秋航空官方微信悄然变身,不仅推出自助菜单,同时还推出会员绑定功能,积分消费等一系列功能也将接踵而至。

自助式菜单的出现,意味着春秋航空打通了微信、自身 WAP 网站,重塑了一个适应于多平台的移动客户端。这更为下一步春秋航空的微信平台发展奠定了基础。未来,移动网页上实现的功能可以轻松链接至微信,从而让微信拥有更多丰富的功能。目前,手机注册用户已占到春秋航空用户总量的 35.8%,越来越多的旅客喜欢通过新浪微博、微信等了解航空公司的最新信息;同时,伴随微信的进一步开发,旅客更加喜欢通过微信、移动客户端查询航班、预订机票。

2013 年,春秋航空在微信平台推出 0 元自由飞的抢购活动,此次活动持续 3 天时间;同时,这一活动还带动了手机客户端正常机票销售,当日销售量提高约 25%。微信促销,已经实实在在让航空公司尝到了甜头。然而,微信平台并不仅仅局限于一个销售平台,它同样是一个服务平台。春秋航空通过 IT 技术开发实现了系统自动回复功能,从上线至今,平均每天回复约 1500 条,其中,关于特价查询的占比超过六成,客户服务占比也接近 13%。移动平台销售将掀起下一个航空公司竞争的浪潮,未来春秋航空还将继续加大微信的科技投入,提供更多的增值服务。

第三节　众信旅游

一、众信旅游简介

北京众信国际旅行社股份有限公司(以下简称众信旅游)是经国家旅游局、北京市工商行政管理局批准设立的具有独立法人资格的股份制企业,注册资本 5829 万元,特许经营中国公民出境、入境、国内旅游业务。2014 年 1 月 23 日,众信旅游在深圳证券交易所挂牌上市,成为 A 股市场上首家民营旅行社上市公司。众信旅游主页见图 9-6。

图 9-6　众信旅游主页

资料来源:众信旅游官方网站。

众信旅游主要经营出境游批发、零售和商务会奖旅游业务,总部设在北京,并在上海、成都、沈阳、哈尔滨、西安、武汉、厦门、天津、重庆、杭州设有分公司。众信旅游旗下的众信旅游网作为专业的旅行服务电子商务网站,为旅游者提供团队游、自由行、酒店预订、签证服务、会员服务等一站式全方位的旅游服务。众信旅游是中国旅行社协会、北京市旅游行业协会、亚太旅游协会(PATA)、国际航空运输协会(IATA)会员;2007年底众信旅游通过了ISO9001质量管理体系认证;2011年在国家旅游局公布的全国百强旅行社排名中,众信旅游位列第四,全国出境游十强旅行社中位列第二,全国利税十强旅行社中位列第五;2012年在国家旅游局公布的全国百强旅行社排名中,众信旅游位列第四,全国税收十强旅行社中位列第三;2013年众信旅游被北京市旅游发展委员会评为北京市5A级旅行社,北京市旅游发展委员会、北京市人力资源和社会保障局授予众信旅游"第十四届首都旅游紫禁杯先进集体奖"。

近年来,众信旅游坚持实施"批发零售一体、线上线下结合"的发展战略,一方面巩固扩大出境游批发业务,建立了基本覆盖全国的旅行社代理商网络,目前已拥有近2000家代理商;另一方面,积极拓展出境游零售业务,建立了众信旅游网站和呼叫中心。截至2014年1月,众信旅游拥有实体门店36家,其中北京34家,天津2家,形成了基本覆盖北京市的门店网络。同时,通过众信会员俱乐部,为会员提供差异化、贴心的服务,众信旅游拥有大批忠实稳定的客户群。此外,众信旅游还与银行、保险公司等大客户开展了灵活多样的产品及渠道营销合作[40]。

二、发展历史及现状

1992年众信天下成立,主营业务为国内旅游服务。2002年,众信天下获得出境旅游经营权。2005年"众信天下"正式更名为众信旅游,开始从事欧洲等长线出境游目的地的批发业务。作为资源的整合者,众信旅游起初的商业模式很简单:采购旅游接待服务及机票、酒店、交通运输等单项服务,然后进行旅游产品设计,最后自行或者通过代理商销售给目标客户。2006年,众信旅游以邮轮和海岛为主题进军东南亚出境市场。2007年,众信旅游开始实施"批发零售一体,线上线下结合"的发展战略,拓展出境游零售业务。2008年,众信旅游完成公司股份制改造,北京众信国际旅行社有限公司正式更名为北京众信国际旅行社股份有限公司。2013年,北京市场以外的第一家零售门店——众信旅游天津总店开业。2014年1月23日,众信旅游在深圳证券交易所挂牌上市,成为A股市场首家民营旅行社上市公司。2014年12月11日,中国旅游研究院与中国旅游协会联合发布了2014年中国旅游集团20强排行榜,众信旅游首次入围中国旅游集团20强。

自2007年调整发展战略之后,众信旅游一方面巩固扩大出境游批发业务,建立了基本覆盖全国的旅行社代理商网络;另一方面建立了包括众信旅游网站、呼叫中心、零售门店、会员俱乐部、大客户合作推广等零售渠道,越来越多的消费者认识了众信旅游这个品牌。

作为民营旅行社A股市场上市第一股,众信旅游于2014年4月3日发布了上市后第一份年度业绩报告。众信旅游2013年年度报告显示:2013年实现营业总收入30.05亿元,比2012年增长39.78%;实现归属于上市公司股东的净利润8746.88万元,比上年增长41.53%;2013年通过网站及呼叫中心等线上销售渠道实现营业额1.8亿元,比2012年增长47.67%,占总营收的比重为5.99%。

年报显示,2013年众信旅游营业收入较上年增长了39.78%,主要是由于积极开发旅游新产品,努力拓展销售渠道,加大产品促销力度,业务持续稳定增长,致使收入较大幅度上升。作为众信旅游三大支柱业务的出境游批发、出境游零售、商务会奖旅游,在2013年收入均取得较大增长。其中出境游批发、零售的营收增幅均达40%以上,而商务会奖旅游增长幅度略低。出境游批发、零售业务在总营收中的占比进一步提升。

众信旅游加快电子商务建设,结合出境游产品特点及公司的经营模式,建立了专业独立的电子商务运营体系,完善并扩充现有电子商务平台的模块与功能,形成包括网站、呼叫中心、分销系统、微信、APP、第三方交易平台等在内的B2B、B2C销售渠道;大力加强网站的外地分站建设,实施平台化拓展;通过自建或其他适当方式,实现基于移动互联网的业务流程优化和移动电子商务;充分利用主流在线交易平台的优势,提升公司品牌价值,扩大产品销售,最终实现线上线下相结合的O2O模式。

三、主要产品

众信旅游成立初期,只做旅游批发商,并不做面向消费者的零售业务。众信旅游通过大批量采购机票、酒店和景区门票,加上预订时间大大提前,能够以更低的价格将上游资源采集回来,然后组合成十日欧洲游之类的产品;核算成本后,加一部分价格卖给各大旅行社,赚取差价。随着出境旅游的发展,消费者的需求越来越个性化,合作方提供的资源往往满足不了旅行社的需求,于是旅行社倾向于找更多批发商或者选择自己向上游发展,也开始与酒店、景区直接合作。于是,众信旅游开始进军零售业务,并成立在线销售平台,从旅游批发商转变为面向消费者的旅行社。如今,众信旅游的主营业务包括三大类:出境批发业务、出境零售业务和商务会奖旅游。根据最近发布的财报显示,这三类业务对收入的贡献分别为57%、24%、19%。

众信旅游一直坚持专业的出境游运营商定位,坚持实施现有发展战略,突出主营业务,加强对出境游产业链各环节的整合和控制,在资源采购、产品研发、销售推广、团队运作和内部管理等环节上不断提高专业水平,满足客户需要,为消费者提供专业的一站式全方位服务。此外众信旅游拥有自己的机票代理资质,并与国内、国际50多家航空公司建立了长期紧密的合作关系,是多家航空公司的A类客户。不管是国际航班、国际国内联运航班,还是国际联运航班,众信旅游都能在很短时间内提出机票配置的最优解决方案。

目前众信旅游与全球各大洲90多个国家和地区的400多个地接社通过签订协议等方式建立了合作关系,是400多个地接社的重要客户。众信旅游并视情况直接与境外酒店、餐厅、旅游车公司、景区联系,定期进行供应商筛选。此外,众信旅游取得了欧洲铁路、德国铁路、日本北海道铁路在中国的票务代理权,是上述供应商在中国的核心代理商之一。众信旅游是皇家加勒比、歌诗达、MSC、丽星、诗丽雅等世界知名邮轮公司在中国的重要代理商。

众信旅游之所以能在与大型国营旅行集团竞争中获得高速发展,在于选择了一条差异化道路。众信旅游将自身定位为专业的出境游运营商,并从出境游批发商逐渐向批发、零售一体化发展,积极实施"批发零售一体,线上线下结合"的发展战略。

在国内旅行社经营同质化较为普遍情况下,众信旅游走出了一条独特发展道路,并在出境游资源整合、产品研发、客户三大方面建立了优势。首先,众信旅游实施集中采购、远期采购等政策,与上游供应商建立良好合作关系,在保证上游资源供应的同时,能够取得优惠价格,获得成本优势。其次,在旅游产品的设计上,众信旅游针对不同需求,最大限度发挥整合旅游产业链各供应商资源的优势;同时,众信旅游同全国近2000家代理商建立了长期稳定的合作关系。最后,商务会奖业务拥有联想、惠普、工行、平安、VISA等多家知名客户。基本形成了"批发、零售、商务会奖业务互相促进、协同发展"的业务格局。[41]

近年来,随着大众化旅游市场竞争加剧,越来越多的个人、家庭、企业、社会组织团体开始追求高品质旅行生活,一些专业化旅行社开始瞄准高端旅游市场业务。如中青旅的耀悦、携程旅行网的鸿鹄一游、首旅的诺金旅行等。面对越来越多高端旅游品牌出现,众信旅游发布了"奇迹旅行"高端旅游品牌,一方面是针对目标人群的特定出游需求,另一方面是将高端旅游资源进行整合,为特定人群构建一个高端旅行平台。"奇迹旅行"产品主要有探险、极致奢华、人生以及摄影四类定制化旅游产品。

在众信旅游试水高端定制游市场的同时,2014年8月,众信旅游与旅游卫视展开合作,入股旅游卫视旗下一家"T2O"(television to online)模式旅游公司"年假旅行",成为其股东之一。观众在旅游卫视中看到的旅游节目,都能在"年假旅行"APP上找到相应的旅游产品。据称,"年假旅行"的目标是三年内将旅游卫视所有的节目实现T2O。这实际上也可看作是"将旅游节目变为旅游产品的体验展示平台"。

四、众信旅游"微营销"

随着互联网的发展,各类旅游网站做平台可以集合各个旅行社种类繁多的产品;随着第三方支付环境的成熟和消费者习惯的改变,出境游的线上订单开始增加。互联网对众信旅游的冲击表现在两方面:一是各类在线旅游网站的兴起,以往依靠旅行社才能出境游的团体或个人,可以在一个信息越来越透明的环境中选择自由行;二是通过网上预订出境游的消费者越来越多,这在某种程度上增加了众信旅游的业务量,但高昂的渠道成本正在不断削减毛利率。

互联网能够提供流量和渠道吸引消费者却没有足够多样化的产品,而传统旅行社制造产品的能力优秀但到达消费者的流量成本却越来越高,全产业链条的打通或许正是传统旅行社与互联网各自的机会所在,这需要上游采购、产品设计以及渠道等众多环节的无缝配合。众信旅游很早就成立了自己的电子商务网站,拥有自行研发的以

ERP系统为核心,由众信旅游网、B2B分销平台和呼叫中心等部分组成的线上电子商务平台,也有自己的移动APP和技术团队,初步形成线下实体营销网络和线上电子商务相结合的O2O业务模式。

目前众多旅行社都开通了自己的官方微博与微信公众账号,旅游行业间的营销拉锯战也因此日趋多元化、白热化。2012年新浪官方@风云榜评选的2012新浪微博影响力榜企业类中,众信旅游官方微博凭借其在新浪微博上的传播力、活跃度和覆盖度名列百强榜单第三位,充分彰显了旅游行业在"微营销"方面强大的影响力。

早在2010年,众信旅游就开始试水"微营销"模式。2010年2月,众信旅游官方微博在新浪微博正式开通。经过三年多的运营,在微博用户群中引起了广泛的影响,目前已经吸引了140余万微博粉丝的关注。除了发布最新旅游线路和活动信息外,众信旅游通过微博平台便捷地与粉丝进行互动交流。众信旅游官方微博信息发布频率密集、内容丰富,其中有奖互动环节、旅游趣闻等话题更是受到了用户的广泛转发和评论。[42]

随着微信在国内的发展愈演愈烈,众信旅游微信公共账号也于2012年10月正式开始运营,定期向微信粉丝推送众信旅游最新产品线路、微信独享优惠、旅游资讯等信息(见图9-7)。近期,众信旅游通过微博、微信等新兴媒体开展了"文明出游 我是榜样"大型系列活动,面向广大用户征集文明出游小知识,粉丝们反应热烈,同时也使得文明出游的理念在微博、微信等精准、直接的媒体平台上得到了最大化的宣传效果。

图9-7 众信旅游微信推广活动

资料来源:众信旅游官方网站。

在移动互联兴起的大背景下,"微时代"的全面到来给旅游业带来了新的机遇和挑战。借助新兴媒体的巨大影响力,众信旅游将继续坚持"线上线下结合"的发展策略,在发展线下直客事业的同时,大力构建全新的线上微营销网络,以更加精准的营销模式推进移动互联时代传统旅游业的变革,为广大用户提供无"微"不至的旅游服务。

第四节 凯撒旅游

一、凯撒旅游简介

德国凯撒旅游集团1993年创始于德国汉堡。北京凯撒国际旅行社有限公司(以下简称凯撒旅游)组建于2003年,经过近10多年稳健发展,凯撒旅游相继在伦敦、巴黎、汉堡、北京、广州、上海、沈阳和成都等全球口岸城市和核心商业城市设有10多个分支机构。凯撒旅游是中国旅行社协会会员、北京市旅游行业协会会员、亚太旅游组织成员,经营范围包括入境旅游、国内旅游、出境旅游、会奖旅游、旅游电子商务等(见图9-8)。凯撒旅游凭借其完善的服务体系、严谨的企业作风、时尚的品牌形象,成功跻身于中国百强国际旅行社之列,连续多次被《旅行社》杂志评为"年度最佳旅行社"。凯撒旅游曾多次被评为"中国出境游十大批发商",2008年,凯撒旅游凭借先进的运营模式、领先的产品理念、强大的市场占有率等,被北京市旅行社等级评定委员会评为5A级旅行社。

图9-8 凯撒旅游主页

资料来源:凯撒旅游官方网站。

凯撒旅游旗下拥有覆盖全球近100个国家、超过300种服务于不同人群的高端旅游产品。凯撒旅游经常以活跃的姿态、丰富的创意开展以旅游文化为核心的大型主题活动,如2009年,凯撒旅游联合旅游卫视推出"冲绳岛万人超级旅行团",2011年,联合瑞士国家旅游局、瑞士航空公司推出"万人游瑞士"大型暑期活动,凯撒旅游还是2009—2012年中国奥委会、中国体育代表团旅游服务供应商,2012年伦敦奥运会中国大陆地区独家票务代理。[43]

二、发展历史及现状

北京凯撒国际旅行社有限责任公司是 2003 年由德国凯撒旅游集团和保利集团联手对原有的保利旅行社进行重组并更名而来。由于德国凯撒旅游集团在欧洲有完善的旅游网络布局,因此,凯撒旅游在国内组团完毕之后,可以成功地转给欧洲本地旅行社。

在掌握整个旅游产业链之后,凯撒旅游实现了"包办全程",保证了服务的水准、并实现了有效的成本控制,毛利率达到 10% 以上,超过了行业平均水平。凯撒旅游在中国与欧洲市场上已经实现客源双向交互,既带中国人去欧洲旅游,又带欧洲人到中国旅游,双向包机连接顺畅尽量不放空,这样一来,运营成本又能大幅度降低。2003 年以来,凯撒旅游的平均复合增长率达到 50% 以上,2008 年实现 5 亿多元人民币的销售额。凯撒旅游最知名的产品是出境旅游中的"带中国人去欧洲"。凯撒旅游开始在北京市场拥有超过 40% 的市场份额,在全国市场拥有 17% 的市场份额。

2009 年新的《旅行社条例》实施,打破了对旅行社地域的限制,凯撒旅游开始向全国各地扩张。之前凯撒旅游在北京以外市场主要依靠遍布全国的 400 多个代理商,现在,凯撒旅游可以完善全国直营网点的布局,带更多的国内旅客去欧洲旅游。

2011 年底,海航旅业基本完成收购凯撒旅游。2012 年 2 月,凯撒旅游正式宣布引入海航旅业作为战略投资者。

2013 年,凯撒旅游与全球知名休闲旅游集团地中海俱乐部(Club Med)达成战略合作协议;2014 年双方进一步扩大了合作领域,携手进行市场营销以及合作推广等活动;与此同时,凯撒旅游还携手 Club Med 增加了"店中店",升级"店中店"经营模式,并涉及多个海岛游产品。

2014 年 5 月,凯撒旅游与中青旅签署合作协议,首次互相开放销售平台,共享部分优质旅游产品。游客在凯撒旅游、中青旅的直营连锁店、网站上,可以咨询、购买双方的旅游产品和线路。同年 7 月,凯撒旅游和天津渤海通汇货币兑换有限公司(以下简称通汇货币)联手在出境旅游服务领域推出重大举措,双方携手搭建国内退税"快速通道"。同年 7 月起,消费者可通过凯撒旅游在北京的 40 余家门店,递交有效退税单据,通过通汇货币可快速获取退税款。凯撒旅游与通汇货币搭建的退税"快速通道",将有效减少退税时间,避免丢单风险,实现了高效、安全的境外退税服务。[44]

三、主要产品

目前凯撒旅游的主要产品是:承办与中国公民有关的各项旅游业务,提供丰富多彩的旅游产品,包括观光旅游、休闲度假、蜜月旅游、健康老年旅游、中小学生夏令营等,同时还为不同的客人量身定做符合需求的旅游线路;为外国人来华旅游提供全面的接待服务,工作语言涉及英语、法语、德语、俄语、西班牙语等多种语言;组织接待特殊旅游、各种规模的国际会议,为来华商务客人安排各种商业旅行活动;为企业及用户量身定做个性化产品,提供完善的接待服务,包括设计独特的线路设计,机票、酒店预订以及顺畅的境内外交通安排,同时协助安排境外商务、贸易洽谈、各种会议等;为企业提供适合员工奖励制度需要的个性化产品,提供完善的接待服务,包括实现激励目标的独特线路设计,机票、酒店预订以及顺畅的境内外交通安排;提供全方位的境外培训、考察服务,培训、考察内容涉及宏观经济体制、人力资源开发、现代物流管理、城市规划、社会保障、警务系统规范化建设以及公司法规等。为中国政府行政机构、企事业单位赴境外的专业展览团及会议团组提供包括机票预订、酒店预订、订车等内容的一条龙服务,并为中国展商提供旅游咨询服务等。

近几年来,凯撒旅游根据市场需求,致力于主题旅游产品的开发和推广,如推出了欧洲蜜月产品"希腊爱琴海新娘",时尚音乐类产品"苏格兰音乐节"等。2013年,凯撒旅游推出的极点征途——"'50年胜利号'北极点19日巅峰破冰之旅",引起了众多喜爱探险、探秘梦想游客的极大兴趣。目前,能够参加南北极旅游的仍属小众,但是极地旅游市场前景十分广阔。凯撒旅游竞相推出南北极旅游产品,既是顺应旅游细分市场的趋势,也是对高端探险类旅游的一种尝试。2014年6月,凯撒旅游推出三大专业"徒步旅游"产品,精选亚洲、欧洲、美洲三条经典徒步线路,包括巴厘岛梯田火山人文徒步、法国勃朗峰大环线高山徒步以及美国西部国家公园大峡谷徒步。多元化的徒步方式为喜爱徒步旅游的中国游客提供更多选择。

四、凯撒旅游的"微时代"

伴随着微博、微信、微电影的快速发展,如今旅行社的广告投放不再局限于广播、报刊等传统形式;微博营销、微电影营销等新颖营销方式层出不穷,旅行社的产品营销将迎来全新的"微时代"。小到地方性景区宣传,大到国家级旅游推广,微信、微博、微电影等几乎已经成为目的地景点营销的最佳选择。旅游"微营销"受到了旅行社的重视,并成为其树立品牌形象与推广和销售产品的重要渠道之一。

"微营销"已经逐渐融入旅行社的整体营销体系。近几年,面对数亿人的微博用户量,微博营销成为时下最时尚、最具亲和力和影响力的网络营销方式。凯撒旅游从2010年2月就开通了官方微博,至今已汇集了60余万名粉丝。通过微博平台,凯撒旅游及时发布旅游信息,与粉丝分享旅游经历,进行各种互动活动。其中,优惠活动在微博中的影响力十分明显。2010年8月,凯撒旅游首次用微博平台发布了秒杀的活动信息,活动开始后15分钟,所有的秒杀名额一抢而空;2011年1月,凯撒旅游首次用微博平台发布了团购信息,活动开始后10分钟内,网购活动即宣告成功;2014年,凯撒旅游推出种类繁多的优惠活动,而微博发布成为营销的重要渠道,如"3999元玩转新加坡+民丹岛""马尔代夫天堂岛6日自由行8999元畅快出发""意大利8日印象之旅直降1500元"等。限时秒杀、超值团购等优惠活动吸引了大量网友的眼球,这些以"凯撒特惠"为标签的微博一发布就受到了众多网友的追捧。[45]

2012年,伴随微信的崛起,凯撒旅游开通了官方微信,主要推送各种活动以及产品等信息。借助微信平台,无论用户自主转发还是咨询信息都变得较为快捷、方便。据凯撒旅游工作人员介绍,官微上经常有粉丝咨询旅游相关信息。除了官方微博和微信,凯撒旅游也借鉴了微电影的传播方式。2013 年,凯撒旅游拍摄了纪念公司成立 20 周年的微型企业宣传片《我是谁》。在时长不到 7 分钟的宣传片中,融入了全球各地人文风光,并以一个个精彩的微故事,展现了凯撒旅游外勤、产品研发经理、旅游顾问、质量检查员、领队等岗位工作人员的工作状态。宣传片在凯撒旅游官网展示短短几日,点击量就突破上万人次。[46]

日前,凯撒旅游正式推出手机客户端,用户可随时随地进行热门旅游线路的查询和预订,这也是传统旅行社在移动客户端的尝试。凯撒旅游相关负责人表示,随着手机、互联网等电子设备的快速普及,人们的旅游消费模式出现了新的变化。

互联网已经成为游客收集旅游资讯的一个重要平台,旅游企业只有探索网络营销的新路,才能在现代旅游服务中拔得头筹。但是,传统的营销渠道仍然十分重要。虽然微博传播很迅速、受众人群也很庞大,可是也正因为信息的海量造成了微博上热点的短暂性,所以微博在打造企业的市场形象、维系市场上有一定的作用,但这种影响力目前仍需理性看待。

参考文献

[1] 李宏,杜江. 旅行社经营与管理[M]. 天津:南开大学出版社,2011.

[2] 中国旅游研究院. 中国旅行社产业发展报告 2014[M]. 北京:旅游教育出版社,2014.

[3] 线上线下融合是旅行社转型方向[EB/OL]. http://www.ce.cn/culture/gd/201409/15/t20140915_3538364.shtml. 2014 – 09 – 15.

[4] 旅游行业线上线下竞争激烈,传统旅行社亟须转型[EB/OL]. http://lxs.cncn.com/82993/n359187. 2014 – 04 – 04.

[5] 旅行社个性化服务和线上线下融合或成新趋势[EB/OL]. http://www.ctcnn.com/html/2014 – 02 – 26/308397551.htm.

[6] 大摩. 在线休闲游市场份额途牛直逼携程[EB/OL]. http://www.dotour.cn/article/11893.html. 2015 – 02 – 03.

[7] 旅行社线上运营艰难,精耕细分市场是王道[EB/OL]. http://www.traveldaily.cn/article/76457. 2013 – 12 – 18.

[8] 传统旅行社大佬谈变革之路[EB/OL]. http://www.dotour.cn/article/8635.html. 2014 – 07 – 31.

[9] 旅行社不应放弃本地服务的天然优势[EB/OL]. http://www.dotour.cn/article/6034.html. 2014 – 03 – 05.

[10] OTA 之辩:大部分在线旅行社还是新瓶装旧酒[EB/OL]. http://www.dotour.cn/article/5618.html. 2014 – 01 – 26.

[11] 传统旅行社的未来必须打破传统思维、方法和工具[EB/OL]. http://www.dotour.cn/article/5118.html. 2013 – 12 – 31.

[12] 把传统门店搬上网,中小旅行社如何走向在线营销[EB/OL]. http://www.

sootoo. com/content/429882. shtml. 2013 – 07 – 02.

[13] 遨游网 http://www.aoyou.com/.

[14] 遨游网发布2014年度中国游客行为报告[EB/OL]. http://www.dotour.cn/article/11451.html2015 – 01 – 06.

[15] 卢耀键. 浅析旅游电子商务与旅游营销[J]. 赤子,2014(4).

[16] 骆海菁. 在线旅游的未来和机遇[EB/OL]. http://ec.iresearch.cn/shopping/20130530/200893. shtml. 2013 – 5 – 30.

[17] 芒果网 http://www.mangocity.com/.

[18] 芒果网深耕自由行,全力打造一站式旅游平台[EB/OL]. http://www.traveldaily.cn/article/739482013 – 08 – 29.

[19] 芒果网在11月在线旅游酒店预订业务中排名第四[EB/OL]. http://www.traveldaily.cn/article/76336. 2013 – 12 – 13.

[20] 遨游、芒果网:8年未盈利的"名门之后"[EB/OL]. http://www.traveldaily.cn/article/79532. 2014 – 04 – 17.

[21] 卖芒果网获利4.2亿港元,香港中旅净利大增[EB/OL]. http://www.traveldaily.cn/article/83918. 2014 – 08 – 22.

[22] 国旅瞄准在线运营[EB/OL]. http://www.traveldaily.cn/article/19059. 2008 – 02 – 14.

[23] 国旅在线 http://aboutus.cits.cn/cits/about.htm.

[24] 周惠. 旅游电子商务企业在旅游营销上的模式创新[D]. 上海外国语大学. 2013.

[25] 途牛网 http://www.tuniu.com/corp/aboutus.shtml.

[26] 途牛增发背后:旅游市场厮杀下的抱团行动[EB/OL]. http://www.traveldaily.cn/article/87267. 2014 – 12 – 16.

[27] 途牛、携程、京东的同床异梦[EB/OL]. http://www.traveldaily.cn/article/87286. 2014 – 12 – 17.

[28] 途牛向上游资源渗透,开启全球采购和合作[EB/OL]. http://www.traveldaily.cn/article/86296. 2014 – 11 – 16.

[29] 携程旅游网 http://www.ctrip.com/.

[30] 携程:旅游年交易额破百亿超途牛两倍,增速达50%[EB/OL]. http://www.dotour.cn/article/11904.html. 2015 – 02 – 04.

[31] 专访姚海川:2015年携程景酒以7倍增长走向国际化平台化[EB/OL]. http://www.dotour.cn/article/11599.html. 2015 – 01 – 13.

[32] 阿里旅行·去啊 http://www.alitrip.com/? spm = 181.7091613.a1z68.1.5JyC78.

[33] 淘宝旅游变身"去啊" 四巨头角逐在线旅游[EB/OL]. http://tech.21cbh.com/2014/10 – 29/1NMDA0MTVfMTMyODc1NA.html. 2014 – 10 – 29.

[34] 阿里旅行培训中心 http://peixun.trip.taobao.com/? spm = 0.0.0.0.eb1dBi.

[35] 王尚坤,赵洁,马爱萍. 基于网络的旅游营销新方式[M]//中国旅游研究院.

2014中国旅游科学年会论文集.2014.

[36]张翠苹.旅行社旅游微博营销的思路[J].今日科苑,2011(24).

[37]春秋旅游 http://help.ch.com/Static/SpringAirlines.shtml.

[38]冉祥云.上海春秋国际旅行社品牌战略研究[D].吉林大学,2008.

[39]张海花.基于价值链的"上海春秋"发展模式[J].合作经济与科技,2013(2).

[40]众信旅游 http://www.utourworld.com/aboutus/.

[41]众信旅游在线营收占比5.99%通过投资并购能否快速互联网化?[EB/OL].http://travel.sohu.com/20140404/n397770018.shtml.2014-04-04.

[42]众信旅游微信活动 http://www.utourworld.com/zhuanti/wx_sumei/wx_sumei.htm.

[43]凯撒旅游 http://about.caissa.com.cn/corp/.

[44]旅行社"线上""线下"齐发力 多渠道营销模式服务不同客户群[EB/OL].http://about.caissa.com.cn/20141107/38693.shtml2014-11-07.

[45]旅行社扎堆微博发布优惠信息,微博成为旅行社营销重要渠道[EB/OL].http://about.caissa.com.cn/20141018/37854.shtml.2014-10-18.

[46]旅游广告投放呈现多样化,旅游产品营销将迎来"微时代"[EB/OL].http://about.caissa.com.cn/20130723/274130.shtml.2013-07-23.

附录
企业发展历史大事记

遨游网

2005年5月31日,遨游网首版网站正式上线,定位于休闲游在线服务商。

2006年12月,遨游网上海站正式上线。

2007年8月,遨游网与中青旅官网合并,定位为"专业度假网站与在线旅游一线品牌"。

2010年10月1日,遨游网成立事业部,正式独立运营。

2011年2月,遨游网的宣传语确定为"度假就上遨游网"。

2014年8月,遨游网发布"遨游旅行"APP3.0最新版。"遨游旅行"3.0的上线,标志着中青旅移动互联布局迈出了重要的一步。

2014年9月,遨游网定制频道正式上线,两个月期间该频道带来订单金额超过300万元。

芒果网

2006年12月31日,经深圳市科技和信息局组织评审,芒果网、比亚迪电子、赛格网络等69家企业为2006年度第12批深圳市高新技术企业。深圳市科技和信息局在其网站上公示了评审结果。

2007年1月1日,《北京晨报》将"2006年最佳合作创新奖"颁发给了旅游电子商务平台中具有突出代表性的新生力量——芒果网。

2007年1月19日,芒果网以领先网络旅游的概念荣获了"2006互联网年度十大创新商业模式大奖"。

2007年10月12日,由香港客户中心协会主办的"第8届香港客户中心协会年奖"在香港举行了隆重的颁奖典礼,芒果网荣获了"最佳海外对内客户中心"铜奖。

2008年3月20日,国务院国资委在北京召开"优质服务年"活动表彰大会,芒果网客服中心客户关怀组荣获国资委2007年"优质服务年"先进单位称号,旅游顾问徐思愉荣获国资委2007年"优质服务年"先进个人称号。

2009年3月,芒果网正式宣布完成对易休旅行网的收购和业务整合,并在此基础上推出全新品牌"青芒果旅行网",该品牌是全国首家以年轻驴友、背包一族为对象的即时预订在线网站。

2009年4月23日,在中国信息化推进联盟客户关系管理专业委员会主办的"2009年中国最佳呼叫中心系列奖项评选活动"中,芒果网客户服务中心荣获了"2009年中国最佳呼叫中心"称号。

2011年1月,芒果网与澳大利亚旅游局签署战略合作协议,开辟澳洲自由行之旅。

2013年7月,在北京召开的中国网络营销大会上,芒果网"中国旅行达人"活动品牌营销案例荣获"今典"年度最佳创新营销案例奖,这也是芒果网连续两次获得"今典"奖。

2013年3月,青芒果网完成A轮融资,同时,正式从芒果网分拆出去。

2014年3月,港中旅集团从港中旅在线全资回购芒果网。

2014年4月29日,港中旅集团发布公告称,把旗下的芒果网(投资)有限公司以6.02亿元的价格出售给港中旅集团的全资附属公司DeanSuccessLimited。

国旅在线

1954年4月15日,在周恩来总理的亲自关怀下,中国国际旅行社总社在北京正式成立。同年,在上海、天津、广州等12个城市成立了分支社。

1957年底,国旅总社在全国各主要大中城市设立19个分支社,国旅的接待业务网络初步形成。这一时期主要以政治接待任务为主。

1964年7月,中国旅行游览事业管理局(国家旅游局的前身)成立,中国旅游业的管理体制进入了一个新的时期。这个时期实行的是政企合一的体制,国家旅游局和国旅总社是"两块牌子,一套人马"。

1982年,国旅总社与国家旅游局开始按"政企分开"的原则,分署办公和经营。

1984年,国家旅游局批准国旅总社为企业单位。从此,国旅总社从归口外事工作转为独立经营、自负盈亏的大型旅游企业。

1989年,国家旅游局批准中国国际旅行社集团成立。

1992年,国家经贸委批复同意成立中国国际旅行社集团,国旅总社为集团核心企业。

1994年,国旅总社被国务院列为"百户现代企业制度试点企业"。

1998年,国旅总社被列入520家国家重点企业。

1998年底,国旅总社与国家旅游局脱钩,成为中央直接管理的企业。

2000年,国旅总社通过ISO9001国际质量体系认证,并加入世界旅游组织(WTO)。

2001年,国旅总社被国家统计局列入"中国企业500强"(第219名),旅游业第1名,并分别进入营业收入增长率、利润增长率、人均营收、人均利润前100名。

2002年,国旅总社被国家统计局列入"中国企业500强"(第243名),旅游业第1名。

2003年,国旅总社成为国有资产监督管理委员会管理的中央企业。

2004年,在世界品牌实验室(WBL)和世界经济论坛(WEF)举办的"2004年世界品牌大会"暨"中国500最具价值品牌"评选中,国旅品牌名列第53名,旅游服务类第1名,品牌价值达88.81亿元。

2006年,在美国纽约举行的由美国《蒙代尔》杂志社举办的"全球企业领袖年会"和"蒙代尔全球旅游业500强颁奖典礼"活动评选中,国旅总社进入"2006年蒙代尔全球旅游业500强"之列。

2007年,国旅总社荣获北京市首批5A级国际旅行社。

2008年,国旅总社作为北京奥组委唯一官方旅游供应商,作为进驻奥运村、奥运会总部饭店的唯一一家旅行社企业,圆满完成了包括资格赛、火炬传递在内的各项重大任务。

2009年,包括旅游、免税两大板块的旅游业龙头企业——中国国旅股份有限公司,成功登陆A股市场。

2010年,国旅总社与上海世博会官方紧密合作,成功组织了世博联盟,为上海世博会举行提供了巨大的支持。

2014年,根据2014年《中国500最具价值品牌》排行榜,"国旅·CITS"以355.39亿元的品牌价值再攀新高,连续11年在旅游服务类品牌中位居第一。

途牛旅游网

2009年3月,途牛旅游网宣布完成数百万美金的A轮融资。

2009年9月,途牛旅游网新版论坛成功上线。

2009年10月,途牛旅游网度假酒店产品线上线。

2009年11月,途牛旅游网成功获选"2009 Red Herring亚洲科技创新公司100强企业"。

2010年1月,途牛旅游网全面启动"7×24小时全天候服务"。
2010年2月,途牛旅游网荣登"2009电子商务风云榜"。
2010年5月,途牛旅游网荣获"企业信用评价AAA级信用企业"称号。
2011年4月,途牛旅游网景区门票频道正式上线。
2011年4月,途牛旅游网完成由红杉资本、乐天集团、DCM、高原资本等联合投资的约5000万美元C轮融资。
2011年6月,途牛旅游网度假酒店频道正式上线。
2011年9月,途牛旅游网与建设银行联合推出首张纯旅游类银行联名卡——途牛旅游龙卡。
2011年11月,途牛旅游网5周年系列活动启动。
2011年11月,途牛旅游网推出全新的iPhone、Android途牛手机客户端。
2011年12月,途牛旅游网荣获"在线旅游度假产品预订网站"称号。
2012年3月,途牛旅游网获"英国旅游专家旅行社"称号。
2012年4月,途牛旅游网入选"2012加拿大优先合作旅行社"。
2012年6月,途牛旅游网获"最具活力互联网企业"奖。
2012年6月,途牛旅游网获"2012中国消费市场最具影响力品牌"成长潜力奖。
2012年8月,途牛旅游网获"年度最受欢迎旅游类商城"称号。
2012年9月,途牛旅游网通过ISO9001质量管理体系认证。
2012年12月,途牛旅游网获"2012年度第11届中国企业成长百强"亚军殊荣。
2012年12月,途牛旅游网获"第三届中国休闲创新奖——休闲创新卓越贡献奖"。
2013年1月,途牛旅游网荣获"第三届中国休闲创新奖——休闲创新卓越贡献奖"。
2013年1月,途牛旅游网获"中国年度最佳雇主(2012)"殊荣。
2013年3月,途牛旅游网被评为"南京市商务工作优秀企业"。
2013年4月,途牛旅游网荣获"中国出境游最佳在线旅行社"奖。
2013年4月,途牛旅游网荣获金远奖"最具品牌突破力企业"奖。
2013年6月,途牛旅游网获评南京市著名商标。
2013年8月,途牛旅游网荣获"江苏省著名商标"铜牌。
2013年10月,途牛旅游网荣获"Top Agent Award 2013—2013"奖。
2013年10月,途牛旅游网荣获5A旅行社。
2013年11月,途牛旅游网荣获2013年度十佳企业官方微博荣誉证书。
2013年12月,途牛旅游网荣获"2013年度十一黄金周10大国内游线路"。

携程旅行网

1999年10月,携程旅行网酒店预订量创国内酒店分销业榜首。
2002年3月,携程旅行网当月交易额首次突破1亿元人民币。
2003年10月,携程旅行网推出全新360°度假超市,首推休闲度假旅游概念。
2004年10月,携程旅行网建成国内首个国际机票在线预订平台。

2007年6月,携程大学成立。
2007年11月,携程旅行网英文网站全新上线。
2008年12月,携程旅行网推出国内首个航意险保单销售网络平台。
2009年2月,携程旅行网推出"自由·机+酒"产品。
2010年3月,"携程无线"手机网站正式上线。
2010年10月,携程旅行网入围2010中国旅游集团20强。
2011年9月,携程旅行网"惠选酒店"频道正式上线。
2012年2月,携程旅行网发布中国首个顶级旅游品牌——"鸿鹄逸游"。
2012年8月,携程旅行网海外酒店预订新平台上线。
2014年1月,携程旅行网旗下的HHtravel携手梅赛德斯·奔驰进军旅游产业。
2014年4月,携程旅行网向同程旅游网投资2亿美元。
2014年4月,携程旅行网发布"景+酒"套餐。

阿里旅行·去啊

2010年5月,淘宝旅行平台正式推出,整合了国内机票资源,推出国内机票订购。

2010年9月,淘宝旅行开始试运营酒店客栈业务;11月推出国际机票的订购,并携1.7万酒店客栈推出正式的客栈系统。

2011年4月12日,淘宝旅行尝试进入旅游团购市场,并于4月27日正式上线团购频道。

2011年8月15日,淘宝旅行推出淘宝旅行手机客户端,支持无线消费者通过客户端进行机票预订和信息查询。

2012年5月,淘宝旅行与丽江市人民政府合作,拉开了淘宝旅行反向团购的帷幕。

2012年下半年,携程旅行网、艺龙旅行网、同程旅游网三大在线旅游电商入驻淘宝旅行,淘宝旅行的市场地位进一步得到巩固。

2013年,贵州省旅游局与阿里巴巴集团合作搭建的淘宝旅行"多彩贵州旅游旗舰馆"在4月19日正式上线。

2014年10月淘宝旅行改版为阿里旅行·去啊,成功与1000多家企业建立合作伙伴关系。根据阿里旅行·去啊官方数据显示,"双11"当天度假产品成交超5亿元,机票成交超30万张,酒店客栈超15万间夜。

春秋旅游

1987年,春秋国旅成为二类社,获准经营国际旅游业务。

1992年,春秋国旅成为一类社。

1993年,春秋国旅在美国洛杉矶成立了美国分公司,打入美国主流市场,打破"华资旅游公司在美没有成功的先例"的历史。

1997年,春秋国旅把原票务部门扩建成了春秋票务中心,成为国际航协会员,经营国内外几十家航空公司在全球各条航线的机票业务。

1998年,春秋国旅国内部门市员工率先使用由春秋国旅自己研制开发的NOVEL散客售票软件系统,告别了票板操作,在国内首创科技兴旅先河。

2000年下半年起,春秋旅游网开始尝试电子商务运作模式,成立专门部门操作网上业务。

2002年起,春秋旅游网网上业务交易量开始迅速攀升,网站以旅游包装产品的订购为主,兼营宾馆和机票的预订业务。

2004年5月,春秋旅游网尝试推出新型旅游预订模式——旅游电子票,即专门开辟出部分旅游线路,以"网上支付即可享受30至500元优惠"的做法来吸引游客网上订购旅游产品。

2004年5月26日,经国家民航总局批准,春秋航空注册资本8000万元人民币在上海正式筹建,就此全面打通旅游业上下游产业链,保障整个旅游业网络的全面顺畅,形成独一无二的春秋模式。

2005年7月11日,春秋旅游网(www.china-sss.com)与春秋航空网(www.air-spring.com)合二为一,成立春秋航空网,对外使用统一域名:www.china-sss.com。

2007年,春秋航空网入选2007年度"中国商业科技100强",并且充分利用电子商务信息系统,提升核心竞争力,实现单机营运成本最低、收益率最高,网上BTC销售比例高达70%。

2011年,春秋航空网分为两网,分别使用www.china-sss.com与www.springtour.com的域名,着力发展春秋廉价航空,力求上市。春秋航空定位于低成本航空的优势显现。

2014年3月1日,春秋旅游国际旅行社集团旗下春秋旅游网推出"超级预售"旅游产品在线销售模式。

2014年7月7日,春秋旅游网推出全新自由行品牌——"行简住优",该品牌融航空、旅游为一体,将最便宜的机票和最具特色与品质的目的地酒店打包销售。

众信旅游

1992年众信天下成立,主营业务为国内旅游服务。

2002年,众信天下获得出境旅游经营权。

2005年,众信天下正式更名为众信国旅,开始从事欧洲等长线出境游目的地的批发业务;开展采购旅游接待服务及机票、酒店、交通运输等单项服务,然后进行旅游产品设计,最后自行或者通过代理商销售给目标客户。

2006年,众信旅游以邮轮和海岛为主题进军东南亚出境市场。

2007年,众信旅游开始实施"批发零售一体,线上线下结合"的发展战略,拓展出境游零售业务。

2008年,完成公司股份制改造,由"北京众信国际旅行社有限公司"正式更名为"北京众信国际旅行社股份有限公司"。

2013年,众信旅游北京市场以外的第一家零售门店——众信旅游天津总店开业。

2014年1月23日,众信旅游在深圳证券交易所挂牌上市,成为A股市场上首家民营旅行社上市公司。

2014年5月8日,众信旅游旗下高端旅行品牌"奇迹旅行"正式在京发布。"奇迹旅行"以"同趣者同聚,逐梦者逐行"为理念,构建高端旅行聚合平台,致力于打造极致旅行体验,其所属的"大旅行家俱乐部"同时成立。

2014年6月12日,众信旅游与中国国际旅行社总社有限公司在京签署战略合作协议,正式宣布达成战略合作伙伴关系,计划成立品质游自律联盟;并将联手推出中高端品牌——悦品汇,实行品质游产品的联合研发、联合采购、联合推广、联合销售。

2014年8月底,众信旅游正式宣布入股旅游卫视旗下的"年假旅行",共同打造全新的旅游行业T2O销售模式。与此同时,旅游卫视"年假旅行"APP也正式上线。

2014年9月12日,众信旅游宣布参与复星国际要约收购CLUBMED地中海俱乐部股权事项,此为众信旅游进入境外目的地资源市场的首次尝试。

2014年9月26日,众信旅游宣布与出境旅游行业领先批发商之一的竹园国旅进行资产重组。

2014年9月底,众信旅游注资控股北京乾坤运通商务咨询有限公司,开创了北京市旅游行业货币兑换业务的先河,为出境旅游者提供"一站式"服务;

2014年10月10日,国家旅游局下发《关于与旅游企业集团建立对口联系工作的通知》(旅办发〔2014〕186号),众信旅游成为国家旅游局对口联系旅行社。

2014年12月3日,众信旅游与悠哉旅游网宣布进行全面战略合作,众信旅游将对悠哉旅游网进行战略投资。

2014年12月10日,由旅游业权威杂志《旅行社》主办的2014年度旅行社行业颁奖盛典暨业界微电影节在京圆满落幕,众信旅游荣获2014年度最佳旅行社奖及欧洲线、澳新线、北美线、邮轮线、中国台湾线、北欧俄罗斯线、日韩线、南亚线9项大奖。

2014年12月11日,中国旅游研究院与中国旅游协会联合发布了2014年中国旅游集团20强排行榜,众信旅游首次入围中国旅游集团20强。

2014年12月16日,2014年度(第10届)出境游风云榜在京发榜,众信旅游再次拿下中国出境游十大运营商、十大邮轮专家旅行社,以及欧洲、北欧俄罗斯、澳新、中东非、北美、东南亚、海岛、日韩线路十大批发商和台湾线五大批发商共11项大奖,并获得"最佳旅游运营商"称号,公司董事长冯滨被评选为"年度最具影响力人物"。

2014年12月16日,"第四届中国—中东欧国家经贸论坛"在塞尔维亚首都贝尔格莱德举行,国务院总理李克强出席。众信旅游副总裁王春峰作为本次随团出访的唯一的旅行社代表出席了这届论坛,并在贸易及旅游合议分论坛上做了题为《中国出境旅游发展现状》的演讲。

2014年12月15日,众信旅游获得Club Med地中海俱乐部2014年度"卓越销售奖""最佳Club Med专家咨询点""MICE最佳销售奖""Club Med销售专家"四大奖项。

凯撒旅游

2003年,德国凯撒旅游集团和保利集团联手对原有的保利旅行社进行重组并更名为北京凯撒国际旅行社有限责任公司。

2008年,凯撒旅游实现5亿多元人民币的销售额。根据欧洲各国使馆统计的数据,凯撒旅游占据这个细分市场上的第一名,在北京市场拥有超过40%的市场份额,在全国市场拥有17%的市场份额。

2009年新的《旅行社条例》实施,打破了对旅行社地域的限制。凯撒旅游开始向全国各地扩张。凯撒旅游完善全国直营网点的布局,将带更多的国内旅客去欧洲旅游。

2011年底,海航旅业基本完成收购凯撒旅游。

2012年2月,凯撒旅游正式宣布引入海航集团作为公司的战略投资者。

2013年,全球知名休闲旅游集团地中海俱乐部(Club Med)与凯撒旅游达成战略合作协议,2014年双方进一步扩大合作领域,并携手进行市场营销以及合作推广等活动。与此同时,凯撒旅游还将携手Club Med增加"店中店",并升级"店中店"经营模式,提出"一价全包"式的度假理念,并涉及多个精致海岛游产品。

2014年5月,凯撒旅游与中青旅签署合作协议,首次互相开放销售平台,共享部分优质旅游产品。游客在凯撒旅游、中青旅的直营连锁店、网站上,可以咨询、购买双方的旅游产品和线路。

2014年7月,海航集团旗下两大企业——凯撒旅游和天津渤海通汇货币兑换有限公司在出境旅游服务领域推出重大举措,双方携手搭建国内退税"快速通道"。

第三篇
大型电商在线旅游发展态势篇

第十章　大型电商在线旅游总体发展态势

2014年全国在线旅游呈现四大发展趋势：
(1) 在线度假方兴未艾，高速增长；
(2) 移动互联时代，加速向移动端转移；
(3) 出境游高景气，周边游持续升温；
(4) 休闲游和深度体验游是大趋势。

2014年大型电商在在线旅游方面逐渐呈现BATX(百度、阿里巴巴、腾讯和携程)趋势(见图10-1)，携程旅行网将成为除了百度、阿里巴巴，腾讯之外的第四极，随着Priceline入股携程旅行网，携程旅行网快速站上100亿美元的体量，暂时摆脱了三大巨头BAT(百度、阿里巴巴、腾讯)的阴影，在旅游市场建立自己的独立生态体系。国

图10-1　BATX在线旅游布局趋势

图片来源：劲旅网：http://www.ctcnn.com/html/2014-11-07/17853969.html。

内在线旅游发展态势一年比一年好,各大型电商在在线旅游方面争奇斗艳,竞争日益激烈,优胜劣汰事件时常可见,合作与竞争并存。2014年国内在线旅游市场可以用风起云涌来形容,价格战、海报战、公关战、打官司,热闹非凡;并购、合作、竞争,所有这些变动对行业格局都产生了重大影响。

纵观2014年的在线旅游市场,尽管未来的格局目前还不太明朗,但是前景极为广阔是不言而喻的。业内人士分析认为,随着在线旅游攻略、旅游社区、移动旅游APP等全新商业模式的出现,旅游行业的交易规模有望在未来较长时间内保持年均10%以上的增长速度。本章将大型电商分为以百度、阿里巴巴、腾讯网购、京东商城为代表的综合型电商和以美团网、大众点评、拉手网和糯米网为代表的团购电商,主要介绍2014年各电商在新旅游中的新事件、新态势。

第一节 2014年大型电商在线旅游市场总体发展形势

2014年中国在线旅游市场交易规模达2772.9亿元,比2013年增长27.1%,增速保持稳定。艾瑞咨询认为,2014年中国在线旅游市场的稳定增长主要受机票、酒店、度假三大核心板块的利好发展驱动。2011—2018年中国在线旅游OTA市场营收规模及增速见图10-2。

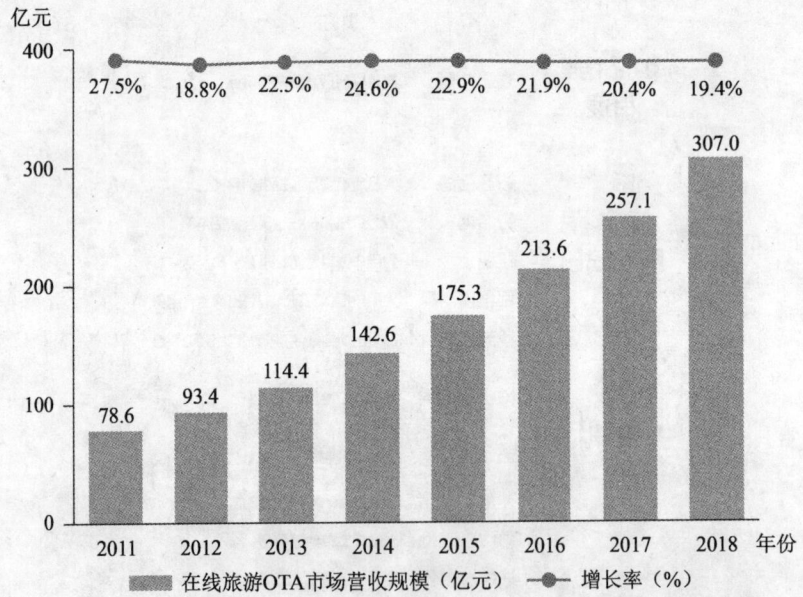

图10-2 2011—2018年中国在线旅游OTA市场营收规模及增速

注:①营收规模指在线旅游OTA企业佣金营收规模总和;②考虑到目前用户仍以电话预订为主,故该营收规模包括号码百事通、12580等电信旗下企业。

数据来源:环球旅讯 http://www.traveldaily.cn/article/88828。

从细分领域来看,机票是在线旅游市场中发展最成熟的领域,由于其基数较大,因此发展增速相对较慢；近两年国内休闲用途住宿需求逐渐释放，酒店市场持续火热，2014年中国在线酒店市场增速升至30%左右；度假是在线旅游行业中最热门、发展增速最快的板块，2014年在线度假市场规模突破400亿元，增速保持在40%以上。

BAT的强项在于线上资源，BAT（百度、阿里、腾讯）的用户群基本代表了国内互联网消费人群的总合。有分析指出，在线旅游"钱"景无限，BAT巨头们纷纷涌入，随着2014年6月京东商城宣布进军在线旅游市场以来，行业竞争已狼烟四起。还有业内人士表示，此次腾讯投资彰显其野心，其在目的地自助游领域已开始提前卡位。与此同时，BAT开始搅局在线旅游市场。如阿里巴巴在自建淘宝旅行的同时，投资了在路上网、穷游网、百程旅行网等多家不同领域的在线旅游网站；百度更是对在线旅游龙头去哪儿网进行战略投资；腾讯则通过股权收购形式进驻同程旅游网和艺龙旅行网。纵观目前的在线旅游市场，携程旅行网和途牛旅游网虽然占据了半壁江山，但是OTA以外的领域却早已被瓜分殆尽：百度旗下拥有去哪儿网、百度地图和百度旅游；阿里收购了高德地图、穷游网，还有自家的淘宝旅行以及游记类应用网站在路上；腾讯虽然起步较晚，却也入股了艺龙旅行网、同程旅游网和大众点评网等网站。2014年，BAT三驾马车第一次会聚商务租车市场，阿里的1号专车上线，腾讯的U优紧张筹备，传闻百度有意投资易到用车。

2014年阿里巴巴的阿里旅行·去啊所引发的海报大战，几乎撩动了整个互联网圈的企业。除了从淘宝旅行拆分出的阿里旅行·去啊，阿里巴巴还先后投资百程旅行网和石基信息，以及联合余额宝推出的"旅游宝"和海外交通卡，基本从IT基础服务、出境游、支付、交通全线进行了布局。

腾讯则先后投资了同程旅游网、我趣旅行和面包旅行，三者均未形成控股局面，和阿里巴巴自身及所投的逐渐平台化的同程旅游网和阿里旅行·去啊相像，我趣旅行和百程旅行网都做出境游。相比之下，百度堪称淡定，但收购携程旅行网的传言不止。2014年，BAT在在线旅游领域布局最多的是阿里巴巴，腾讯也在不同的细分领域进行了投资，而百度似乎在2014年并没有过多动作，京东商城则看好在线旅游业务，不断填充旅游产品，欲打造一站式服务平台。BAT等资金雄厚是其一，重要的是它们还能以自身流量、社交等优势给予支持。

第二节　百度进军在线旅游市场新动向

随着旅游目的地网络营销的兴起，谷歌、百度、必应、搜狗等一众搜索平台纷纷涉足旅游大数据分析，其中又以百度为急先锋，其对旅游业的大数据分析的范围之广、模式之多，即使是在BAT中也独领风骚。客观原因在于旅游是一种非常特殊的商品，移动的不是商品而是消费者，消费决策之前有一段信息搜索获取过程，搜索平台的性质决定了可以在这个过程中记录下旅游者的信息以获取行为数据。

百度利用搜索数据进行涉及旅游的大数据分析，相对较早的是"百度搜索风云榜"，以后的百度景区预测、百度城市预测以及相关的旅游大数据分析报告大体思路是一脉相承的,就是通过对网民关键词搜索、行为数据分析,以期得到旅游者的偏好、客源分布以及客源结构。理论上来说,在旅游冲动的激发、旅游信息的收集、旅游产品的预订、实际出游消费以及游后信息反馈的整个旅游信息链条中,百度搜索擅长于旅游信息的收集和旅游产品预订的前半段(产品搜索),随着移动互联网的兴起,百度也在尝试通过途径摸到实际出游消费阶段,比如说直达号。

一、为O2O寻找更多应用场景

2014年第二季度财报证实了移动时代百度的赢利能力,其移动营收占比30%,在研发成本攀高和360°威胁不减的情况下,这一点尤其亮眼。不过百度地图多年布局虽小有所成,但在阿里化的高德组成陆兆禧+俞永福的超级班底前,仍不免有所压力,何况弱势的百度钱包时时制约着百度的O2O野心,在LBS部门抢滩打车应用失败之后,百度转向商务租车市场也就顺理成章了。

百度地图的租车O2O现阶段重点关注商务租车模式,缺席打车应用1.0时代的百度企图直接升级到商务租车2.0的竞争中。在这个新战场上,百度的本地生活服务之前一直靠百度糯米撑场,但前有支付宝,后有微信支付,百度的O2O试验如果没有更多使用场景,没有移动支付的补贴支持,终将是镜花水月。来自百度的内部消息透露,李彦宏已经决定拿出12亿元巨资力推百度钱包。据说,百度钱包在寻求与租车公司的合作时,补贴的力度要远远超过当初的微信支付。

二、2014年百度投资的去哪儿网在线旅游态势

2014年10月,去哪儿网宣布和中信银行联合推出一款在线"存款证明",可免去用户出国旅游或者留学必须冻结一笔存款的烦恼。2014年8月6日去哪儿网推出"0元热门景区"的活动,加入暑期门票价格战局。

去哪儿网在2014在线旅行预订市场品牌渗透率很高。2014年在线旅行预订品牌渗透率方面,最高的是12306火车票官网,为50.2%。去哪儿网以24.8%的渗透率位居第二位。携程旅行网与去哪儿网的竞争呈胶着之势,以24.1%紧随其后。阿里旅行·去啊、同程旅游网和艺龙旅行网渗透率分别为17.2%、14.7%和11.2%,其他品牌的渗透率均不到10%(见图10-3)。

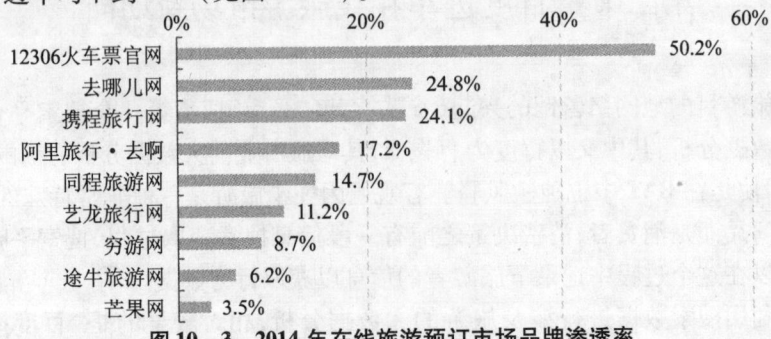

图10-3 2014年在线旅游预订市场品牌渗透率

数据来源:劲旅网 http://www.ctcnn.com/html/2015-02-03/15806959.html。

有去哪儿网的上乘表现,2014年百度在在线旅游领域并未有较大动作。

三、百度旅游新态势

根据劲旅咨询—劲旅智库对UGC(全称为User Generated Content,即用户生成内容)型在线旅游网站和产品监测结果显示,2014年10月份主要UGC型在线旅游网站和产品用户覆盖数排名前10位的依次是:蚂蜂窝、穷游网、百度旅游、到到网、携程攻略社区、游多多旅行网、十六番、一起游、互助网以及路趣网(见图10-4)。

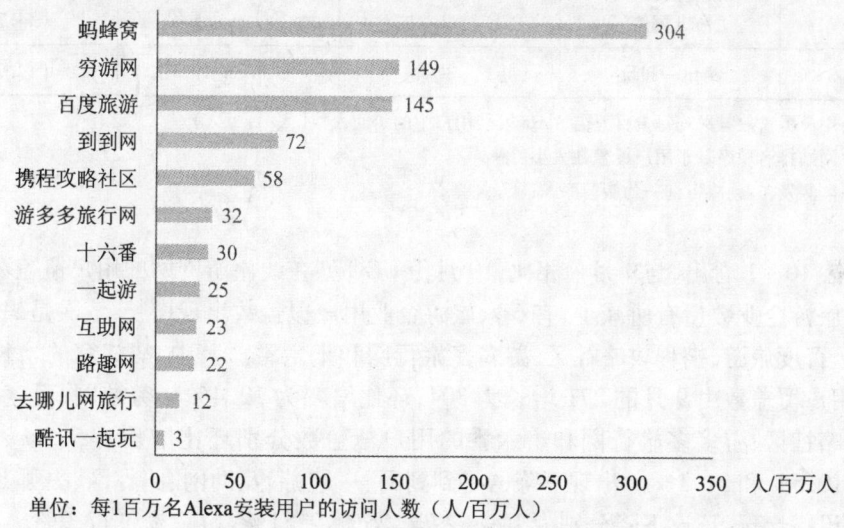

单位:每1百万名Alexa安装用户的访问人数(人/百万人)

图10-4　2014年10月份UGC型在线旅游网站用户覆盖数监测统计

注:因互联网用户媒体取向差异可能造成数据偏差,数据仅供参考。
数据来源:劲旅网 http://www.ctcnn.com/html/2014-11-17/11014415.html。

如表10-1所示,与9月份相比,10月份主要UGC型在线旅游网站用户覆盖数排名有明显变化。游多多旅行网和十六番与9月份相比,排名均上升三位,分别排在第六位与第七位;一起游、互助网以及路趣网排名均下降两位,分别排在第八位、第九位与第十位。其他网站排名均没有变化。

表10-1　2014年9月份、10月份UGC型在线旅游网站的用户覆盖数及变化

排名	网站	10月份覆盖数	9月份覆盖数	环比变化(%)
1	蚂蜂窝	304	271	↑12.4
2	穷游网	149	141	↑5.3
3	百度旅游	145	126	↑15.0
4	到到网	72	80	↓10.0
5	携程攻略社区	58	55	↑5.7
6	游多多旅行网	32	29	↑10.5

续表

排名	网站	10月份覆盖数	9月份覆盖数	环比变化(%)
7	十六番	30	23	↑31.1
8	一起游	25	35	↓29.0
9	互助网	23	30	↓25.0
10	路趣网	22	30	↓27.1
11	去哪儿网旅行	12	14	↓14.7
12	酷讯一起玩	3	4	↓17.9

注1：用户覆盖数＝平均每1百万名Alexa安装用户中的访问人数（人/百万人）。
注2：网站排名顺序基于用户覆盖数大小。
注3：监测发布：劲旅咨询—劲旅智库。

从表10-1看出，与9月份相比，10月份UGC型在线旅游网站的用户覆盖数出现增长的旅游企业数量有所减少，有6家旅游企业用户覆盖数出现增长，依次是蚂蜂窝、穷游网、百度旅游、携程攻略社区、游多多旅行网和十六番。其中，蚂蜂窝的增长幅度较大，用户覆盖数由9月的271增长为304，环比增幅为12.4%。穷游网、百度旅游、携程攻略社区、游多多旅行网和十六番的用户覆盖数分别环比增长了5.3%、15%、5.7%、10.5%和31.1%。出现下降的是到到网、一起游、互助网、路趣网、去哪儿网旅行和酷讯一起玩，环比下降分别为10%、29%、25%、27.1%、14.7%和17.9%。

随着在线旅游市场的快速发展，用户对旅游产品的需求也越来越细分化、个性化。与此同时，碎片化、移动化以及大数据正成为UGC型旅游网站的发展趋势。蚂蜂窝CEO陈罡表示，通过大数据挖掘，蚂蜂窝的多重旅游信息能够在PC端和移动端之间"穿梭"，网站就能依据用户的偏好对接个性化的旅行产品和服务。通过大数据挖掘的技术，蚂蜂窝与在路上均向消费者推出了"反向定制旅游"。在大数据时代，游客个性化旅游需求越发强烈，UGC旅游企业应在满足标准需求和提供个性化服务之间找到平衡点。

2014年9月30日，"巅峰百度旅游公共服务平台"发布，此平台是国内首个旅游大数据预测平台，只需导入特定数据量的历史数据并提交预测任务，该平台就会利用自身的大数据收集和分析处理能力，从搜索指数、微博热度、LBS人流量分析、新闻热度等多维度的数据中挖掘出有价值数据，并以此建立大数据预测模型，最终给出预测目标未来一段时间内的变化趋势，为管理经营提供数据支持与决策依据。

第三节 阿里巴巴进军在线旅游市场新动向

阿里旅行·去啊被拆分独立前，淘宝旅行的市场份额微不足道，现在回头看阿里巴巴的在线旅游生态链已是趋近完善——除了阿里旅行·去啊，2014年9月，阿里巴巴上市后 28 亿元入股石基信息，双方打通 IMS，共建阿里基础服务能力；同年 7 月，联合余额宝推出后付功能的"旅游宝"；2014 年 3 月，看准出境游市场，战略投资百程旅行网。从前端到后台，从资源到客源，阿里巴巴已覆盖到了在线旅游各个方面，但阿里旅行·去啊的产品质量、服务体验目前仍是其硬伤。

一、看准出境游市场，战略投资百程旅行网

2014 年 3 月，百程旅行网宣布完成 B 轮融资，获得来自阿里巴巴和宽带资本领投的数千万美元。作为 2014 年在线旅游行业的首笔风险投资，这次备受互联网各界关注的成功融资，被视为百程旅行网加速跑的第一枪。在更加明晰的市场定位下，百程旅行网市场动作频繁，连续打出多套市场组合拳。特别在签证服务领域，率先推出"拒签退全款"服务后，紧跟着引入"免费"模式，独家推出"免服务费"措施，引发了签证服务业颠覆性的革命性升级，被网友称为"签证史上最光明的一天"。

除了在线签证业务稳居第一外，百程旅行网在多个出境游细分领域均推出了极具性价比优势的产品，一时间受到销售市场的热烈反响。淘宝 612 旅行大促销期间，连番刷新销售纪录，成为淘宝旅行大促销中卖得最疯狂的产品，百程旅行网被公认为活动的最大赢家。

此外，百程旅行网凭借其高品质的产品及服务，不断受到官方及行业巨头的认可：在成为 2014 年仁川亚运会官方签证指定提供商后，又联手全球知名线上冲印品牌惠普"喀嚓鱼"，为百程旅行网的签证用户提供免费冲印照片的便利服务。这一连套的市场组合拳快速地为百程旅行网赢得了良好的口碑及美誉度。

二、快的打车牵手手机淘宝，实现与阿里全面对接

2014 年 3 月 19 日，快的打车宣布与手机淘宝达成独家战略合作，双方无线端实现无缝对接，用户可在手机淘宝 APP 中使用快的打车的叫车服务，并享受支付宝付车费立减 5 元的优惠。

手机淘宝相关负责人表示，作为国内最大的移动生活消费平台，手机淘宝致力于提升消费者移动生活服务体验。与快的打车合作，使手机淘宝平台能够为商家和用户提供更便捷顺畅的一站式服务。

据介绍，该服务由快的打车独家提供产品和技术支持。快的打车拥有丰富的乘客和出租车司机资源，而手机淘宝在本地生活服务方面的技术数据和用户属性正好和手机打车业务结合。

三、联手石基信息，阿里巴巴打造酒店业生态链

2014 年 3 月 28 日，上市公司石基信息的一纸公告透露了阿里巴巴在酒店在线预订领域的最新布局。该公告称石基信息与阿里巴巴签署的《战略合作协议》涉及酒店系统、餐饮系统、支付三大领域。其中涉及酒店业务的部分尤为引人关注，合作协议显示，石基信息将与淘宝旅行在酒店前台系统 PMS（Property Management System，PMS）直

连、中小客栈后台系统开发等方面合作;并将开展支付宝产品渠道合作,将公司的 PMS 与支付宝相关产品接口集成。

淘宝旅行无疑是在线旅游圈最有潜力的玩家。作为阿里巴巴的嫡系,淘宝旅行背靠淘宝平台的海量用户和巨大流量,但其劣势是无法把控酒店产品的库存和价格,从而影响用户预订体验。据淘宝旅行酒店客栈业务负责人盛森介绍,目前淘宝旅行有十几万个酒店和客栈产品,由酒店、OTA、批发商等各种商户进行售卖,所以同一款酒店产品,会有多个商家同时提供。特别是淘宝旅行有大量批发商卖家,酒店的房态、价格的动态变化较多,他们提供的酒店产品并不能保证预订成功。很多时候,用户在淘宝旅行下单预订后,卖家还需要跟酒店确认,如果库存已经出售,那么订单只能取消,这在一定程度上影响了酒店预订的转化率和用户体验。为了解决这个问题,淘宝旅行推出了"实价有房"服务,即用户在下单付款后卖家出现无房、变价等现象,买家可以申请退款并获赔偿,一定程度上降低了下单无房的现象,但此做法仍无法杜绝上述问题的出现。所以,淘宝旅行要改善用户预订酒店产品的体验,让酒店在淘宝旅行上开直营店是最好的办法,酒店 PMS 和 CRS 直连淘宝旅行后台,用户下单就能实时确认。

大淘宝 TOP 平台的 API 开放给具有系统对接能力的商家,但酒店产品房型、价格类别复杂,使用这种接入相当耗时费力,淘宝旅行需要更成熟的直连技术加快商家对接的速度和数量,为淘宝旅行提供更多、更丰富的酒店产品。而石基信息全资拥有的 CHINAonline 畅联(以下简称畅联)专注于酒店业与分销渠道之间的 Switch 直连业务,可以帮助淘宝旅行与酒店之间搭建实时、自动的信息交互、订单交易平台。另一方面,淘宝旅行产品线多为经济型酒店和客栈,而石基信息经过多年的积累,恰好拥有淘宝旅行最缺少的星级酒店客户,所以他们的联手更加理所当然。据盛森介绍,早在半年前,石基信息开始通过全资拥有的"西软"和淘宝就客栈直连进行测试,接下来将通过畅联将直连扩大到星级酒店。

石基信息是酒店中间技术商的老大,在中国五星级酒店业信息管理系统市场占有 90% 以上的份额(官网数据)。石基信息押注未来的业务之一是畅联,通过畅联的直连技术,酒店 PMS、酒店集团 CRS 与分销商预订系统之间能实时交互房价、房态、订单信息。石基信息的愿景是使畅联成为中国酒店在线交易 NO.1 的技术平台。石基信息为了提高畅联的流量,甚至自己搭建了一个面向酒店的直销平台——乐宿客,不过由于在终端用户中品牌影响力弱,业绩不甚理想。所以,石基信息急需寻找一个线上营销能力强的平台,加强畅联在行业"直连"中的主导地位。

2014 年 9 月 28 日,阿里巴巴集团以 28.1 亿元入股石基信息,拓展 OTA 市场。阿里巴巴集团宣布以 28.1 亿元投资酒店信息服务商石基信息,在交易完成后将持有 15% 石基信息股份,并获得 1 个董事会席位。目前,国内 90% 的五星级酒店信息管理系统都来自石基信息。未来,石基信息的系统将与淘宝旅行全面打通,拓展阿里巴巴集团在线旅游市场的基础服务能力。投资后,阿里巴巴旗下的淘宝旅行将和石基信息重点在酒店信息系统领域,包括酒店系统直连、后付预订产品开发、会员服务平台接入、账单扫码支付 4 个领域进行深度合作。

四、推出"旅游宝",试水旅游互联网金融

2014年7月28日,淘宝旅行和余额宝联合宣布推出"旅游宝"。阿里巴巴的互联网金融又有了新玩法,此次进入的是在线旅游消费领域。据了解,旅游宝是一款针对旅游产品预售与余额宝理财结合的产品,即消费者用余额宝购买淘宝旅行的产品后,购买款可以继续冻结在余额宝账户中,一直到"确认收货"之前,消费者都可持续享受这笔钱带来的余额宝收益。

业内人士认为,依托于阿里巴巴集团和小微金融服务,此次的旅游宝可能只是第一步,未来可运作的想象空间巨大。基于预售旅游产品的特征,在聚集了大量的用户需求后,提供商品的卖家可以进行二次采购;或者,淘宝旅行通过平台功能实现反向招商,可以逐步做到C2B。而在这个过程中,卖家其实也面临着资金周转的压力,毕竟向上采购需要付出成本,而消费者的钱又冻结在余额宝里,这时候,小微金融服务的小贷服务就可介入,解决卖家的资金问题,真正实现从用户到卖家到供应商的生态循环。

五、推出阿里旅行·去啊,引发旅游品牌大狂欢

原淘宝旅行于2014年10月29日举行新闻发布会,推出新独立品牌阿里旅行·去啊,及独立域名alitrip.com。据阿里旅行·去啊总经理李少华介绍,"去啊"的品牌意涵是:"只要决定出发,最困难的部分就已结束。那么,就去啊!"而浓缩成发布会现场的一页PPT,则是"去哪里不重要,重要的是…去啊"(见图10-5)。

图10-5 阿里旅行·去啊宣传图片

在业务层面,淘宝旅行改为阿里旅行·去啊,绝不仅是一个品牌更名,是在战略和资源上的发力。淘宝旅行升格为阿里旅行·去啊,阿里航旅事业部升级为事业群,携程旅行网、去哪儿网都难免为之侧目,甚至暗暗背脊发凉。随着阿里旅行·去啊的强势进入,本就竞争激烈的在线旅游市场已进入战国时代,行业竞争也将因此升级,或许市场从"贪婪"转向"恐惧"的关键节点只在弹指之间,那么中小企业的生存空间也只会越来越小。

阿里旅行·去啊 2014 年"双 11"销售额达数亿元,阿里巴巴成为上市公司后,在数据披露方面变得慎之又慎。在 2014 年"双 11"后的第 3 天,阿里旅行·去啊终于向外披露自身平台上的一些销售成果数据。阿里旅行·去啊宣称,平台上当日总交易额是"数亿量级"的。阿里旅行·去啊总经理李少华此前表示,阿里旅行·去啊将目光聚焦在消费者因私出行的度假市场上,要做度假市场的领导者。经过 2014 年的"双 11",阿里旅行·去啊对这个市场似乎有了新观察:淘宝旺旺可以促进休闲旅游服务和销售。

相比机票、酒店、租车等 OTA 擅长的标准化产品,度假线路游以及看似很"轻"的自助游产品,都更为复杂,要求游客一定要去了解目的地和线路,并花费大量时间与客服人员进行咨询沟通。阿里旅行·去啊相关负责人表示,各家在线旅游企业的度假交易占比一直比机票酒店低很多,这与度假产品非标准化、交易前沟通成本高不无关系。而阿里旅行·去啊推出的"独门武器"是"情理之中、意料之外"的,这就是几乎每个网购者都非常熟悉的阿里旺旺。

据阿里旅行·去啊人员介绍,阿里旺旺在促进度假旅游产品的成交和关联交易上发挥了巨大作用,每个阿里旅行·去啊卖家的旺旺服务人员有几人到几十人不等,这就相当于阿里旅行·去啊平台上有万计客服人员在为消费者服务。在阿里旅行·去啊看来,平台可以解决产品丰富度问题,而善用阿里旺旺、延续淘宝客服的服务口碑,则能提供到位的咨询服务。

当 OTA 一边号称转型为开放平台,一边还在犹豫要不要继续扩大电话呼叫中心规模的时候,阿里旅行·去啊作为一个"原生的"开放平台,已经绕过电话客服的形式,让旅游产品的销售人员都摇身一变,变成满口喊"亲"的店小二。

第四节　腾讯进军在线旅游市场新动向

2014 年,腾讯分别投资了同程旅游网和专注海外目的地旅游产品的我趣旅行网,以及移动端 UGC 旅游社区面包旅行,三者侧重不同领域,都能依托腾讯的强社交关系获得流量优势,不过目前看来,腾讯并没有整合这些资源以发挥三者的协同效应。

一、悄然培训约租车,与阿里巴巴错位搭配打通租车市场

2014 年 7 月 8 日,被快的打车收购的大黄蜂发布了新品牌一号专车,开始做中高端商务租车服务。而此前表示"不做商务用车服务"的滴滴打车也即将加入战局。U 优打车是腾讯旗下的商务租车业务,目前仍处于内测阶段,正在招募司机和车辆,而且已经举办了几次培训活动。U 优打车业务范围不针对私人车主,只面向租赁公司进行大批量招募,属于"B2B 业务";招募的车辆为七座商务车及中高端车辆,如奥迪、别克等,需要司机全天候服务;车内设有 GPS,用于随时定位和管理。与同行相比,U 优打车的车辆级别会更高,订单价格和起步价也会稍高。

当初快的打车和滴滴打车携手做足了移动支付的前戏,但补贴大战斗到分际,马云突然虚晃一枪,"借着太夫人的几句牢骚",巧妙找到台阶,一走了之;当腾讯环顾自雄时,由大黄蜂转型的一号专车已经重新开战。

大黄蜂问世时,曾经被易到用车砸过场子,这本身就说明了二者的竞争关系,而易到用车低姿态的主动发难,说明在拥有阿里巴巴背景的大黄蜂面前,它并没有任何优势。一号专车仍然是走快打车的巨额补贴的老套路,派送抵用券的同时,还喊出各种一口价。腾讯手握微信这样的超级入口,自然不会坐视,滴滴打车的孪生兄弟U优打车正在紧锣密鼓筹备中。

一号专车和U优打车之战首先是资源之战,其次是服务之战。司机是一个流动性很强的寻利群体,即使进行洗脑式培训,也毫无平台忠诚度可言,司机争夺战实质就是翻版的打车应用之战,核心仍是加价和补贴。所不同的在于客户,目前全国的110万辆出租车每天会产生4000万个订单,其中20%为加价订单,如何争取到这部分价格敏感度不高的高端商务用户,无论对于易到用车、AA租车这样的先行者,还是一号专车、U优打车这样的后起之秀,都是生死攸关的。

说到服务,快的打车和滴滴打车都没有太多积累。所谓服务,也不是雪白的手套和两瓶矿泉水等表象所能涵盖,它需要一整套严谨的服务规范支撑,即使阿里巴巴和腾讯也需要向传统服务业取经。只有一点是确定无疑的,面向商端群体的商务租车"钱"景更好,口碑传播的示范效应更强,营销上也更有噱头,总之除了讨厌的监管机关,这真是一个完美的商业模式。

二、领投我趣旅行网,或提前卡位目的地自由行

在战略投资艺龙旅行网和同程旅游网后,腾讯瞄准了市场规模不断扩大的出境游。上线仅5个月的我趣旅行网,于2014年9月18日表示,已完成2000万美元B轮融资,其中腾讯领投,晨兴资本跟投。我趣旅行网的优势:一是市场和模式,我趣旅行网面向出境游大市场,专注聚焦单一目的地的自助游模式;二是我趣旅行网的创始团队有OTA、旅行社、互联网产品、大数据基因专业人员;三是我趣旅行网IT技术及供应链整合能力很强;四是我趣旅行网是国内首家提供7×24小时出境自助游客户服务的公司。

近年来,我国在线旅游行业发展迅猛,据IDC预计,2014年,市场规模将同比增长28.3%,达到2798亿元人民币,其中境外旅行是一个快速增长的市场。据我趣旅行网提供的数据显示,2012年中国去美国的人数达140万人,2013年为178万人,2014年超过了200万人。

三、投资太空体验公司

腾讯参与投资了一家叫World View的太空体验公司。这家公司采用氢气气球作为运载工具,将旅客带到3万米的大气层边缘,在上面停留两个小时,接着通过滑翔翼伞降落地球,其特点是安全舒适、价格相对便宜。

World View是一家太空体验公司,与维珍银河搭载航天飞机把人送上亚太空的方

式不同,它采用氦气气球作为运载工具,将旅客带到3万米的大气层边缘,价位和舒适度是 World View 最重要的竞争力。在 World View 的热气球上,游客不需要穿太空服,也不需要经过特殊的训练。相比搭乘航天飞机需要承受极大的冲击力不一样,缓慢上升的氦气气球并不会给人带来太大的不适感,可以说是非常轻柔的活动。

7.5万美元的价格则是 World View 相对维珍银河的优势所在,维珍银河的票价目前已经升高到25万美元。凭借维珍集团的品牌和维珍集团 CEO 理查德·布兰森的影响力,维珍银河吸引了大批公众人物,包括汤姆·汉克斯、布拉德·皮特和安吉丽娜·朱莉,以及英国的哈里王子。按照计划,太空船2号将升高到110千米的高空,并且,旅行者将可在次轨道下感受6分钟的失重状态。

那么太空旅行的意义在哪里呢?值得游客花7.5万美金去从外太空感受2个小时的宇宙吗?原因有很多,其中一个原因是人们希望在太空里看到地球,那是一个非常惊人难忘的景观;并且,很快会看到这种太空旅行的常规化。但是,现在还没有。按照这个趋势发展下去,在几年之内,人们就会把太空旅行当作家常便饭。如果去采访一下那些去过太空的太空员,令他们印象最为深刻的是在太空看到地球时的那种感觉,充满着激情,令人感到如此的惊喜。很多人在上太空的时候觉得自己是去探索宇宙去了,反而又会真正发现他来自的地球会如此可爱,他会发现自己会重新爱上这个地球。为了推进平民化的太空旅行,World View 完成了新一轮融资,腾讯加入了 World View 的投资人序列。也许,5年、10年后,就有人在微信朋友圈里分享自己在3万米大气层的照片。

四、领投面包旅行,融资5000万美元

2014年12月21日,腾讯领投国内最大的移动旅行社区面包旅行,总计5000万美元。本轮融资,富达亚洲风险投资和宽带资本跟投。腾讯方面称,面包旅行高品质的产品、海量结构化的数据以及团队的创新能力是促成这次投资的最大原因。

成立于2012年初的面包旅行是一家以移动 APP 为主体的个性化旅行社区,致力于通过移动技术连接中国旅行者和目的地服务提供方。数据显示,作为目前 APP Store 推荐次数最多的应用和苹果零售店预装展示应用,面包旅行目前已经积累了超过3000万的活跃用户,其中70%为 IOS 用户,发展成中国最大的移动旅行社区。此前,面包旅行曾获得了祥峰的天使投资,并在2013年获得了祥峰投资的 A 轮投资和宽带资本的 B 轮投资。

面包旅行的 CEO 彭韬将面包旅行的发展分为三个阶段:第一个阶段是记录分享工具,通过记录途中的"面包屑",用户可以保存珍贵的旅行回忆。第二个阶段是资讯工具,通过 UGC 产生的"面包屑",可以为用户提供个性化的目的地攻略。第三个阶段是交易平台,通过把目的地旅行产品绑定到结构化的 POI,用户可以在做计划的同时,轻松完成旅行产品预订。

"现在面包旅行已经成功完成前两个阶段的积累,进入第三个阶段。"彭韬称,这个阶段的里程碑事件是2014年8月上线的子品牌泰国自由行 APP。这款 APP 首创了

"UGC游记→旅行计划→预订产品"服务流程,大幅提升了自由行用户的预订效率和旅行体验,同时秉承了面包旅行一贯坚持的"移动技术提升旅行体验"的理念,帮助用户利用碎片化时间和社交关系完成旅行产品的预订。此外,用户还可以通过泰国自由行APP在旅行途中持续获得帮助。

彭韬称,泰国自由行服务上线4个月以来,受到用户的一致高度评价,也进一步拉升了面包旅行的品牌忠诚度与用户知名度。"提升旅行服务品质本身才是真正的王道,而我们是通过移动互联网技术来实现这个目的。"彭韬透露,C轮融资将主要用于技术团队的扩招以及更多海外目的地的拓展。对于移动旅行社区的未来前景,彭韬表示相当乐观。"用户一般通过搜索和推荐发现旅行产品。面包旅行独创了第三种途径,也就是通过社交场景找到旅行产品。"彭韬认为,中国最大的社交平台腾讯参与投资,将会使面包旅行快马加鞭。据环球旅讯透露,这也是腾讯继收购旅游社区网站旅人网、投资艺龙旅行网、同程旅游网和我趣旅行网之后在旅游业布下的又一枚棋子。

作为O2O试水的一部分,面包旅行曾经在2014年4月宣布全资收购在路上旅业旗下的北京山水假日旅行社,以补上"资源"的短板。而移动社交旅行的前景已经引起了互联网巨头和风险资本的广泛关注:阿里巴巴投资了同样专注于移动社交旅行的在路上,后者也通过在今年推出"淘在路上"APP,开启了流量变现的尝试;据环球旅讯获悉,蚂蜂窝也获得了高瓴资本的巨额投资,而穷游网也在2013年获得了阿里巴巴的投资,新一轮的融资也在进行中。面包旅行巨额融资的完成,将进一步推动这一市场的竞争。但旅行社交领域的创业者们如何在OTA巨头们愈演愈烈的价格战中生存和发展,打造差异化的定位将是他们持续的挑战。

第五节 京东进军在线旅游市场新动向

京东在2014年初收购今夜酒店特价;2014年下半年签约皇家加勒比国际邮轮旗下高端品牌"精致邮轮千禧号";2014年12月又以5000万美元入股途牛旅游网,两者合作后的邮轮产品也将在途牛旅游网网站上线;京东看好旅游频道,整合资源要打造一站式服务平台。

一、收购今夜酒店特价:打响新年第一枪

2014年1月23日,京东已经完成了对今夜酒店特价的收购,收购金额在千万美元级,置换方式为现金+股票。今夜酒店特价原有投资人已完全退出,邓天卓将担任京东商城副总裁。2013年,互联网公司收购不断,被认为能在电商领域和阿里巴巴掰掰手腕的京东却显得沉寂。在2014年的小年夜,从美国学成归来的刘强东悍然出手,拿下在线旅游行业中的今夜酒店特价,打响了2014年的开年第一枪。

二、上线旅行频道,主打中高端旅游牌

在BAT齐聚在线旅游之后,京东加入在线旅游大战。2014年6月24日下午,京

东正式宣布京东旅游频道全新上线,新版京东旅游频道主打中高端旅游牌。据了解,新版京东旅游频道的目标用户为中高端人群,主要针对中高端人群提供机票、酒店、签证、度假、景点和租车等服务。

京东商城副总裁李超针对当前在线旅游频频打出的"低价爆品"提出了困惑:低价会使产品品质打折,造成目标客户分层客户素质降低,最终会使在线旅游陷入恶性竞争。"当前在线旅游的低价战略扰乱了旅游市场",京东集团首席营销官蓝烨在发布会上表示,京东不会以低价来吸引用户,而是主打"品质旅游"的概念。据了解,随着京东金融平台的上线,用户可以使用京东白条购买机票。

京东自 2011 年初上线机票预订业务、新的酒店预订服务,以此进入在线旅游领域。随后开通旅游频道,并陆续推出机票、出租车、度假、景点等多项在线旅游服务。2014 年年初,京东以现金、股票置换的方式收购了在线酒店预订平台——今夜酒店特价。此举被解读为快速扩大在线旅游、O2O 等领域的布局。

据艾瑞咨询统计预测,2015 年中国在线旅行预订市场交易规模将达到 3630 亿元。国家旅游局也预测表示,2015 年中国将成为全球最大的国内旅游市场。

随着旅游市场的扩大,互联网巨头纷纷涉足在线旅游。三大互联网巨头竞相收编行业内旅游公司:百度绑定去哪儿网,腾讯先后入股同程旅游网和艺龙旅行网,阿里巴巴则投资在路上、穷游网、百程旅游网等。蚂蚁窝、面包旅行等创业公司也依靠旅游攻略争夺市场,试图分得在线旅游的一杯羹。此前有专家表示,尽管在线旅游行业不乏更多的新进入者,但想要在这个竞争日趋激烈的行业分得一杯羹,必须要有踏实的竞争力以及独特的行业视角。

三、上线机票业务,正式加入 OTA 大战

2014 年 9 月 10 日京东宣布上线国际机票业务,这意味着其正式加入 OTA 大战。从京东在 OTA 领域的布局发展来看,京东涉足在线旅游已是预谋已久。在 BAT 三巨头竞相收编在线旅游公司后,京东也宣布正式加入在线旅游大战,试图深挖在线旅游巨大的潜力市场。

2014 年 1 月,京东宣布完成收购旅游 APP 应用今夜酒店特价。收购完成后,今夜酒店特价继续保持独立运营,由公司高层向京东方面汇报工作。有分析认为,京东选择今夜酒店特价是为了进一步完善其 O2O 业务布局,并扩大其在在线旅游领域的市场份额。

2014 年 6 月 24 日,京东宣布京东旅行频道全新上线。新版旅行频道主打"品质旅游"概念,除针对中高端人群提供机票、酒店、签证、度假、景点和租车等多种品质服务外,还提供国内外优质旅行线路、国家特色主题馆并搭配丰富的旅游用品供用户选择,确保消费者在售前、售中、售后所有环节都能享受高品质的出游体验。

2014 年 9 月 10 日,京东宣布上线国际机票业务,希望通过接入更多有品质的国际机票商家,为消费者提供更加优惠的机票价格。此外,新版国际机票业务还融入了京东整体的营销体系,京东优惠券可直接用于国际机票的购买。

京东国际机票业务上线,旨在为中国用户提供一个服务和价格都更加优质的国际机票商城。而借助京东平台的数据分析,未来京东还将通过用户的订购、出行等信息,帮助其规划最优的旅行路线和套餐组合,进一步打造一站式旅游服务。

四、与国航联手空中购物:电商新玩法

2014年"双11"期间,除了全网销售额超800亿元的亮眼数字,空中电商是另一个爆点。2014年11月11日,中国国航、京东、中兴通讯等在珠海航展上联手发起空中互联网产业联盟,构建机上网络产业生态圈。

"机舱中的乘客是典型的中高端消费群,同时这种碎片化时间很容易形成即时性消费。"京东集团大客户销售部总经理宋春正表示,通过与国航的合作,乘客在相关航班上利用笔记本或平板电脑等登录机舱内网络,即可在京东"空中购"频道浏览商品,下单信息则会即时传输到京东的网络后台,并完成相应的配送。

由于受技术、安全等因素的限制,通过地空通信形式实现的空中上网,其带宽比较有限,并不能像地面上那样没有障碍地上网,只能使用特定的业务。而在购物方面,此次京东是第一家与国航合作实现空中购物的电商企业。当然,空中上网所能购买的京东商品也限于特定的品类。"京东会利用大数据技术来分析适合空中购物的商品品类。"宋春正认为,总体上来看,应该是中高端的旅行类、礼品类产品,以及新奇特产品。

京东与国航开启第一阶段的合作,具备地空互联条件的飞机经停北京、上海、深圳、台北以及日本等多条航线,随后京东大客户部将支持国航空中购物平台扩展至更多机身与航线。国航等几家核心企业推动的中国首个空中互联网产业联盟,有11家核心理事单位,另有21家会员单位。其中,中兴通讯主要以技术供应商的角色出现。中兴通讯称,此次地空宽带战略合作立足于现有的成熟4GLTE技术。事实上,在2014年4月16日,由北京飞往成都的一个国航航班就实现了国内首个4GLTE地空宽带航班的试飞商用测试。

五、入股途牛旅游网

2014年12月15日,京东入股途牛旅游网,投资5000万美元,京东终于可以在旅游市场分一杯肉羹了。的确,途牛旅游网需要资金,更需要深远的互联网"人脉",但是京东同样也需要途牛旅游网这样的旅游资源。互联网公司与旅游公司各取所需,互助互利,互联网大鳄们如今都与旅游有着千丝万缕的关系。

六、瞄准邮轮游市场,独家签约精致高端邮轮

2014年12月16日,京东"奢华邮轮游日韩—精致春节在京东"发布会暨"2015京东春节精致邮轮中国首航启动仪式"在北京举办。在发布会上,京东宣布独家签约皇家加勒比国际邮轮旗下的高端品牌精致邮轮千禧号,重磅推出2015年2月15日至3月1日4个航次的日韩游线路。目前,精致邮轮千禧号产品已经在京东旅行和途牛旅游网上线。

精致邮轮千禧号是皇家加勒比国际邮轮公司旗下精致品牌的高端邮轮,以精致奢华著称,与京东的合作是千禧号的中国首航。据介绍,千禧号邮轮长294米,吨位达9.1万吨,载客量为2158人,融客房、服务、设施、娱乐项目为一体,使游客犹如置身于海上宫殿。其拥有2323平方米海上最大、最豪华的水疗中心,以及剧院、健身中心、海景咖啡厅、特色酒廊,奢华程度媲美陆上最豪华的酒店设施。京东旅行在2015年2月15日至3月1日推出的4个航次分别为香港—上海、上海—福冈—济州岛—上海、上海—济州岛—长崎—上海以及上海—冲绳—香港,由于覆盖春节时段,京东还特别为航线增加了年夜饭活动,由二星米其林主厨掌勺,游客将在海上度过美妙的农历年。

作为国内最大的自营式电商企业,京东加速拓展生活旅行业务领域,京东副总裁李超表示,借助京东大数据平台,未来将结合其丰富的实物产品体系,为客户提供最优的旅行路线和套餐组合,进一步提供一站式综合购物体验。京东邮轮频道是京东旅行旗下专业提供邮轮旅行产品的频道,与皇家加勒比国际邮轮、歌诗达邮轮、公主邮轮、精致邮轮、天海邮轮、地中海邮轮、丽星邮轮、海航邮轮、渤海邮轮等均有合作,主要航线包括日本、韩国和中国香港,以及东南亚、加勒比海、地中海、阿拉斯加等。此次独家签约的精致邮轮千禧号,是目前国内邮轮旅游中规格最高端、最奢华的邮轮。与此同时,京东邮轮频道也在不断扩展更多国际航线来满足消费者的多样化出行需求。

2014年12月15日,京东被曝出投资途牛旅游网,在当天发布会中,京东副总裁李超表示将会与途牛旅游网展开深度合作,此次精致邮轮千禧号产品也已在途牛旅游网上线。途牛旅游网创始人及首席执行官于敦德表示:"途牛旅游网邮轮业务增长快、覆盖全,在中高端市场有优势。途牛旅游网和京东在邮轮业务上进行战略合作,这与途牛旅游网加速在邮轮市场发力的方向是完全一致的,并将高端邮轮品牌精致邮轮的产品带给更多客户。"

业内人士分析认为,京东此次独家签约皇家加勒比国际邮轮公司旗下高端奢华邮轮千禧号,发力年末旅游市场,是品质旅游概念的强势落地,同时也表明了京东全力打造差异化的在线旅游平台的决心和行动力。

七、授信爱旅行,支持其推出"旅游白条"自由行

2014年12月,爱旅行入驻"京东白条",成为首家受"京东白条"授信的在线特价出境游企业。2014年12月16日,京东推出在线旅游电商开发出的"旅游白条"支付方式,消费者在在线旅游电商选择旅行产品之后,除了支付宝、电子银行等支付方式外,还可选择"京东白条分期价"这一支付形式,使合作方的用户可以分期购买旅行消费产品,从而大大降低旅行产品的销售门槛,扩大潜在用户群。

京东自2013年推出了"京东白条"业务,截至目前已经拥有千万级白条授信用户。"京东白条"的业务模式是给消费者打白条分期付款,鼓励用户先消费后付款,降低消费者的购买门槛。爱旅行成为了首家受"京东白条"授信的在线特价出境游企业。爱旅行线上所有度假产品,均可以"旅游白条"的形式购买,用户可以根据自己的经济能力选择3期、6期和12期进行购买。

第十一章 2014年团购网站在线旅游市场发展动向

第一节 团购网站在线旅游市场发展态势

近年来,团购作为一种流行消费方式,已经渗透到消费者的日常生活。尤其是餐饮、票券等团购产品,比单纯的酒店类团购使用频率更高。适时营销推广团购产品,不仅能调动购买者的积极性,带动订单爆发式增长,从长远看,更重要的是可以培养用户的消费习惯,让其能切实感受到团购的便利和实惠。

在线旅游市场正处于快速扩张、竞争白热化阶段,各家旅游电商忙着"抢食",资本市场也十分青睐旅游这块热土,百度、阿里、腾讯等互联网大佬都通过投资收购等方式进军旅游产业。中国的团购网站曾经迅猛发展,但萎缩之势也十分惊人。中国电子商务研究中心关于国内团购网站的调查显示,截至2013年6月30日,全国团购网站累计关闭4670家,死亡率达75%;到2014年1月,全国团购网站存活数量仅为213家,曾经红极一时的24券和千品都已不见踪影。

团购行业在经过5年时间的贴身肉搏之后,已进入了成熟期。这个时候团购网站不能只专注于单一的团购业务了,不然就会很快走向灭亡。团购网站去团购化转型做OTA是必然趋势。

国内领先的旅游行业研究机构——劲旅咨询发布了《2014年12月份主要网站在线酒店团购产品丰富度监测》报告。监测报告显示:2014年12月份按在线酒店团购产品数量多少排名的在线网站前5位依次是美团网、携程旅行网、糯米网、同程旅游网、拉手网(见图11-1)。

2014年12月份主要网站的酒店团购产品总量糯米网超越同程旅游网,排名由此前的第四位上升至第三位,同程旅游网降至第四位。美团网的酒店团购产品数量为377 808单,位居第一位;携程旅行网有359 203单酒店团购产品,位居第二位;糯米网有299 829单酒店团购产品,排名第三位;同程旅游网有266 298单酒店团购产品,排名第四位;拉手网推出的酒店团购产品数量为190 728单,排名第五位。

如图11-2所示,2014年12月份北京地区推出酒店团购产品数量最多的是携程旅行网,为16 007单,相较11月份的11 411单,增加了4596单;上海地区推出酒店团购产品数量最多的是携程旅行网,为10 318单,相较于11月份的9178单,增加了1140单;广州地区数量最多的是携程旅行网,为13 143单,相较11月份推出的12 211单,增加了932单;三亚地区携程旅行网相对占优,酒店团购产品数量达到了9283单。

2014年11月份、12月份主要在线网站酒店团购产品数量变化监测见表11-1。

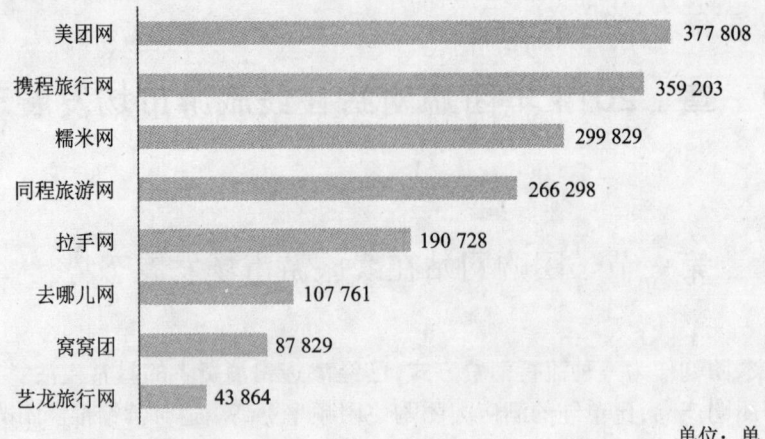

图 11-1　2014 年 12 月主要网站在线酒店团购产品丰富度监测

注:①因各团购网站每日均有团品上下线,本监测取一定时间段内平均数值,数据仅供参考。
②去哪儿网酒店团购产品中包含其自营的产品以及艺龙旅行网、同程旅游网等网站的团购产品。
资料来源:劲旅网—劲旅智库。

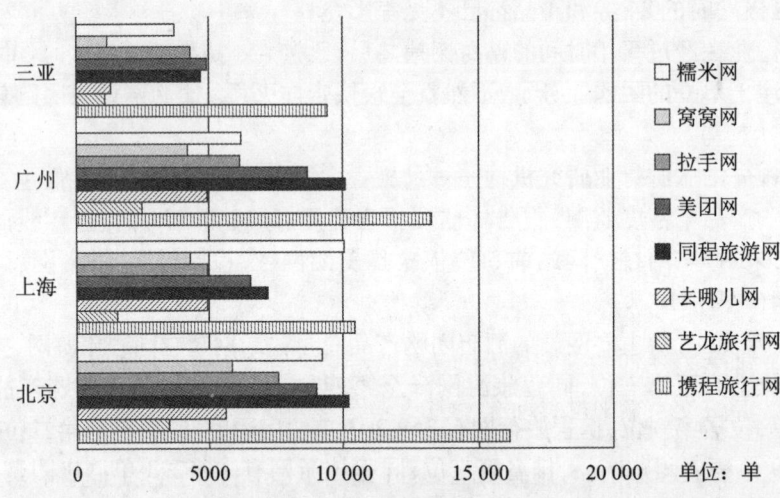

图 11-2　2014 年 12 月主要网站在线酒店团购产品在主要地区分布

注:①因各团购网站每日均有团品上下线,本监测取一定时间段内平均数值,数据仅供参考。
②去哪儿网酒店团购产品中包含其自营的产品以及艺龙旅行网、同程旅游网等网站的团购产品。
资料来源:劲旅网—劲旅智库。

如表 11-1 所示,2014 年 12 月份监测的 8 家在线网站酒店团购产品数量有增有减,其中糯米网增长最为明显,单月净增 63 226 单,月环比增长 26.7%;美团网酒店团购产品单月净增 35 533 单,月环比增长 10.4%;携程旅行网酒店团购产品单月净增 42 292 单,月环比增长 13.3%;同程旅游网网单月净增 27 397 单,月环比增长 11.5%;窝窝团单月净增 29 101 单,月环比增长 49.6%。就增长率而言,12 月份增幅居前的是窝窝团。12 月份产品数量出现下降的是去哪儿网和艺龙旅行网,分别减少了 81 300 单和 10 736 单。

表 11-1　2014 年 11 月份、12 月份主要在线网站酒店团购产品数量变化监测

排名	网站	12月(单)	11月(单)	环比变化(单)	增长率(%)
1	美团网	377 808	342 275	+35 533	↑10.4
2	携程旅行网	359 203	316 911	+42 292	↑13.3
3	糯米网	299 829	236 603	+63 226	↑26.7
4	同程旅游网	266 298	238 901	+27 397	↑11.5
5	拉手网	190 728	190 131	+597	↑0.3
6	去哪儿网	107 761	189 061	-81 300	↓43.0
7	窝窝团	87 829	58 728	+29 101	↑49.6
8	艺龙旅行网	43 864	54 600	-10 736	↓19.7

资料来源:劲旅网—劲旅智库。

2014 年,在线酒店团购市场得到快速的发展,伴随着携程旅行网、去哪儿网等在线旅游网站重视程度的不断提升,酒店团购市场的竞争也变得日趋激烈,酒店领域虽称不上是"百团大战",但已有几家网站的竞争也是看点十足。专业团购网站美团网产品数量一直保持在首位,美团网公布了其 2014 年全年交易额突破 460 亿元,其中酒店交易额达到 55 亿元,同比增长 175%,年间夜量达到 4500 万。根据美团透露,在酒店业务中有 80% 交易额来自移动端。2015 年,美团网确认了已经完成 7 亿美元融资,并表现出进军在线旅游领域的意图,开始招聘有景区、旅行社、OTA(在线旅游)从业经验的人才。这厢美团网野心勃勃,那边在线旅游网站也毫不放松。携程旅行网在酒店团购领域推出针对手机端的促销活动,大量酒店产品在团购价上再打三折;去哪儿网则是在直销的酒店实行折上折优惠,在去哪儿网团购直营酒店现金降幅最高高达 50%。在线旅游网站在酒店团购领域打起了价格战,只为争抢更多市场。

作为在线酒店特别是中低端酒店分销的重要渠道,2015 年围绕着酒店团购市场的争夺战还在继续上演,酒店团购产品的拓展已经延伸到三四线城市,为了丰富自己的产品,未来还将向五六线城市蔓延,酒店团购领域的竞争也将更加趋于白热化。

2014 年,手机在线旅行预订是移动端增长速度最快的商务应用。截至 2014 年 12

月,在网上预订过机票、酒店、火车票或旅行度假产品的网民规模达到2.22亿人,较2013年年底增长4096万人,增长率为22.7%,我国网民使用在线旅行预订的比例由29.3%提升至34.2%。这其中,通过手机上网预订机票、酒店、火车票等旅行度假产品用户规模达到1.34亿人,较2013年12月增长8865万人,增长率为194.6%,我国网民使用手机在线旅行预订的比例由9.1%上升至24.1%。

中国互联网信息中心(CNNIC)发布的《第35次中国互联网络发展状况统计报告》显示,截至2014年年底,中国网民规模已达6.49亿人,全年共计新增网民3117万人,互联网普及率为47.9%。手机网民规模达5.57亿人,较2013年年底增加5672万人。其中,动动手指就能进行的手机预订旅行的人数暴增194.6%,"指尖上的旅行"渐成新时尚。

手机预订、手机游戏、手机支付等商务应用的爆发式增长证明,移动互联网对人们的影响已经逐渐从信息获取、社交沟通方面扩展到了消费、娱乐、生活方式等更多领域。

经过四年的快速进化,2014年团购网站形成了较为稳定的市场格局,美团网、聚划算、大众点评网团购品牌渗透率分列前三位,糯米网排在第四位。

CNNIC报告显示,2014年手机支付用户规模达到2.17亿,增长率为73.2%,网民手机支付的使用比例由2013年年底的25.1%提升至39%。CNNIC分析师陈晶晶分析,2014年第三方网络支付业务的灵活性与创新性在一定程度上"倒逼"传统银行改革,银行业的监管制度不断约束第三方网上支付业务金融安全。她认为,2015年第三方网络支付业务与银行业务的竞合博弈将表现得更加突出。

截至2014年12月,中国网络游戏用户规模达到3.66亿人,网民使用率从2013年年底的54.7%升至56.4%,增长规模达2782万人。手机网络游戏用户规模为2.48亿人,使用率从2013年年底的43.1%提升至44.6%,增长规模达3288万人。CNNIC有关人士分析称,手机端游戏用户成为最核心增长动力的同时,也意味着电脑端网络游戏用户向手机端的转化。糯米网被百度收购,腾讯入股大众点评网,拉手网和窝窝团求卖的心思也越来越明显,团购网站在夹缝中求生存。对大众点评网而言,获得腾讯战略投资后,又取得微信和手Q的入口资源,因此在美团网还未获得大的移动流量入口前,必须打好这副牌(见表11-2),而且这是大众点评网从第二反超第一的最后机会。美团网外卖与饿了么激战正酣,猫眼电影与格瓦拉正面交锋。腹背受敌的美团网不只是在垂直领域的竞争,以美团网外卖和饿了么之间的斗殴事件来看,美团网处于舆论旋涡的同时,正是大众点评夹击的最好机会。一旦美团网获得融资补给、战略调整完毕,且不再受到外卖、电影、酒店等局部战役牵制时,大众点评的反扑计划就会落空。

2014年中国团购网站十大品牌企业排名见表11-2。

表 11-2　2014 年中国团购网站十大品牌企业排名

排名	公司名称	基本情况
1	美团网	美团网:每天团购一次,为消费者发现最值得信赖的商家,让消费者享受超低折扣的优质服务。 每天一单团购,为商家找到最合适的消费者,给商家提供最大收益的互联网推广方式。 美团网一贯坚持与商家平等、互利、共赢的合作标准,作为一家本地化服务类电子商务企业,美团网竭诚服务于各城市的商家和消费者,并追求低成本、高效率,帮助消费者发现生活当中的乐趣。一方面为消费者提供非常好的本地化精品消费指南;另一方面为消费者带来深度的消费折扣,同时帮助商家按效果付费来获得新顾客。
2	大众点评网	大众点评网于 2003 年 4 月成立于上海,是中国领先的城市生活消费指南网站,也是全球最早建立的独立第三方消费点评网站之一,是致力于为网友提供餐饮、购物、休闲娱乐及生活服务等领域的信息、消费优惠以及发布消费评价的互动平台;同时,大众点评网为中小商户提供一站式精准营销解决方案,包括电子优惠券、关键词推广、团购等。继网站之后,大众点评已经成功在移动互联网布局,大众点评手机客户端已经成为城市生活必备的 APP 应用之一。
3	拉手网	2010 年 3 月 18 日拉手网在北京正式上线,是全球首家团购与位置服务相结合的社会化网站。 拉手网一直坚持模式创新,并在全球首创"一日多团"模式,首家开通垂直酒店频道、化妆品频道、团房频道,本地生活服务 + 实物性产品团购的营运模式也奠定了最佳的团购盈利模式。作为中国团购行业的领军企业,拉手网在 2012 年"3·15"之前,陆续开通国内 11 个一线城市的 12315 绿色通道,确保优质的售后服务水平。 拉手网率先提出的"团购三包"服务标准,开创了国内团购行业先河,为团购行业树立了标杆。拉手网也是国内第一个获得风险投资的团购网站,累计融资 1.66 亿美金。
4	百度糯米	糯米网由千橡集团副总裁沈博阳负责运营,其首先立足于北京,之后再向其他城市拓展。这也是千橡集团进行社交化电子商务(电商频道)的新尝试。千橡集团推出糯米网正式开始进入团购网站的竞争之中。 2013 年 8 月 23 日,百度收购糯米网,糯米网现在是百度旗下的团购网站。 2014 年 3 月 6 日,糯米网正式更名为百度糯米,这意味着百度和糯米网的整合已经完成。 百度副总裁兼百度糯米 CEO 刘骏表示:"百度拥有技术和流量优势,糯米网有多年团购经验。经过深度整合,才推出全新的百度糯米品牌。"

续表

排名	公司名称	基本情况
5	窝窝团	窝窝团（www.55tuan.com）是窝窝商城旗下子品牌，成立于2010年3月15日，是国内最大、口碑最好、品类最多的团购网站。 窝窝团精挑细选全国各地优质生活服务商家的产品和服务，实施"不满意就退款"，为消费者提供有品质、有优惠的生活服务。 窝窝生活商城（www.55.com）简称窝窝商城，是中国最大的生活服务电子商务平台之一，是生活服务电子商务的领先者和开创者，旨在打造中国最大的线上生活服务的"沃尔玛"。
6	聚划算	聚划算（www.juhuasuan.com）成立于2010年，2011年10月独立开展业务，是中国最大的以消费者为驱动的品质购物网站。每天有1200万名消费者聚划算进行品质团购，涵盖在线商品到地域性生活服务。 淘宝聚划算是阿里巴巴集团旗下的团购网站，淘宝聚划算是淘宝网的二级域名，该二级域名正式启用时间是2010年9月份。淘宝聚划算依托淘宝网巨大的消费群体。2011年，淘宝聚划算启用聚划算顶级域名，官方公布的数据显示其2011年成交金额达100亿元，累计帮助千万网友节省超过110亿元，已经成为互联网消费者首选团购平台。 聚划算是一个定位精准、以小搏大、以C2B驱动的营销平台，除了主打的商品团购和本地化服务，为了更好地为消费者服务，还陆续推出了我想团、聚名品、聚爱心等子频道，还有聚爱心、聚孝心等子频道。
7	高朋网	高朋网是一个团购网，是由美国最大团购网站Groupon与腾讯合资的中文版Groupon团购站。双方各出5000万美元（约合3.25亿元人民币），各占50%股权。2011年2月28日高朋网正式宣告成立。2012年8月1日，高朋网宣布与F团合并，成立网罗天下集团。原F团CEO林宁任高朋网CEO。2012年12月26日，合并后的高朋网获得Groupon和腾讯追加投资4000万美元。 高朋网于2011年2月15日上线。借助Groupon的成熟运营经验，再加上腾讯拥有的巨大用户量，Groupon中文网站的推出曾被视作是中国团购网站的一场革命，一些规模较小的团购网将会被迅速淘汰出局。
8	聚美优品	聚美优品（前团美网）是第一家也是中国最大的化妆品限时特卖商城。 聚美优品由陈欧、戴雨森和刘辉创立于2010年3月，致力于创造简单、有趣、值得信赖的化妆品购物体验。聚美优品首创"化妆品团购"模式：每天在网站推荐十几款热门化妆品，并以吸引人的折扣低价限量出售；同时承诺"百分百正品"，以及"拆封30天无条件退货"。"聚美"二字寓意"聚集美丽，成人之美"。 2010年9月，团美网正式全面启用聚美优品新品牌，并且启用全新顶级域名，致力于为用户提供更优质专业的服务。 聚美优品本质上是一家垂直行业的B2C网站。从最初每日一件限时折扣团购模式发展到如今每日多件产品限时抢购模式，在品类管理上主要以推荐明星产品搭配其他产品进行销售。

续表

排名	公司名称	基本情况
9	58团购	58团购是58同城创办的在线生活服务团购消费网站。网站采用超低折扣营销方式,结合58同城海量的本地生活服务商家资源,每天一单团购,为消费者提供贴心、便利的在线消费方式,享受超低折扣的优质服务,并为商家找到最合适的消费者。
10	满座网	满座网隶属北京新态互动科贸有限公司,2010年1月正式上线,满座取自唐·王勃《滕王阁序》的名句"千里逢迎,高朋满座",寓意网站的消费者皆满意,合作的商家生意皆满座。 作为国内最早上线的团购网站之一,满座网的合作伙伴涵盖了美食、电影、KTV、SPA、美容美发等众多行业,也涵盖了时尚家电、化妆品、服饰箱包等日用品。 满座网致力于为本地服务商、商品供应商提供精准的营销服务,通过各种先进的营销方式把各种的产品精准地展现给消费者。

资料来源:根据产业信息网整理。

第二节 美团网在线旅游市场新动向

一、融资1亿美元,继续开辟新业务

2014年4月2日,美团网获得最新一轮融资,融资规模为1亿美元。在本轮融资中,阿里巴巴以跟投身份参与此轮融资,而泛太平洋则以领投身份参与此轮融资,双方未透漏具体持股比例,只称美团网将择日公布融资消息。早在2011年7月,美团网开启B轮融资时,阿里巴巴以领投身份参与此次融资,北极光、华登资本以及红杉等以跟投身份参与此次融资。当时美团网CEO王兴表示:美团网不会为了融资而融资,不会为了上市而上市。此次融资是为了储备资金为今后的发展做好准备。

2011年也是团购行业出现分水岭的一年。大批团购企业关门,包括曾在团购行业取得成绩的24券。据当事人回忆,资金补给速度供不上烧钱速度是24券倒闭主要原因。而在同一年,美团网却提出了"农村包围城市"战略口号,在该战略方针引领下,美团网用三年时间,攻下国内204座二线、三线城市,所占市场份额也由10%~20%上升至50%。在美团网已经取得如此成绩背景之下,为什么要继续融资?消息人士指出:一是主要用于开辟新业务;二是增加资本投入,进一步拉开与对手之间的竞争距离。

2013年11月,美团网推出外卖业务。据美团网内部人士对记者表示:外卖业务发展非常快。易观国际分析师孙梦子表示:为提升外卖服务体验,美团网需要线上与线下分别投入资金与人力,只有线上下单流程更加简单、线下配送效率更加高效,才能

保障美团网外卖业务在未来的市场竞争中脱颖而出。同时,外卖业务也是美团网打造本地生活服务平台不可或缺的重要一环,补齐这一环,未来在资本市场才能够讲出一个更加动听的资本故事。

2014年1月,美团网推出美团Wi-Fi产品,此举是美团网基于互联网思维推出的第一款硬件产品。美团网内部员工表示:美团推出Wi-Fi产品与小米推路由器的逻辑是相同的,前者是抢占互联网商铺入口,后者则是抢占互联网用户入口。

目前美团网在酒店、餐饮、电影等领域都已遥遥领先于大众点评以及其他团购行业的竞争对手。易观国际分析师孙梦子表示:在酒店领域,美团网的直接竞争对手已经由大众点评网升级为旅游网站——携程旅行网与艺龙旅行网。2014年3月美团网单月交易量达25.9亿元,美团网定的目标是全年实现2000亿元交易量。

也有评论人士认为:美团网与大众点评网之间的竞争本质是两家企业创始人之间的竞争。美团网CEO王兴是一个开拓性创业者,大众点评网CEO张涛则是一个守成型创业者。前者更善于带兵大战,开辟新战场;后者擅长守住已取得的成绩。这是两家企业之间的竞争差距被越拉越大的主要原因。在美团网王兴的设想中,过去,大众点评网是美团网主要竞争对手,但未来不是。美团网一直在主动成长,大众点评网却一直被动接受援助。据美团网内部员工称:在团购行业,大众点评网在一二线城市的市场既得优势正逐渐被美团网蚕食。目前大众点评网覆盖了国内75座城市,美团网则覆盖了国内204座二三线城市。

二、推出"猫眼电影",酒店业务的兴起是意外之喜

"美团网的总体策略是做吃喝玩乐的大平台,在一个APP上实现完整需求。如果用户在细分领域有更深度的需求,我们再在账号打通的基础上,做独立APP。"王兴为美团网的定位找到了另一准确的注脚:"连接人与商户,形成可以追踪的闭环,把以往置于线下的交易环节逐渐转移到线上;线上付款、线下消费体验的O2O交易,是我们整个行业的核心。"

什么行业才是O2O最适宜的登陆点?"通常来讲,商家的IT化程度越高,O2O越容易做,或者说,这个闭环会更加完整。"王兴说。他同时指出,电影业恰好是一个符合O2O标准的行业:监管的要求促使院线不断完善售票系统,从而提前实现了电影业的IT化。

如果仅做团购业务,美团网并不需要完全接入电影院的系统,但后续的问题通常是,手持团购票的消费者在火爆的场次一座难求。而"猫眼电影"解决了观影消费的痛点。通过售票系统的完整嵌入,用户可以在"猫眼电影"独立移动应用上了解电影的实时排期和座位,在线购票、选座到支付一站式完成。

王兴说:"这是我们首先推出'猫眼电影'的重要原因,说到底不是电影行业体量最大,而是因为它IT化最快速。"截至2014年8月,美团网电影销售占据全国电影总票房的近20%,已经成为国内最大的在线售票平台。在《变形金刚4》《后会无期》等电影的销售上,这一比例超过了30%。

相对"猫眼电影"的风靡,酒店业务的兴起却是美团网一场意外之喜。据易观智库《中国生活服务 O2O 市场专题研究报告 2014》的统计数据,2014 年上半年,全国团购市场酒店客房成交额 30 亿元,同比增长 142%;美团网以 75% 占据绝对优势,超过百度糯米的 13% 和大众点评网的 9%。

在另一项监测中,美团网 2014 年 7 月份的酒店团购总量超过去哪儿网,排名第一。同期被超越的还有 OTA 老手艺龙旅行网。2014 年第二季度,美团网成为仅次于携程旅行网的第二大酒店预订平台。艺龙旅行网 CEO 崔广福在一次采访中坦承了面对美团网的压力。

与传统 OTA 的到付模式不同,美团网沿用了团购的预付模式,让所有的账首先经过平台。但美团网酒店业务增长的核心仍是供应与流量。"说到底都是最简单最基础的事,B 端有没有最多的酒店、最好的价格,C 端有没有最多的活跃用户",王兴表示,用户量是美团网做大酒店团购的根源,而美团网为消费生力军们提供了超过 10 万家合作酒店。

势头正猛的美团酒店团购有着更广阔的空间。王兴直言,美团网的酒店预订局限在经济型层面,携程旅行网所擅长的高级酒店领域美团网尚未涉足。"在酒店市场还有很大的提升空间。酒店是一个非常大的市场,全国三四十万家酒店,还有很多没和互联网结合的。互联网的竞争,永远不是从对手手里把已有的东西抢过来,而是占领最重要的增量市场。"王兴说。

三、融资进行曲:上市未雨绸缪

"美团一次,美一次。"2014 年 5 月,美团网本地服务的口号从各类线下广告渠道,吸引了消费者的眼球。美团网成立四年首度大规模线下推广的背后,是自媒体上不胫而走的 3 亿美元融资消息。

实际上,放眼热钱涌动的互联网行业,美团网的融资远远称不上频繁。早在美团网正式上线的"团购元年"2010 年,竞争对手拉手网连续获得了三次共计 1.66 亿美元的融资,而美团网仅握着红杉资本 1000 万美元的 A 轮资金,进入"千团大战"。

2011 年 7 月,美团网完成第二轮融资,由阿里巴巴和红杉资本等注入 5000 万美元资金。当年的融资现场,王兴晒出一张有着 6192.2122 万美元余额的账单,在行业寒冬来临前,亮出了健康的现金流。

接下来,美团网在资本层面沉寂了近三年时间。直到 2014 年 5 月融资消息的传出。至今,美团网仍未在公开场合确认这轮融资的确切数额。王兴给予的答复是:"上下不超过 20%。"尽管没有再公开展示账户余额,但王兴以相似的口吻告诉记者:"账上趴着的钱没怎么动。"

据透露,2013 年下半年,美团网敞开 C 轮融资之门,正式接触 PE 机构,最终确定的领投方为泛大西洋资本集团,原有股东红杉资本和阿里巴巴跟投。

王兴把这轮融资解释为"未雨绸缪",主观因素是公司扩张的内生需求,客观环境则是生活服务 O2O 领域完胜"当年千团"大战的"烧钱竞赛"。"像滴滴打车和快的打车那样,前所未有的激烈。"王兴说道,"我们也有必要做一手准备,融资最好是在你还不急切需要钱的时候进行"。

除了线下推广和地推扩张,这笔资金还会被美团网投向哪里?并购是一个容易想到的方向,但王兴显得有些谨慎。迄今,他只进行了两起小型并购,主要为整合团队。相比之下,他的对手更加积极:在获得腾讯注资后,大众点评网从产业链上下整合的角度,与其他投资者共同斥资8000万美元入股外卖网站"饿了么",又以5000万元投资订餐应用"大嘴巴"。

对于大众点评网已经启动的上市进程和融合了Yelp、Groupon、Opentable、Tripadvisor、Grubhub形神的故事脚本,王兴的评价是:"故事不是讲得越多就越好,人人上市时也讲了一个facebook+linkedin的故事。但大众点评网是令我们尊敬的对手,他们之前有很好的积累"。

四、2014年美团网获融资谜团不断

2014年12月份,关于美团网融资的传闻不断,而在12月22日则传出美团网获得新一轮7亿美元的融资,由红杉资本领投,这一轮美团网的估值在60~70亿美元之间,且美团网在2017年之前不会考虑上市。就此传闻,虎嗅向美团网方面进行求证,但未得到确认。但据投资中国网最新报道,红杉资本中国内部人士已对此消息予以否认,并称红杉并未领投美团网新一轮融资。美团网融资传闻变得扑朔迷离。

美团网在2010年3月上线,当年获得红杉资本A轮1200万美元投资,2011年7月获得阿里巴巴和红杉资本的B轮5000万美元投资。就在2014年5月份,有消息称,美团网获得3亿美元C轮融资,领投机构为泛大西洋资本,B轮投资方红杉资本和阿里巴巴跟投,美团网C轮融资的估值达30亿美元左右。虽然当前Groupon在资本市场不受青睐,但连接线上和线下的O2O市场前景广泛,中国市场是一个比美国更大的市场,此前阿里巴巴集团上市也论证了这一点;作为中国O2O的领先企业,美团网被各方寄予了厚望。

无风不起浪。自从结束"千团大战"之后,美团网一路狂奔,在3~5线城市加快业务渗透,据虎嗅了解,美团网目前除了西藏、新疆等少数偏远地区外,美团网服务都已覆盖。随着而来的线下团队也扩张到5000多人的规模。此外,美团网从2013年开始,先后发力电影、外卖、酒店等业务,这些业务以及未来涉足新的业务和获取新的用户,都亟须资金来支撑。还有来自外部竞争环境的因素。美团网的团购老对手——百度2014年年初全资收购糯米网,到同年2月底,腾讯战略投资大众点评成为大众点评第一大股东,占股20%。除了资金,糯米网和大众点评在移动流量的入口资源要胜于美团网。美团网新开辟的业务线,线线有强敌,电影订票业务PK格瓦拉,外卖业务PK饿么,酒店预订业务PK若干OTA。

美团网C轮3亿美金融资后,金投投资线下广告,如湖南卫视《天天向上》和《花儿与少年》、江苏卫视《非诚勿扰》,以及地铁广告、楼宇广告,烧钱面积不断扩大。虽然美团网CEO王兴在2014年5月份接受彭博社采访时透露,美团网手握30亿元人

民币现金,但要保持扩展和快速成长的步伐,必须有充足的资金保障。因此,美团网融资并非无中生有。消息提前泄露,官方还未明确回复,估计是关于融资金额和估值情况还有待进一步确认,以及选择合适的时机对外公布。

五、团购"三足鼎立",大众点评最后时机反扑美团网

根据 EnfoDesk 易观智库的统计报告,2014 年第三季度,美团网、大众点评网、百度糯米占据中国团购市场份额前三名。其中美团网名列第一,占据团购市场份额的 55%,大众点评占比 22% 排名第二,第三名百度糯米占比 13%。整体来看,目前中国团购市场竞争格局已成"三足鼎立"之势,未来针对市场份额以及用户的争夺主要集中在前三名当中进行,而餐饮美食、休闲娱乐、酒店旅游为团购市场主要营收品类。

2014 年,1 月初大众点评 CEO 张涛发邮件宣布告别慢公司,并发力三四线城市。之后,大众点评方面透露,公司旗下团购业务实现快速增长,在 2014 年新开拓的三四线城市中,已有近 20 城实现逆袭,实现了当地团购市场占有率第一。虎嗅从大众点评对外披露的数据发现,大众点评在业务营收、用户数、服务覆盖等增长幅度都超过了 150%。而根据美团网的内部统计,美团网已经在 800 多个城市进行了布点,其中 80% 为三四线城市。目前市场占有率不是第一名的城市仅有北京、上海、苏州及个别县市,这与大众点评网宣布的数据有所出入。

至此,折射出大众点评与美团网的暗中"掐架"。无论是第三方数据或者一家之言,业内对团购市场"三足鼎立"的形势并无疑问。

从猫眼电影到美团网外卖,再到美团网酒店,美团网正依托其团购"基因"创造其他垂直业务,并且各项垂直业务的崛起将反过来淡化美团网的团购属性,美团网在逐步用实际行动褪去其团购外衣。随着在线旅游市场竞争进入白热化,业内人士认为,只有加强酒店直销的渠道建设,未来酒店在线预订之战才能持续下去。

美团网的酒店团购业务主要是在低星级酒店上,而这块业务的比重占据了很大的市场份额,甚至超过了去哪儿网等,但是在酒店在线预订上,也只有部分连锁品牌支持。美团网的酒店团购业务确实很强大,但只能说他们擅长在线旅游行业酒店板块中一个细分领域,携程旅行网等旅游电商所涉及的高星级酒店领域美团网还没有涉足,因此,对于其想在在线旅游市场上分一杯羹,目前还缺乏优势和品牌竞争力,对现在几家做得比较大的旅游电商不会造成太大的压力。

第三节 大众点评网在线旅游市场新动向

一、腾讯投资大众点评网占股 20%,互联网巨头 O2O 博弈升级

2014 年 1 月 19 日下午,大众点评与腾讯共同宣布达成战略合作。通过此次战略合作,大众点评网的本地生活内容,包括商户信息、消费点评、消费优惠、团购、餐厅在

线预订、餐饮外卖等,将得以与QQ、微信等社交平台和其他腾讯产品深度合作;与此同时,腾讯还投资入股大众点评网,占股20%。据悉,腾讯入股之后,以大众点评网创始人及CEO张涛为首的创始管理团队继续拥有对公司的控制权,保持大众点评网的独立运营和发展。

作为最能代表时下流行的互联网O2O(Online To Offline,线上线下融合服务)概念的企业,大众点评网选择"投靠"腾讯这座大山,除了为自身带来包括QQ和微信等重要的移动流量外,还将为中国互联网领域几大巨头之间的竞争增加不少看点。

探其原因,大众点评网"情定"腾讯源起微信。

据资料显示,大众点评网于2003年4月成立于上海,是目前中国最大的本地生活信息及交易平台,也是全球最早建立的独立第三方消费点评网站之一。大众点评网不仅为网友提供商户内容、点评等信息服务,同时亦提供团购、预订、外卖等交易服务。

截至2014年2月20日,大众点评网月活跃用户近亿人,其中移动流量超70%,覆盖全国2000多个城市,收录商户数量超过千万家,点评数量超过3000万条。而随着互联网O2O概念在移动互联网的推动下越发重要,大众点评网的价值也受到了各大互联网巨头的垂青。

大众点评网CEO张涛此前接受媒体采访时表示,互联网可以拆解成"人、商品、信息、服务"四个元素,每个元素连接点都是巨头的机会,其中百度连接人和信息,阿里巴巴连接人和商品,腾讯连接人和人,大众点评网则连接人和服务。

目前中国的互联网格局中,百度、阿里巴巴和腾讯都在积极布局O2O产业,但由于三巨头先天的基因以及核心优势不是O2O,因此O2O很难成为这三家企业的战略中心,而只能是战略外围,因此大众点评网的价值也就凸显出来。

在2013年10月,有业界消息称,百度拟以20亿美元收购大众点评网。大众点评网创始人张涛、联合创始人龙伟等人在不同场合多次表示:"大众点评网不可能被收购。"而早在2007年,大众点评网就曾拒绝过谷歌的收购邀约。

有业内人士指出,最终大众点评网选择了"牵手"腾讯,和微信出现后所带来的移动互联网机遇有直接的关系。"大众点评网在本地服务方面的确已经有了很深的积累,在国内的互联网企业当中也的确无出其右了,但是在移动互联网的入口和在社交性方面,显然是大众点评网的软肋。而腾讯的微信出现后,包括在产品定位和移动支付等环节上的完善,成为了大众点评网'手上'本地服务最好的'出口'。"

腾讯官方透露,大众点评网未来发展有两个方向:一是从纯粹的信息服务平台到O2O闭环的商业模式升级,二是从一二线城市向三四线城市渗透。"从这两方面看,微信可以帮到大众点评网。"腾讯官方解释道,具体来说,首先有了微信的支持,大众点评网可以增加用户量,微信支付可以给大众点评网带来更高的销售转化率;其次,腾讯纵深的用户层级可以给大众点评网在三四线城市的增长带来帮助。

二、大众点评网向全球最大的旅游评论网站Trip Advisor取经

2014年3月份,大众点评网宣布正式进入酒店旅游垂直领域,瞄准中国最大酒店

信息平台。"互联网酒店产业一般分为 OTA(在线旅游服务)和酒店点评两类:OTA 一般都会有多家,国内的代表是携程旅行网、艺龙旅行网等;对于后者,往往会有一家类似 Trip Advisor 的内容性网站出现。"大众点评网 CEO 张涛向记者如是表示,做抉择、做选择的点评平台,将成为整个酒店产业链的重要入口。在此之前,大众点评网也在其团购业务板块中涉及酒店预订服务,但并未加入点评功能。不过,团购在整体酒店订购市场中占据的比例较小。数据显示,2013 年在线酒店订购规模约为 620 亿元,市场中约 430 亿元被 OTA 电商瓜分,美团网占据了团购市场 70% 的份额,在整体市场中份额仅为 2.8%。

大众点评网酒店事业部总经理俞建林介绍,其酒店旅游点评业务不会直接与在线旅游业务衔接,而是通过网友的真实点评,影响其酒店预订、购买。换言之,这只是一个导流入口,实际预订业务需要跳转到各个独立的第三方平台完成。

目前,大众点评网的国内酒店业务已接入携程旅行网、艺龙旅行网、青芒果网等供应商,而国外酒店业务则借助 agoda、booking 等酒店预订平台完成。大众点评网的"师傅"Trip Advisor 是旅游点评的全球标杆,原来是 Expedia 旗下子公司,后拆分独立上市,拥有 Trip Advisor 等 19 个旅游媒体品牌。截至 2014 年 3 月 17 日,Trip Advisor 在全世界 33 个国家拥有子网站,其品牌网站向全世界提供涵盖 77.5 万家酒店、55 万个度假公寓、200 万个餐厅、全球 13.9 万个目的地 40 万个景点的 1.25 亿条的评论和意见。其商业模式是广告赚取收入,包括按点击付费收入、展示广告收入和列表服务广告收入等。

与携程攻略社区等同类产品的竞争,大众点评网拥有海量点评习惯的"用户池",这是一个最大的优势;其次,由于大众点评网不涉及后端的 OTA 业务,即没有直接签约的酒店等,从而能够保证网友评价的独立、公正,让点评信息更有效。但是,大众点评网的难题在于,如何把已有的存量客户、近亿的月活跃用户资源,引入新的酒店旅游点评业务,毕竟酒店旅游与餐饮预订两种消费模式之间差异很大。

在大众点评网事业部总经理俞建林看来,这是一个历史延续性的问题,因为以前没有全力做酒店业务,很多人还是固有的使用习惯。人们往往到了当地才使用大众点评网,而查询酒店信息和预订在此之前就已经完成。"今年(2014 年),首先让用户知道大众点评网可以查酒店信息,把用户转化过来。"俞建林表示,仅在中国,大众点评网已经收录 30 万家以上的酒店和其他类型的住宿信息,但在其他 OTA 网站只能看到单个网站自己的 5~10 万家"兴趣点"数据,"大的趋势是拥有最大的'兴趣点'信息以及靠消费者评价给用户最方便、最丰富消费指南的平台能够获得更多的流量。"

三、加码 O2O 入口,切入旅游领域

2014 年 3 月 25 日下午,大众点评网宣布,公司已切入婚庆和酒店旅游领域,打造婚庆信息平台和酒店信息平台。这是大众点评网在深耕吃喝玩乐等传统本地生活领域后,发力新的垂直领域,加码 O2O 入口。

数据显示,2013年中国旅游市场规模2.6万亿元,在线旅游O2O市场整体体量在2500~3000亿元之间。与欧美高达45%的在线旅游渗透率相比,中国在线旅游渗透率只有10%左右,存在巨大的发展空间。

张涛认为,携程旅行网等网站主要是做订房等交易,但用户的需求不仅如此。他评估大众点评网里的酒店点评现状,现在用户对酒店的点评多,但大多只有一两句话,没有深度。用户更关心酒店的每一个细节,大众点评网未来的方向是往深度点评方向发展。

2013年底,大众点评网酒店旅游事业部正式成立,任命俞建林为事业部总经理,希望在原有吃喝玩乐等本地生活服务的优势基础上,进一步扩展酒店旅游垂直业务,并通过和产品线横向打通为用户提供最好的酒店旅游体验。

大众点评网酒店事业部总经理俞建林介绍,中国的境外游正在爆发式增长,越来越多的国人选择在国外旅游度假,但目前还没有一个能够满足用户搜寻当地美食、酒店等信息的产品,大众点评网将发挥其在国内商户点评运营中积累的经验和优势,大力拓展海外热门旅游城市的本地信息和点评信息。

目前,大众点评网酒店业务可以提供酒店信息查询,国内酒店业务现已接入携程旅行网、艺龙旅行网、青芒果网等主流OTA供应商以及知名酒店官方平台,而国外酒店业务则借助Agoda、Booking等酒店预订平台完成。全新改版的大众点评网海外站仅酒店旅游服务和体验已覆盖东南亚和日韩等30多个主要旅游城市,未来将扩展到近200个。

四、滴滴打车宣布正式接入大众点评网

滴滴打车于2014年4月15日确认其正在进行硬件方面的开发,主要用于抢单服务,该产品于同年5月量产。另外,滴滴打车正式宣布接入大众点评网客户端。

该硬件产品安装在出租车的方向盘上,司机进行一键抢单。据了解,另一打车软件快的打车也在进行类似产品的研发。外界认为,两大打车软件在硬件领域或再次进行竞争。另外,滴滴打车运营副总裁张晶表示,目前,滴滴打车用户已达1亿人,爆发性增长出现在2014年的第一季度;同时,滴滴打车公布了一组数字,表示目前约有17.1%的用户是"因为补贴或尝鲜"而来的用户。张晶表示,滴滴打车暂时不会停止补贴。据滴滴打车在2014年3月底公布的数据,自2014年1月份活动以来,滴滴打车共补贴了14亿元。张晶称,这些补贴占其公司总支出的99%以上。但是滴滴打车不会停止补贴,也不排除会有更激烈的补贴大战。

五、四万公里:做境外旅行版

2013年初,一个名为"四万公里"的网站上线,其以地球赤道的周长取名,足见其创始人对项目的宏伟野心:要做一个境外的大众点评,为中国人在境外的食、住、行、娱、购、游等消费行为提供决策参考的点评网站。"自由行人群在出境'旅行现场'中普遍会碰到语言不通、环境不熟等问题,同时又有偶发性、随机性的消费需求,这时,熟

悉的大众点评网派不上用场,而在国外流行的 Yelp(美国最大的点评网站)存在语言障碍,又不符合中国人的口味。"大众点评网 CEO 张涛如是说。

2014 年推出大众点评网最新版的四万公里 APP(见图 11-3),已经拥有了 270 万 POI 信息,1000 余万张相关图片,1.5 亿条左右真实点评与评论。大众点评网四万公里目标区域就是中国人出境常去的地方,景点周边、著名商业区。划分出目标区域后,与这些区域的大学的中国留学生组织联系,提出需求和相应的奖励措施,发动他们收集 POI 信息。因为国外的商业区相对集中,一个中等的城市一到两周就能全部走完。在这期间,为提高留学生的积极性,四万公里还开展了团购业务,通过团购返利+直接工资对地推人员来进行激励;同时在澳大利亚、韩国、加拿大和美国这四个重点目的地国家设立大区经理,由当地华人担任,直接发放工资和考核。

图 11-3 大众点评网四万公里 APP 页面

由熟悉当地的华人去写点评信息使得四万公里的点评内容具有了独特价值:比如只有当地人知道的餐厅与美食、精品购物店,一般游客很少知道的、反映当地风情的景点等。这些点评内容在一般的点评类网站很难找到,但对出境自由行的游客有极大的参考价值。

环球旅讯报道过的口碑旅行与四万公里的产品定位十分相似,都是针对出境自由行的点评类应用。在模式上也采取了数据抓取和数据挖掘等互联网搜索技术,四万公里的优势在于拥有自己的 UGC 内容,但要在出境游点评 UGC 领域深耕,四万公里面对的挑战并不少。首先,出境游点评类应用市场正在从蓝海迅速转变为竞争激烈的红海。全球旅游点评巨头 TripAdvisor 在中国推出了到到网,为出境自由行用户提供目的地信息及预订服务。如果说到到网还在逐步摸准本地用户的脉搏的话,那么,国内本土两大旅游攻略社区穷游网和蚂蜂窝无疑是最有潜力的角逐者,他们已有多年的UGC内容积累,并且正在花大力气将海量内容进行结构化处理,并引入了POI点评。目前,穷游网和蚂蜂窝的用户都在数千万级别,日活跃率在百万级别,穷游网和蚂蜂窝在旅行点评领域深耕,生产点评信息的速度和数量都是惊人的。面对这些品牌和用户兼具的竞争对手,四万公里如何在旅游点评这片红海中脱颖而出?而从穷游网和蚂蜂窝近期的商业探索来看,是否深度切入产品预订仍然是让个他们无比纠结的话题:做得重了,似乎失去了作为媒体模式的轻灵;做得轻了,离用户的购买决策点太远,商业变现能力弱。如何在这轻重之间把握好一个平衡点,对于这类媒体模式的网站和应用来说都是长期的挑战。

数据显示,大众点评网2014年单月团购交易额超过20亿元;团购之外酒店旅游、电影、婚庆等垂直业务增长迅速。在团购业务上,大众点评网的交易量相比2014年初增长超过2倍,合作团购业务的商户则是年初的近5倍;在大众点评网进入的三四线城市中,团购交易市场份额上涨超过7倍。

在大推广业务(包含推广业务和婚庆业务)上,大众点评网单月订单超过亿元,2014年12月订单相比年初增长3倍,O2O效果广告产品三个月内达到千万级;在预订业务上,营收增长超过15倍,到2014年年底通过在线预订实现的销售额累计达1500万元,覆盖商户数近3万家,是年初的3倍。在一二线城市,通过大众点评网订座的订单最高占到商户店内所有预订总量(包括电话预订)的90%以上,线上预订量平均占到商户总预订量的60%以上。在酒店旅游业务(含海外)上,大众点评网12月的营收是年初的5倍,覆盖全球近50万家酒店、全球200个热门旅游城市、国内350多个城市,覆盖酒店数相比年初增长近10倍,订单量是年初的6倍,海外优质商户数增长了10倍,海外用户数已达年初的近4倍。

在电影领域业务上,大众点评网12月份的出票量是年初的30倍,提供在线选座的影院达2000家,覆盖城市近300个,市场覆盖率全国居首。大众点评网CEO张涛担任了电影《匆匆那年》的联合出品人,该影片上映5天内票房突破3亿元,进入2014年2D影片年度票房排行榜前10名。

2014年是大众点评网全面加速的一年。O2O是一个又脏又累又苦的行业,其中效率提升是实现快速增长的关键。大众点评网于2014年从微软、阿里、腾讯、百度等知名互联网公司引进了大量人才,加快了扩张步伐。

糯米网在2014年3月6日被百度收购,改名为百度糯米,在糯米网被百度全资收购后,糯米网还在"百度化",内部整合仍是第一要务。百度糯米针对"服务跟不上导致用户退款难"的团购行业现状,推出了"随便退"机制。全场所有生活服务类团单均支持未消费退款政策,真正做到"省钱更省心",对整个团购行业是一次彻底的颠覆。而昔日的团购"老大哥"拉手网,已经出售给三胞集团,并陷入高管出走、裁员的风波中。所以,2014年糯米网与拉手网并无太多新发展、新成就。

参考文献

[1] 环球旅讯. http://www.traveldaily.cn/?s=noredirect.
[2] 劲旅网. http://www.ctcnn.com/.
[3] 百度旅游. http://lvyou.baidu.com/.
[4] 中国产业信息网. http://www.chyxx.com/top/201407/267579.html.
[5] 百度百科. http://dwz.cn/2qIaV8.
[6] 大众点评. http://dwz.cn/Fja2r.
[7] 美团网. http://dwz.cn/wzSu4.
[8] 艾瑞资源统计数据. http://www.iresearch.cn/.
[9] 淘宝旅行. http://www.alitrip.com/.

第四篇
旅游 APP 移动应用篇

第十二章 旅游 APP 发展现状

在以智能终端为主要载体的移动互联时代,聊微信、刷微博、玩游戏、手机支付、预订等大量移动应用,让越来越多用户贡献了海量的数据。互联网不可阻挡地向移动互联网转化。对于在线旅游来讲,移动 APP 是当下行业的颠覆者,也是未来的王者。

第一节 移动互联网发展现状

2014 年,我国移动智能终端用户规模达 10.6 亿人,较 2013 年增长 231.7%。[1]根据 TalkingData 中心发布的数据来看,移动互联网网民近 6 成为男性,80 后青年用户是移动网名的主力军,而 90 后青少年已逐渐成为移动互联网的新生力量。同时,用户的上网环境得到明显改善,使用 Wi-Fi 上网的用户比例较 2013 年有显著增长。不管是从市场规模还是从用户规模的角度来看,都显示了我国移动互联网的高速发展和广阔的市场前景。

2014 年,各大旅游电商都开始发力移动端,纷纷加速移动端布局。相比 2013 年,2014 年移动旅游行业用户增长较快,用户规模达 2.8 亿人,增长比例达 211.1%。旅游的不断发力引起资本市场对移动旅游行业关注的不断升温,行业竞争持续白热化,应用类型日益增多。

现在,移动互联网已经度过了用户移动端需求集中于通信与社交方面的"萌芽期"和以购物与娱乐为代表的"初步发展期",开启了移动便捷生活的"高速发展期",用户需求多元化释放,行业更加趋于细分化。在"高速发展"这一时期,旅游、医疗、教育、餐饮等与生活密切相关的细分领域应用纷纷涌现,多元化生活服务为用户带来极大便利,线上与线下联动成为趋势(见图 12-1)。典型应用的不断涌现,也让 O2O 行业迎来用户增长与资本市场融资双重热潮,移动端的消费闭环正逐渐形成。

随着智能手机大规模普及,首先,用户可以通过智能手机随时随地购买任何物品,这就为紧急时刻的移动旅游(例如临时预订酒店、机票)提供了机会。其次,近几年移动互联网的快速发展,为抢占移动市场,各旅游公司积极开发更高性价比、更便捷的移动旅游产品。最后,相比 PC 端,移动设施便携性较强,使用场景较为随意,用户通过移动终端可以更加轻松地浏览、预订旅游产品,有利于提升用户体验。基于此可以看出,移动互联网在旅游行业中占据着重要的地位,移动端目前已成为核心旅游企业竞争最为激烈的渠道。

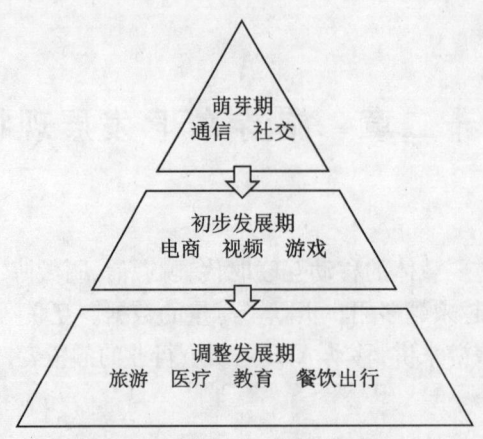

图 12-1 移动互联网发展阶段

资料来源:根据 TalkingData 资料整理。

第二节 旅游 APP 现状

美国有关研究机构发布报告称,在 2014 年,美国来自移动渠道的休闲旅行预订和非集中管理的商务旅行预订的规模达到近 260 亿美元,这一数据比 2012 年的数字高出超过 3 倍。全球领先的在线旅游公司 Expedia 也发布报告显示,68% 的移动酒店预订服务是在游客计划入住当天的 24 个小时以内进行的。

一、旅游移动互联网应用的优势

移动互联网的技术优势及其方便灵活的特点,可以更好满足旅游消费在整个过程中的特殊需求。由于旅游市场对空间的随机性和时间紧迫感要求较高,用户需要随时对出行信息进行查询,也需要得到所在地的其他有关信息,例如当地文化、周围商店分布情况、特色商品、景点和饭店等。相对于传统的网络推广渠道,借助于无线技术的移动平台有着自己独特且不可取代的优越性。

以智能手机为载体的移动用户的增长速度近几年呈爆炸性趋势,为产品的推广提供了强有力的人流量支撑;并且习惯于使用这一平台的人群基本经济基础都相对较好,对新事物的接受程度也相对活跃。

现在几乎所有的网络推广渠道都在关注和提升用户的体验,而移动互联网通过整合各项新技术,可以为用户带来各种前所未有的体验感受。基于智能手机的随时性、随地性、交互性等特点,使用户更容易通过微博、SNS 等平台快速实施旅游体验的分享和传播,从而实现裂变式增长并带来更多的潜在客户群。

智能手机的各项应用开发和推广成本,相比传统网络营销手段更低,安装和使用也更为简便。目前来看,各旅游企业在移动互联网的发力主要集中于移动 APP 的应用。通过新技术以及数据分析,APP 可实现精准定位旅游公司的目标用户,让低成本的快速增长成为可能。用户的手机在安装 APP 以后,相当于旅游公司在用户身边安插了一个随身客服,可持续与用户保持最直接的一对一即时联系。

二、旅游移动应用现状

移动已经成为旅游预订全新的重要渠道。移动客户端在线旅游市场获得迅猛发展,而旅游产品的手机预订渠道是否能得到突破性的进展,取决于如何通过手机应用的客户体验大幅提升。移动预订已成为机票、酒店、租车预订的全新渠道。目前,在线旅游移动化应用已经覆盖查询、预订、支付和分享这四个典型环节,基本满足了旅行者通过移动设备解决全流程的需求。

移动互联网在在线旅游行业中占据着重要的地位。在移动端,核心企业竞争非常激烈。移动端的下载量是决定一家企业在移动端影响力的基础指标。

根据艾瑞监测分析,截至 2014 年第三季度,核心企业移动端的累计下载量,去哪儿网约为 4.6 亿,携程旅行网约为 1.5 亿,同程旅游网约为 1.4 亿,艺龙旅行网约为 1.1 亿。[2] 可以看出,各家差距还是较大,其中去哪儿网及携程旅行网占据着较大的优势,覆盖面要更广。

下载之后要有消费,移动端产品销量占本企业此类产品全部销量的比例是体现一家企业移动端转化能力的关键指标。

在移动端酒店销量占比方面,根据"移动端酒店销量占本企业酒店业务全部销量的比例"进行评估。截至 2014 年第三季度,去哪儿网为 55%,同程旅游网为 45%,携程旅行网为 46%,艺龙旅行网为 48%,由此看来去哪儿网在移动端酒店销量占比方面相对较高。

在移动端机票销量占比方面,根据"移动端机票销量占本企业机票业务全部销量的比例"进行评估。截至 2014 年第三季度,去哪儿网为 43%,同程旅游网为 45%,携程旅行网为 38%,艺龙旅行网为 40%,同程旅游网和去哪儿网在移动端机票销量占比方面略高于同类应用。

综上所述,移动端仍是中国在线旅游行业的发力点,各家企业都有自己的优势,同程旅游网及携程旅行网 2014 年第三季度在移动端产品销量占比及累计下载量方面相比第二季度都有明显的提升,去哪儿网则在累计下载量、下载量激活量等指标上表现更加突出。

纵观我国在线旅游行业,在移动端,各个企业都有自己的优势,去哪儿网和携程旅行网在累计下载量、酒店销量、机票销量等指标上表现更加突出。

第三节 旅游 APP 市场特征

旅游移动客户端出现后,其迅速增长的下载量,已经开始悄悄改变了在线预订市场的份额构成。无线旅游正在引爆旅游消费的变革,其主要呈现出以下特征。

一、旅游 APP 数量迅猛增加

比起网络预订,旅游 APP 最大的优势在于可实现随身随时预订,更符合用户当即决策的思路。携程旅行网、艺龙旅行网、百度、淘宝、腾讯、京东等网络大公司早已相继开始了在旅游 APP 上的新探索。目前携程旅行网无线的主动下载量已突破千万,并拥有"一网六客户端"的跨平台应用覆盖能力。去哪儿网的六大 APP 分别覆盖 iOS、Android 等主流智能移动设备,打造一站式移动旅行生活方式。随着旅游 APP 应用数量的爆发式增长,鱼龙混杂的旅游 APP 应用也让人们备受困扰,大量旅游 APP 不为人所知,其中不乏极富创意和实用性的产品。究竟应该选择哪些应用性价比高的旅行APP,无疑成为了游客最关心的问题之一。

二、移动客户端逐渐渗透到旅行全流程

智能手机的出现,移动互联网的崛起,让旅行前、旅行中、旅行后的种种需求形成一个循环,几乎可以全部用移动终端去实现。在线旅游有查询、预订、支付和分享四个典型环节,对移动用户来说,最理想的方式是通过移动设备解决全流程需求。如一个用户在旅行过程中需要预订酒店,他使用手机查询到附近的酒店,在查看其他用户推荐和评论后锁定了其中几家,经由客户端搜索到其中一家有便宜的团购,于是赶快下单抢购,下单后通过手机支付成功;入住以后,该用户通过手机把酒店照片和入住心得分享到网上,供其他客人参考。试想如果其中任意一个环节用手机不能实现,则会导致体验链条的断裂,使得交易不顺畅甚至中止。因此,实现在线旅游全流程覆盖是移动端无线产品竞争力的体现。

三、用户需求多元化

随着用户对在线旅游客户端的使用日益深入和成熟,其需求变得更加细分。根据旅游消费的不同环节,各类细分市场的 APP 也在迅猛增加,如线路预订、资讯提供、旅游点评、行程规划、分享社区、定制服务等。同时,用户也希望 APP 能更轻巧、灵活,通过与需求关联的 APP 能更加快捷、精准地找到信息,获得服务。所以,旅行网站开始打造综合客户端全能型的形态,用多点式应用分别满足不同用户群不同特征的需求,创造出了许多新的旅游业务形态。去哪儿网通过"去哪儿攻略""去哪儿旅行""去哪儿酒店""精品酒店""去哪儿兜行""去哪儿旅图"等六大 APP,从旅行资讯、目的地攻略、机票酒店查询预订、旅行应用、旅途记录分享等各个细分领域切入,全面覆盖用户旅行前、旅行中、旅行后的各类需求。去哪儿网的多点 APP 战略精准地指向用户旅行过程中的每一步需求,通过移动客户端,实现全新的移动旅行生活方式。

第四节　旅游 APP 出身基因

在线旅游企业早在几年前就已着手布局移动端,但移动端战局的全面爆发是于 2013 年下半年开始的。2013 年 8 月,在线旅游 PC 端三强企业之一的艺龙旅行网宣布,将从"在线酒店"转型为"移动酒店";一个月后,行业龙头携程旅行网也高调宣布,将由在线旅游代理(OTA)转型为移动旅游代理(MTA)。至此,移动端战场上硝烟弥漫,围绕在移动端一波波的促销此起彼伏,APP 的新功能添加、版本更迭频频发生。

但从目前来看,旅游 APP 的出身大致可以分为三种:一种是由传统旅行社开发的移动应用,推出该旅行社的移动版本 APP;一种是由在线企业推出的移动终端 APP,其意图主要是由 PC 端向移动端发展;第三种则带有显著的移动互联网基因,这些企业往往在看到移动互联网发展的良好势头后,进而开发、推出市场所需的移动应用。

一、传统旅行社出身

在我国旅游消费者迅速由个人电脑端向移动端转移的背景下,中国国旅手机客户端(APP)于 2013 年 12 月 6 日正式上线试运营,共推出 IOS 苹果和安卓的两个 beta 版本。通过 APP 客户端,用户可在手机上完成旅游线路查询、旅游产品预订、在线支付等操作。除此以外,用户可通过"我的国旅"页面管理自己的订单、查看出团通知、维护常用联系人、参与在线问答等。2014 年 11 月 14 日,原中国国旅手机客户端"中国国旅"APP 安卓版及 IOS 版统一变更为"国旅在线"APP(见图 12 - 2)。"国旅在线"APP 除拥有"中国国旅"APP 的全部功能外,还新增了消息推送功能,并进行了 UI 界面的整体优化,用户体验大幅提升。

图 12 - 2　国旅在线 APP 界面

这是中国国旅将旅游服务推向移动互联网的首款手机应用,标志着中国国旅正式进军移动端旅游市场。今后用户除可通过各大线下门市网点、拨打旅游服务热线以及"国旅在线"官方网站咨询预订中国国旅总社的旅游产品外,又多了一个新渠道。

"摇一摇"查找周边门店是该APP一项较有特色的功能,从产品页面下方的"更多"按钮打开菜单,选择"门市网络"选项,进入"门市列表"页面。在此页面下,通过"摇一摇"动作可查看用户当前位置周边的网点地图,用户可以根据地图提示,选择就近的中国国旅门市获取服务。在门市网点界面可查看门市的信息、距当前位置的距离,并提供"查看地图"功能。通过点击"右侧栏"按钮即可方便选择离用户最近的门市以及市内各区的门市。

此外,中国国旅APP支持支付宝、银联在线支付功能,方便用户使用手机端进行在线支付,从而支持客人在手机端完成从查询、预订到在线支付的全流程体验。

二、在线旅游企业出身

在线旅游企业不管是携程旅行网、去哪儿网、同程旅游网、艺龙旅行网传统OTA纷纷发力移动端APP应用,蚂蜂窝、途牛旅游网等攻略类网站也纷纷加入移动市场的争夺,而大型电商百度、京东等也逐渐发布旅游类APP或者在自身APP基础上增加旅游板块。

在大型OTA组建无线部分进军移动互联网方面,自去哪儿网于2009年开始组建无线部门,携程旅行网于2010年组建无线部门,艺龙旅行网于2011年3月组建移动客户端开始,大型OTA成功实现了从互联网到移动互联网的转变(见图12-3)。

图12-3 典型OTA标志

除此外,各大在线旅游企业的上游运营商,航空、酒店、旅游目的地等也竞相推出与主营业务相关的独立APP。航空类有国航、东航、南航、海航、深航、山航等。以国航APP为例,该APP能够提供机票预订、办理值机、航班动态、出行服务等服务。酒店类如七天、如家、布丁等,以如家为例,手机移动端可以提供酒店查询、酒店预订、地图服务等服务。旅游目的地类如浙江、杭州等,以"玩伴—南京"为例,"玩伴—南京"定位为景区导游,提供当地景区解说和图片浏览等服务(见图12-4)。

图 12-4 "玩伴—南京"APP iPhone 端截图

三、移动互联网基因出身

移动互联网的发展和智能手机的普及使得一大批创新型企业看到旅游发展的未来趋势,专属服务于移动终端的 APP 也相涌而出。例如今夜酒店特价、Touchchina 等。这些新型企业往往带有很强的移动互联网基因,需求源于移动用户,最终服务于移动用户。

今夜酒店特价是一款基于移动互联网的手机预订平台(见图 15-5)。每晚 6 点后预订当天酒店剩房,只需要付白天网络预订价格的五折,四星级酒店仅需 300 元。消费者可以根据距离远近、星级、价格、酒店风格等个人喜好,方便地查找和预订这些特价房间,以接近经济型酒店的低廉价格享受更舒适的一夜。

图 12-5 "今夜酒店特价"APP 界面

今夜酒店特价是一个典型的移动互联网的应用 APP,以 LBS 加"最后一分钟优惠"的形式切入移动电商领域,盘活了酒店当日剩余库存,从中赚取差价或佣金的同时为消费者得到了高性价比的房间。只有在移动互联网和移动终端普及的情况下,才可能出现酒店及时更新当天客房剩余库存以及实现用户可以"随时随地获取信息"的这一局面。

在整个销售过程中,今夜酒店特价和奥特莱斯走了一条完全一样的路线:一方面,通过超低折扣价格吸引注重性价比的顾客,从而销售掉酒店的库存;另一方面,则用渠道(只能通过智能手机 APP 预订)、时间(只能在晚上 6 点以后预订)和商品(大部分酒店只能预订一晚)来增加限制,以区隔用户,从而保护酒店的正常销售不受影响。

通过这种"限制性渠道 + 限制性商品"的搭配,既保护了上游商家的正常销售,同时也让自己实现了利益最大化。

第五节 APP 应用对旅游业的影响

2014 年,被我国国家旅游局定义为"智慧旅游年",旅游因科技的发展而更加便捷和人性化,成为人们的一种生活方式,更多的游客开始从最初"傻瓜式"的跟团游变成"攻略式"的自由行,越来越多的人开始"说走就走"的旅行。

一、推进智慧化旅游

智能手机的普及改变了消费者的旅行计划和预订行为,同时越来越多供应商和旅游中介发布了更多种类的旅游 APP 应用,带动智慧化旅游迅猛发展。[3]据了解,目前不少旅行者选择在手机上完成旅游线路查询、旅游产品预订、在线支付等全流程操作,从而享受在无线端的各项旅行服务。据调查,2014 年"五一"期间各大旅游景区自助终端设备的使用量首次出现规模化增长,游客出游也更多地采用了 APP 应用的自助游。

二、改变了"预订旅游"的方式

先付钱,再体验,这是旅游消费与其他消费方式最大的不同。由心动到行动,旅行必然通过预订实现,哪怕是绕开旅行社进行自助游,也绕不开机票、酒店的预订。在互联网时代,甚至更早一些时候,旅行的决策过程相对较长,用户花更多时间在搜索、比价上。国内知名的在线旅游企业携程旅行网,早年凭借强大的呼叫中心提供标准化服务,机票、酒店通过电话预订的比例一度超过 90%,行业中甚至出现这样的说法——"电话预订是中国特色的在线预订模式"。然而,进入移动互联网时代,用户的使用习惯发生了大逆转,可能消费者还未习惯使用网站来预订旅游产品,现在却直接过渡到了手机上。

三、改变了"导游"的含义

过去,受限于景区地图的缺失,智能导游服务发展缓慢,传统的导游讲解尽管技术落后,却也占领市场数十年。而现在借助于 APP、定位、景区地图等技术的支撑,查找景点、景区内导航、城市导览都变得容易。在这块领域,由 Google 前职员研制的 Triposo 应用软件在信息整合方面具有明显优势——它通过信息搜索和聚合,几乎完成了全球主要的旅行目的地国家的导览服务。在国内,由于相对封闭和有限的信息来源、景区地图缺失等原因,这个领域的创业公司也只能从景区地图绘制开始,如"Touch-china"系列应用、"朋游风景—旅游攻略"等,但该领域的发展潜力巨大。

四、让分享变得"随时随地"

过去旅行爱好者分享旅行资讯,或通过口碑相传、旅游类媒体、形式多样的驴友论坛,或是前辈们精心整理的目的地攻略。现在,众多 APP 结合了社交网络、AR 虚拟现实、全景技术、位置定位等一系列新技术,使人们对旅行的分享有了全新的方式。

首先是由于社交网络的快速发展,人们分享和获取资讯的方式正从陌生人转向熟人网络,而网络旅游社区在这方面也有明显的变化。早期的旅游社区以点评、游记分享、目的地推荐为主,而现在的"新型旅游社区"则不然。新型旅游社区主要是建立一个非常可信的熟人旅行社区,发生互动的都是好友。另一方面,改变了过去的分享方式。过去的分享方式大都是在旅游结束之后上传照片、文字、攻略等到论坛、博客、QQ空间等以分享给好友。而随着旅游 APP 的出现,旅行直播开始盛行,游客可以边走、边记、边分享,让旅游者的分享真正实现了"随时随地"。

第六节 旅游 APP 发展趋势

对于先天就和移动有着紧密结合的旅游业而言,移动互联网的发展正在为整个行业带来巨大的机会。携程旅行网、艺龙旅行网的快速发展让传统旅游行业看到了在线旅游市场的广阔;去哪儿网自创办以来,冲击了原有在线旅游模式。无论是在线旅游企业还是传统旅游企业,无论是行业巨头还是市场新锐,要想参与到无线旅游市场的竞争,都必须从以下几个方面来提升自己的核心竞争力。

一、用户体验

要想在这场激烈的手机客户端"厮杀"中杀出重围,并获得用户的青睐,用户体验是最重要的决定因素,所以,旅游 APP 应更加关注用户需求的精细化发展。首先是多平台的兼容,即手机客户端的终端适配问题。由于智能手机是多种操作系统并存,因此就要根据不同的操作系统进行不同的适配,并根据操作系统演进情况,及时更新。而这对于实力较弱的客户端提供商来说则是一大挑战。其次,手机客户端还应在用户体验上投入更大的精力。无论产品设计、功能还是广告植入,应该更加人性化,注重用户体验,诸如一站式服务、人性化的阅读界面、节省流量、及时根据用户反馈改进客户端等。例如,在外旅游的用户需要订酒店,通过智能手机进行定位查询后,地图将呈现周边酒店名称、位置、价格,同时以不同颜色标注房态,用户可以选择点击通话直接到酒店前台预订。在旅行途中,对旅游线路信息,更可以提供详细的行程安排、线路特色、热门旅游资讯、旅游攻略等实用旅游信息使一切尽在"掌"握之中。

二、应用创新

无线旅游应用不是把网站搬到手机上,用移动客户端的方式实现就行了,还需通过创新的产品,去打动用户和合作伙伴。去哪儿网将手机客户端打造成了万能工具,可以在移动客户端上提供一站式旅游服务。目前,去哪儿网无线客户端包含机票、酒店、火车票、景点、团购等产品,同时具备手机支付、身边酒店定位、手机下订单、价格趋势查询等功能。

三、市场细分

很多手机旅行预订应用都把重点放在了中小酒店特别是连锁经济型酒店的预订上,因为这符合大多数青年人的需求,而他们正是智能手机应用的主要用户。对手机应用来说,最好的办法是找到细分市场并做出新意。如果在消费者需要某样东西时,商家能够及时填补市场空白,就能快速抢占市场先机。去哪儿网在酒店业务方面接连推出"夜销"产品,"夜销"是基于智能手机客户端的酒店"LastMinute"模式,每晚18:00至次日6:00,消费者可以在去哪儿网 Android 或 iPhone 手机客户端以超低价格购买酒店房间,为酒店带来了特殊的细分用户群体,也受到酒店方的欢迎,从而使酒店登上移动互联网的营销快车。

四、支付手段

支付一直以来是无线旅游服务最大的软肋。与 PC 支付相比,手机支付因为设备、网络等差别使得支付变得非常复杂,无论是手动输入信用卡号或是密码,均让用户感觉"不安全、烦琐"。少数实现了支付功能的客户端在支付时也只是跳转至手机 WAP 网页,完成后需要重新打开回到客户端,带来的用户体验并不完美。

去哪儿网最早在 iPhone 与 Android 两个主流智能系统全面实现手机支付功能,支持招商银行、中信银行、农业银行、工商银行、兴业银行、中国银行、建设银行、广发银行、浦发银行、华夏银行、平安银行等11家银行的内嵌支付,用户在购买机票时无须跳转即可顺利完成支付;除此,背靠支付宝的阿里旅行·去啊也有自己解决支付掣肘的办法。除拥有机票、酒店、航班等查询基础功能之外,阿里旅行·去啊客户端最大的杀手锏在于内置支付宝而拥有即时购票功能;另外,银联也推出了成熟的手机支付方案,可以让开发者把银联支付集成到应用中去,不需要向支付宝那样需要用户另外下载安装支付宝应用。

移动互联网技术的发展,必将推动旅游产业迎来无线时代的全面辉煌。手机用户的飞速增长、频繁的出行需求、逐渐高涨的手机消费习惯为整个旅游业提供了更大的无线市场。传统旅游企业必须审时度势,积极实现业务转型,实现在线领域和无线领域的双跨越。在线旅游企业在旅游业中已占据了有利位置,移动互联网的发展为其提供了新的机遇,在无线领域,必须走在前列,走"在线+无线"的战略。

一位移动技术研发者介绍,维系 APP 的活跃度,要考虑消费者下载 APP 后,如何使其养成使用此 APP 的习惯。其表示,移动端的消费者比 PC 端的消费者用户忠诚度及黏性要高。PC 端消费者可以通过网页跳转,简单、快捷地切换不同企业官网。但在移动端,消费者必须先下载一家企业的 APP。根据这一特性,企业在移动端的策略一般是,首先以低价促销将消费者吸引到自身 APP,同时再辅以完善的服务留住客户。

此外,"90 后"消费者已经逐渐成长为一批不容忽视的新消费力量,但与"80 后"注重高性价比不同,"90 后"消费者更注重服务,因此其宁愿在订单单价上多花费一些钱。

一位业内人士坦言,在线旅游企业移动端服务的完善,不仅体现在 APP 界面简洁、干净、信息全等技术层面,负责电话服务的呼叫中心同样必不可少。环球旅讯创始人李超曾表示:"客观地说,五花八门的预订渠道以及繁杂的产品选择和规则已经让旅行计划和决策变得更加复杂,而不是更加简单。在移动预订逐渐普及的情况下,用户通过移动端进行查询并最终通过电话咨询和完成预订的比例非但不会下降,可能还会有所提升。"

参考文献

[1]2014 年移动互联网数据报告.TalkingData.2015.

[2]2014 第三季度中国在线旅游核心企业移动端数据监测简报.艾瑞咨询.2014.

[3]高云娇,王晨.APP 应用对旅游行业的影响分析[J].产业与科技论坛,2014(12):115-116.

第十三章 预订类旅游 APP

随着越来越多的旅行者下载使用旅游 APP,无线旅游市场成为旅游业的一大新亮点。移动互联网科技的进步在让旅行者受益的同时,或将使旅游市场发生革命性的变化。无线旅游正在被越来越多的旅游企业重视,成为各类旅游服务商竞争的新战场。

过去一年中,移动旅游市场俨然已成为旅游业新的掘金热点,各大 APP 运营商之间的移动旅游市场争夺战早已剑拔弩张。旅游 APP 在改变游客在行前、行中、行后的行为方式的同时,也必将会对各类旅游服务商未来的发展产生不可忽略的影响,如何在新兴的无线旅游领域赢得属于自己的一席之地将会是各旅游企业迫在眉睫的大事情。

未来旅游类 APP 的功能会越来越丰富,涉及的服务领域也会越来越广,竞争自然也会越来越激烈;同时,旅游类 APP 功能的同质化问题也会更加突显,这也是目前移动旅游市场发展不可忽视的问题。对于这个市场的各竞争方而言,实力较强的运营商可以借产品与品牌优势拓展市场占有,并挤压现有市场空间,在这样的背景下,中小运营商能否在"夹缝"中寻找出对手所不能及的细分领域、挖掘出特定人群的特定需求,进而开发出具有特色的移动旅游服务产品,将是其生存以至获取收益的关键。对于移动旅游市场细分领域需求的挖掘与拓展,也将对移动旅游市场的良性发展大有助益。

劲旅咨询在月度国内旅游类应用(安卓)下载量监测基础上,对国内旅游类 APP 进行了细化分类,从应用功能角度划分为预订类、分享类、攻略类和工具类这四大类型,按照国内主流安卓类应用市场的综合下载量进行排名。[1]截至 2014 年年底,国内旅游类 APP 下载量如表 13-1 所示。

表 13-1　2014 年 12 月国内旅游应用(APP)下载量检测及排名(安卓系统)

排名	APP 名称	下载量(万)	排名	APP 名称	下载量(万)
1	滴滴打车	27 636.2	7	途牛旅游网	7997.9
2	快的打车	22 823.6	8	飞常准网	7809.1
3	携程旅行网	21 283.5	9	到到网	6410.7
4	去哪儿网	19 967.3	10	艺龙旅行网	5627.0
5	同程旅游网	16 395.8	11	驴妈妈旅游网	5379.8
6	航班管家	8127.8	12	智行火车票	3612.5

续表

排名	APP 名称	下载量(万)	排名	APP 名称	下载量(万)
13	高铁管家	3475.4	32	超级火车票	795.5
14	旅游攻略	3448.1	33	华住酒店	636.4
15	快捷酒店管家	3137.1	34	易到用车	600.7
16	酷讯机票	2861.4	35	穷游网	568.0
17	面包旅行	2457.9	36	火车票实时查询系统	556.1
18	铁友火车票	2370.3	37	淘在路上	553.6
19	超级指南针	2169.0	38	景点特价门票	550.6
20	114商旅	2068.6	39	悠哉旅游网	499.2
21	百度旅游	1988.7	40	神州租车	434.2
22	8684火车	1606.5	41	号百商旅	429.7
23	住哪儿订酒店	1343.0	42	搭伴玩旅行交友	427.2
24	旅行翻译官	1258.1	43	多趣旅行	403.7
25	在路上	1244.1	44	酷讯旅游网	399.6
26	大拇指旅行	1234.0	45	景点通	399.2
27	铂涛会	1204.8	46	掌上如家	362.1
28	航旅纵横	1081.5	47	艺龙酒店	360.7
29	阿里旅行·去啊	1019.4	48	米途订酒店	355.5
30	一号专车	1004.0	49	蝉游记	312.3
31	高铁达人	908.0	50	玩伴	291.6

备注:以上各 APP 下载量由安卓市场、91助手、豌豆荚、木蚂蚁、应用宝、MM 商场、机锋市场、应用汇、安智市场、360手机助手、百度手机助手等国内主流的安卓应用汇总得出。

资料来源:劲旅网 http://www.ctcnn.com/html/2015-01-14/15262949.html。

纵观2014年,移动旅游给在线旅游市场带来了巨大变化,移动端所表现出的潜力与商机引得巨头企业纷纷布局。2014年,以携程旅行网、去哪儿网、同程旅游网为代表的在线旅游企业移动端已经迎来下载量破亿时代,移动端正在成为消费者更加青睐的新预订渠道,而追随其后的途牛旅游网、艺龙旅行网、驴妈妈旅游网等也在不断发力,一路猛追,在线旅游的竞争蔓延到移动端,并呈现出愈演愈烈的态势。

下面,本文主要借鉴劲旅咨询对于国内旅游 APP 的划分对各类 APP 进行综合分析和案例分析。

第一节 发展现状

一、预订类APP含义

旅游过程中,住、行是途中最大的两个问题,所以预订酒店、机票等是必不可少的。预订类APP就是为旅途提供酒店、机票的移动预订平台。这类APP的开发者大都是从传统的互联网行业过渡到移动互联网来的,有稳定的合作伙伴、客户和商业生态,所以基本拥有最稳定的市场,同时也意味着预订类APP存在较少的创业公司。

移动互联网时代到来之后,各大旅游预订类网站都开始布局移动市场。早在2009年,去哪儿网就成立了无线部门,开发移动终端市场,到目前共有6个APP。紧随其后,携程旅行网、艺龙旅行网、淘宝旅行网也纷纷推出了自己的APP客户端。截至目前,几乎各大旅游预订类网站都根据网站特色和消费者需求,推出了各具特色的APP客户端。移动互联网的到来,真正实现了在线旅游,通过移动终端实现了用户实时的查询、预订和分享各种美食、景点、娱乐以及住宿信息。

二、预订类APP分类

对于往常的旅游消费者而言,以往准备到一个地方旅游前,都会上网去搜寻大量的自助游攻略,打听有什么好吃的、好玩的。这些准备工作很烦琐,有时候甚至会影响旅游的心情。这时候,如果随身携带的手机如果能查询并预订线路、酒店、列车、团购、景点、餐饮,将会大大提升旅游的质量,让旅途更加轻松和快乐。

根据现有旅游APP来看,预订类APP可以分为两大类型。一类是由电脑PC端传统旅游O2O电商延展而来的,如去哪儿网、携程旅行网、同程旅游网等大型旅游预订平台的APP,这些APP具有综合性强的优势,可以提供包含旅游吃、住、行、游、购、娱六大要素所有的预订类服务,称之为一站式移动APP。另外一类是只提供单一服务的预订类APP,提供酒店预订的如今夜酒店特价、快捷酒店管家、七天、如家APP等;提供票务类预订服务的如酷讯机票、铁友火车票APP等,称之为细分化移动APP应用。

在2014年12月国内预订类旅游应用APP下载量排名中,携程旅行网、去哪儿旅行、同程旅游网占据了预订类下载量的前三位,单一的预订类APP则排在综合预订类APP之后(见表13-2)。

表13-2 2014年12月国内预订类旅游应用(APP)下载量TOP10(安卓系统)

排名	APP名称	下载量(万)	排名	APP名称	下载量(万)
1	携程旅行网	21 283.5	3	同程旅游网	16 395.8
2	去哪儿网	19 967.3	4	途牛旅游网	7997.9

续表

排名	APP 名称	下载量(万)	排名	APP 名称	下载量(万)
5	艺龙旅行网	5627.0	8	酷讯机票	2861.4
6	驴妈妈旅游网	5379.8	9	铁友火车票	2370.3
7	快捷酒店管家	3137.1	10	114商旅	2068.6

资料来源：劲旅网 http://www.ctcnn.com/html/2015-01-28/17979025.html。

一站式预订类旅游 APP 是作为所有旅游 APP 应用的主体服务，是定位为综合类型的旅游应用产品。携程旅行网、去哪儿网、同程旅游网 APP 在吃住玩多方面都能较完美地满足用户需求。这些大型旅游电商的 APP 作为自身 Web 端电商的延展，依托了多年来稳定的合作伙伴和客户资源，将优势资源进行整合，为用户提供整体的产品服务。而从整体来讲还会一些有不起眼的"尾单"：由于大公司操作成本的问题不会被巨头所重视，于是便留给了创业者从细分领域切入在线旅游的机会。单一类别的预订类 APP 常针对某一具体细分市场，对市场空白进行补充，满足部分游客的需求。这类移动 APP 的产品逻辑在于移动端的应用场景、网络环境不断优化，相应也会产生许多应用场景。正如在路上 CMO 浦明辉比喻称："旅游细分 APP 就像金矿边上的卖水人，繁华区的便利店。"

三、预订类 APP 前景

根据全球旅游业权威研究机构 PhoCusWright 的研究报告，2013 年 47%的中国人拥有智能手机。[2] 智能手机的便携性为在线旅行预订服务提供商带来了巨大的机会，服务商如何通过移动应用为旅行者提供服务成为新的焦点。

对于整体中国旅游市场来说，在线旅游目前市场份额只占 10%多一点，发展空间巨大。从财务数据来看，2014 年第一季度去哪儿网移动端 APP 收入为 1.063 亿元人民币。一站式预订类旅游移动 APP 若想在今后取得更进一步的发展，那么其旅游产品和服务也应满足不同类型的旅游者，逐步细分化也是未来发展的方向。

目前在线旅游的细分市场还有很大空间，现在的细分领域更多的还是解决旅行的预订问题，而未来势必要更多解决旅行服务问题，但目前市面上的细分化旅游 APP 还未做到。细分类旅游移动 APP，与其他行业的移动互联网创业更加需要资源、资本、人力等方面的支持。细分化旅游市场的创业风险要更高。

在线旅游的细分市场属于一个长尾市场，对于创业者来说，需要清楚用户诉求、痛点，通过哪些渠道找到用户。面对一个"用户可能哪里都有，也可能哪里都没有"的细分类旅游市场，一个新的细分 APP 产品需要经过三个阶段的论证：第一阶段证明其面向的细分市场是存在，且支持创业团队规模发展的；第二阶段需要证明供应商的产品支持、服务的能力能够规模化放大这一细分市场；第三阶段需要将自己的用户实现规模化。

特殊的细分市场,特殊的旅游人群,有特殊的 APP 需求。比如极限旅游、"夜销"模式等,都是针对某一部分人群而开发的应用。小众群体在社会各个层面都会有,但要看时机。

在旅游的细分领域,部分的细分市场虽有比较大的空间,但就细分化的手机应用本身而言,走上变现与盈利的道路前,必须兼顾休闲旅行产品、价格竞争力、市场营销、客户服务、开放平台对接等多方面。

从趋势上看,一些细分化的 APP 更多的是想借助移动互联网,想要实现所谓的弯道超车。在取得一定用户后,也要开始卖酒店、卖机票,也走向了一站式。毕竟机票、酒店是在线旅游长期稳定的盈利来源。

既要寻求精细化的服务又要提升服务品质的在线旅游,一站式巨头们可以将优势资源整合,从而强化自己的品牌,那么细分化的旅游 APP 如何增进用户的"安全感"呢?

从目前看,无线旅游市场还是卖方市场,细分的旅游产品有能力推动整个市场从卖方市场向买方市场的转变,促进旅游信息平台与交易平台的无缝对接。

在线旅游本身就是非常典型的 O2O 模式,因为旅游一定是会去到实地的,到了目的地就要吃住游览购物等。对于一站式与细分市场的旅游应用都应该从信息透明入手,给消费者更多的指引,防止其上当受骗。

另一方面,细分式和一站式旅游 APP 是不冲突的,部分细分市场还是有比较广阔的空间,比如景区门票、长途客车票的销售,这些领域的网络渗透率并不高,但这也牵涉到旅行途中的各个环节的有效整合,在覆盖率与客户体验上必须进行比较高的努力。

虽然旅行者多样化的需求促进了旅游 APP 的细分化,但从用户体验的角度来说,在不同应用间跳转会增加用户的费力度,因此一站式旅游应用对用户满意来说是更为理想的,不过对于中小开发者来说开发难度也比较大。

第二节 案例分析

案例1:携程旅行 APP

旅游和移动互联网天然契合,因为旅行本身就是一个移动中的进程。消费者的行为正在随着移动互联时代的到来而发生迅速的转变。用户通过 APP 不仅仅只是局限于机票、酒店、度假产品这类传统旅行产品的预订,更多的是在移动端获取目的地产品信息及服务的需求。

(一)推出移动 APP 应用

2010 年 4 月,"携程无线"手机网站正式上线。2013 年 6 月,携程旅行网移动客户端"携程无线"更名为"携程旅行",其意图为转向"大而全"的在线旅游客户端。目前来看,iPhone 端携程主要推出的 APP 应用为"携程旅行"这一款(见图 13-1)。

图 13-1　携程旅行 APP 页面

新版携程旅行 APP 整合了携程旗下"携程旅游"和"携程特价酒店"两个客户端。新版 APP 首先同步更新了其品牌 Logo，在海豚图标上做了相应调整。其次，在内容和功能方面，新版携程旅行 APP 整合包含火车票、机票、酒店预订，门票预订，目的地攻略等全套功能，并上线了酒店团购等新功能（见图 13-2），并支持机票在线申请退、改签，火车票和门票支持在线退票。携程旅行网意欲打造移动端的"一站式"旅行平台。

携程旅行网的无线平台继承了线上和线下平台的优势不断拓展，并综合利用了语音识别和定位服务等新的技术。通过版本的更新，实现可持续的价格优势，同时也开发了一系列产品来满足旅行者的需求，不断扩展产品与服务的广度和深度，持续为移动场景中的旅行者提供最便捷的服务体验。

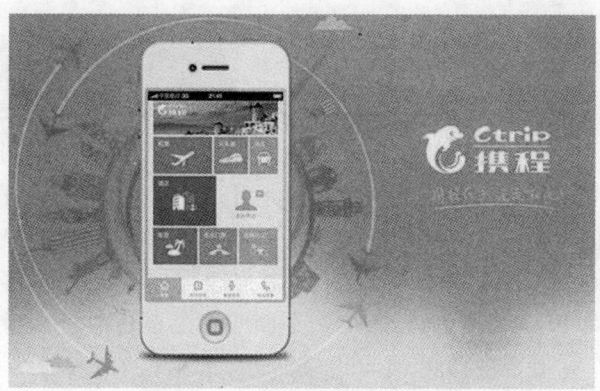

图 13-2　新版携程客户端中加入了酒店团购

（二）无线端布局

为了激励无线端业务和加强用户黏性，携程 APP 采取了无线端"酒店多返 5 元，机票、门票多返 2 元""手机预订多享 1 倍积分"等措施。根据公开资料显示，截至 2014 年 3 月，携程无线产品用户数超过 3000 万人，贡献的酒店预订量占比超过 10%。

同时，自 2013 年第三季度以来，携程旅行网着力于移动客户端的发展。从签约知名男星邓超作为其品牌形象大使，到连续战略性投资蝉游记、途风旅游网和易到用车，携程旅行网开始了无线业务布局。通过多种媒体渠道的全线品牌推广，携程旅行网逐渐将与移动用户高度重合的年轻观众导流入移动端。

2013 年，对于旅游业可以说是变革的一年，智能手机功能的日益强大给了移动互联网巨大的发展契机，也改变了用户的旅行预订方式。

从2013年第三季度开始,携程旅行网进行了大规模的市场投入,加之多种整合营销手段,不遗余力打造携程品牌认识度,力求将客户导入移动端。对于当前,当产品、价格、分销及促销等传统的4P策略被越来越多的外部因素所影响,尤其面对新媒体发展的影响,产品成为4P中最为关键的一环,开发出让消费者方便使用的产品,在扩大携程旅行网消费群体的同时提升消费者满意度,最终可以提升整体品牌价值和认知度。

为此,携程旅行网的最大价值在于产品,不断更新其移动端APP应用。多渠道传播的本质在于良好的产品品质,从2013年携程旅行网推出手机客户端"携程旅行5.0"到现如今的5.10.2版本,携程旅行网不断对产品进行改进。新版本不仅升级了订机票、酒店、火车票等常规功能,还联合蝉游记、途风旅游网和易到用车等资源优势,优化了用车、门票、团购等预订服务,覆盖全国33个城市的接送机打车功能,国内和国际机票的手机值机等新功能也是携程旅行APP主打的。

依靠2013年在移动应用方面的大幅发力,携程旅行网的品牌价值得到飞速提升。值得一提的是,2014年BrandZ最具价值中国品牌100强中,携程旅行网作为唯一的在线旅游企业入选,以7.18亿美元的品牌价值,排名第54位,同时,在中国最受信赖中国品牌和品牌价值增长最快的品牌中,携程旅行网分列第三位和第七位。

对于细分领域,携程旅行网无线团队也在不断进行手机应用的更新,通过最新版本的携程手机应用,客人已经能够随时随地搜索目的地、预订住宿和交通、退改签、预订机票座位、查询登机口、购买景点门票、团购酒店餐饮及当地活动等。

(三)无线端发展战略

2013年4月,携程旅行网正式启动"大拇指+水泥"(即无线客户端+呼叫中心)的业务战略,仅仅过后不到两个月,携程旅行网正式对外发布新版品牌标志与广告语。新标志强调移动互联网的创新感,新版手机端广告语"携程在手,说走就走"则将携程旅行网在移动战场的投入,浓缩为简练的语言,释放出其在无线领域继续领跑的强烈企图。在发布新品牌标志与无线应用广告语的当天,携程旅行网还发布了新版无线应用,并将"携程无线"更名为"携程旅行"。

"大拇指+水泥"战略,具体是指基于"专业系统"的线上和"稳定扎实"的线下一种全新的用户预订体验方式。用户通过APP进行机票、酒店等预订,同时,携程多达1万余人的线下服务团队保障用户通过APP定制的各项服务可以有效快捷落地。

随着消费者在旅行过程中个性化需求的加强,只是为其提供单一服务显然已经不能满足日益膨胀的需求。而APP的一站式服务可以满足游客的不同需求,机票、酒店、门票等,让游客在出行时高枕无忧。APP与呼叫中心结合,也是携程旅行网对于旅游电子商务产业的一种创造性使用。携程APP将移动互联网与呼叫中心相结合,则是"大拇指+水泥"战略的重要组成部分。这两者也最容易结合在一起:因为都是基于手机的服务,一个是打电话,一个是在手机上用APP进行操作。

(四)无线端明星营销

与此同时,2013年,在携程旅行网发布新版品牌标志与"携程在手,说走就走"的广告语同时,携程旅行网也邀请了明星邓超作为代言人,诠释携程手机客户端"说走就走"的出行新时尚。邓超的良好形象以及周围大量的年轻粉丝,对携程旅行网吸引更多的年轻用户打下了良好的基础,很符合携程旅行网的品牌特征和主要服务客户的年龄层次,携程品牌更加趋向年轻化。

人的一生至少需要两次冲动,一次"说走就走"的旅行和一场"奋不顾身"的爱情,携程移动端借势网络热词大打情感牌。目前,邓超拍摄的广告片包括《机场邂逅篇》和《一场奋不顾身的爱情》等,主要展示携程手机客户端"携程旅行"的一站式服务体验,广告主题也与携程"拇指 + 水泥"的战略转型相切合。邓超成为携程旅行网形象大使,也将进一步助力携程旅行网由 OTA(online travel agency)向 MTA(mobile travel agency)转身(见图 13 - 3)。2014 年,携程与邓超更是进行了进一步的深度合作,在电影植入、广告宣传等多平台全力进行携程品牌宣传。

图 13 - 3　邓超做"携程在手,说走就走"广告

无论是进行产品改版还是狂投产品广告,携程旅行网为移动客户端量身打造的"金甲圣衣"使其竞争对手霎时隐身失色。除了"携程在手,说走就走"的电视广告和地铁广告之外,这则广告在网络视频上也有大量播出(见图 13 - 4);同时,携程旅行网也搭上了热门电视节目的顺风车,与《爸爸去哪儿》《中国好歌曲》以及《最强大脑》展

图 13 - 4　"携程在手,说走就走"广告

开了赞助合作。可以看出,整合传统媒体和新媒体的各种优势做一次大规模的营销才能将品牌传播无孔不入。

(五)无线端发展趋势

2014年携程旅行网主要是在三个方面进行移动互联网的投资:一是在产品相关项目上的布局,包括一嗨、易到用车及其他的项目。二是在现有产品上增加投入,包括门票、邮轮、团购,争取更大的份额。三是从长远看,除三大投资和在营销广告上的投入之外,无线仍将是携程旅行网发展的重中之重。

从对一嗨租车、易到用车、途风、蝉游记等的一系列收购可以看出,携程旅行网在大力为自己的无线端和相关产业链提供深一步的扩展。无线端事业主要围绕3A——Anywhere、Anyone、Anytime这个关键点。[3]

租车、门票等有利于开拓周边游市场,这是自由行手机端需要的。而蝉游记能推广游记攻略,也是携程无线端需要的。景区介绍、门票、路线等信息归结为景点板块;交通、住宿、餐饮、特产等归结为旅游相关板块;另有其他信息和新业务板块,这些板块有各自流程和数字化管理,全面归结到顶端的移动信息服务运用。

(六)携程APP应用

携程旅行网采用了类似Windows Metro的信息格子,功能上通过不同色彩来区分。使用3条纵列排列,信息量更多。用近似色来划分功能(如出行工具为蓝、天蓝、淡紫)(见图13-5)。各个功能区间的色彩过渡与差异化也都适中,易区分且看起来也绚丽多彩,比较漂亮。从下栏风格看,携程使用5栏,首页位于左下角,比较符合日常习惯。同时,新版APP增加"旅行日程"一栏,方便旅游者对于自己旅行进行管理。

图13-5 携程APP主页面

1. 票务预订

我们熟知来回交通是旅行中尤为重要的一环,也是携程旅行网的核心业务之一。进入界面,第一观感上,页面简洁明了易于发现,适合干练讲究效率的人士。

携程 APP 将订机票分为五大功能区:"机票查询""低价助手""航班动态""机场攻略""值机",每个功能都做得相当细致,亮点位于右上角的电话,有 24 小时专人服务(据说可以解决任何问题)。在选票界面,携程默认时间排序,适合对时间敏感、讲究效率、说走就走的商务人士;同时,对于同一账号而言,APP 有记忆功能,即以上一次排序为准。而其中最新增加的"低价"板块满足了又弥补了喜欢廉价的学生与社会小青年这一团体的需求。携程的飞行时间表左右排布,直观、清晰、明了。除此外,区别于其他综合类 APP,在携程 APP 上,还可以订购儿童票甚至婴儿票,而支付方式除了借记卡、信用卡与支付宝外,APP 端还增加了微信支付,符合现代消费潮流(见图 13-6)。

图 13-6 携程机票 APP 预订端页面

值得一提的是,在购买往返票的时候,携程 APP 允许自行定义、查询与预订,进行最终下单付款的时候可以一键进行。

有票、抢票、出票是购火车票的三大核心。携程 APP 可以直接接入 12306 查询票数,登录订购,付款成功即能出票。这就保障了与火车票预订端一样的购票成功率。

在汽车票方面,携程 APP 继续提供出色周全的服务,做到了航运、铁运、汽运都能订购。即使乘坐大巴的机会比较少,但要是碰上了国庆、春运等极端情况下,即使是西装革履的绅士也不会埋怨大巴的。

总结看来,携程 APP 在票务方面可以提供全方位服务,从成人到婴儿,从飞机到汽车,基本没有什么不能满足的,优势明显。

2. 酒店预订

如果你好不容易趁着国庆假期逃到另一个城市,吃着火锅唱着歌,突然酒店来电话通知你由于系统错误你今天不能住房,怎么处理?携程 APP 似乎考虑了这个问题,筛选里出现的"立即确认"刚好就能立刻确定另一家。

按照常规预订,一般来说都是一挑位置、二挑价格、三挑服务。以搜索深圳世界之窗为例,在携程 APP 可以搜索出周边的 179 家,在去哪儿 APP 搜出 335 家。但实际上的情况是,携程 APP 自动筛选出 4 千米内的数据,节省了用户的挑选时间(见图 13 - 7)。在价格方面,携程 APP 单床是单床价格,双床是双床价格,一一对应。酒店用户点评方面,携程 APP 的用户点评数量众多,打分与评论具有较强说服力。

图 13 - 7　携程 APP、去哪儿 APP 搜索"世界之窗"页面截图

最后,关于酒店还有一个隐藏功能,那就是"抢拍"。"抢拍"只限在当晚 6 点至次日 6 点之间,用户可以使用类似砍价的方式订酒店(见图 13 - 8)。首先批量选择喜欢的酒店,接着输入自己对各家的期盼价格,最后就静静等待酒店上门接单。以超低的价格去换取高质量的服务,无论是过程还是结果都令人心驰神往。

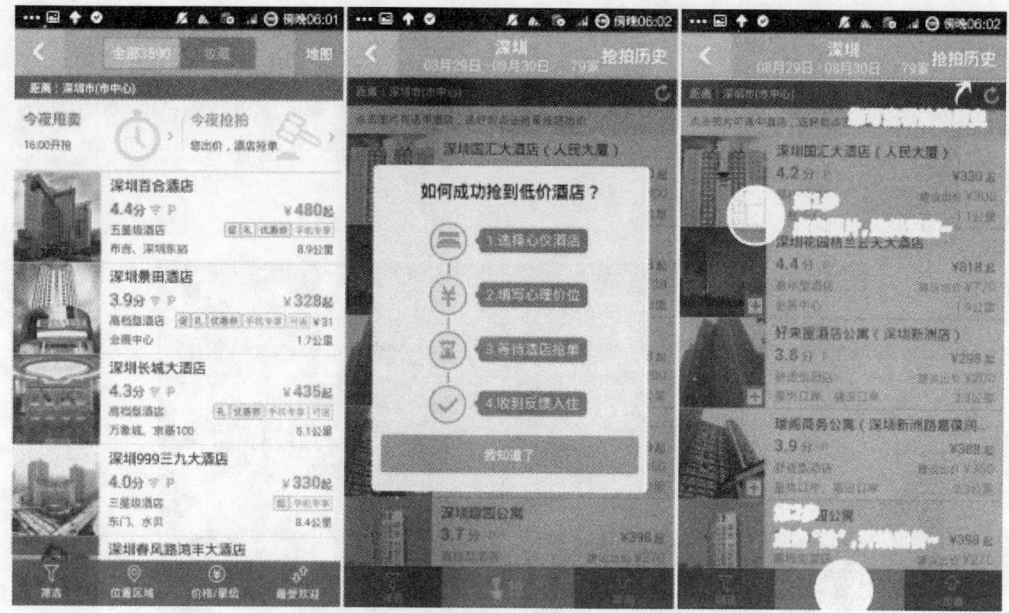

图 13-8　携程 APP 端酒店"抢拍"页面

3. 其他特色功能

除了订机票订酒店这两个核心项外,携程 APP 还提供了各种便捷的增值服务。有旅行日程、高端美食、携程金融、积分商城等特色。其中旅行日程做得非常棒,界面类似于 TimeLine,可以将行程自动生成一个内嵌式卡片,支持手动进行添加,可谓是一 APP 管全程(见图 13-9)。另外,日程还支持分享社交圈,也不失为一个显摆利器。

图 13-9　携程 APP"旅行日程"板块页面

高端美食也是一绝,可以定位北上广深等城市,寻求舌尖上的美食(见图13-10)。试想一下,去了北京游玩,除了簋街胡大、驴打滚之类的地道小吃外,是不是还想感受下有别于自己城市的味蕾体验?坐在大董酒店里品尝下烤鸭?又或者在北京CBD的大厦里喝杯咖啡?或是做一次SPA放松神经?更重要的是,在携程APP里买单,还能享受高额返现。

图13-10 携程APP"高端美食"板块页面

旅行金融是携程APP独家的金融板块,其中就包含了"礼品卡"和之前炒得火热的"携程宝"和"程涨宝"。用户只需提前规划好旅行,将预算提前存入"携程宝"和"程涨宝",就可以在实际出行前让预算变多,估计是用来给精打细算的用户"撸羊毛赚福利"的。如若平日积攒不少积分,还能去积分商城兑礼品,也算是携程旅行网送给用户的小福利(见图13-11)。

总体来说,携程APP高度整合的一站式服务使人印象深刻。24小时服务电话、丰富的酒店资源、简洁大方的UI、多样的特色功能让旅行者少了许多思考与顾虑,完全依靠软件就可以定制行程。[4]可谓是应了广告的那句话:"携程在手,说走就走"。

图 13-11 携程 APP"旅行金融"板块页面

案例 2：酒店类预订 APP

现在，用 APP 预订酒店比在电脑上方便了不少，旅行者不用时时守在电脑前，就能轻松查到实时票价和房间信息，而且如果在旅途中需要临时更改行程，APP 也给更改后的行程查询带来极大的方便。

移动互联网呈现井喷式的发展态势，掀起了各个行业对于移动互联网产品的追逐，酒店行业也不例外。单体酒店通过微博、微信等移动社交平台进行营销，或是利用 OTA 的移动端完成查询预订；但也有不少酒店集团或服务于酒店预订的企业正在积极开发各种 APP 应用程序，试图在移动互联网市场上"分一杯羹"。

各大在线旅游平台及 7 天、格林豪泰、华住等连锁酒店也纷纷转战移动端，推出各自的手机 APP 软件，移动客户端逐渐成为在线旅行及酒店预订业主流渠道。相比传统 PC 端，移动端更加便捷，弹指间即可轻松完成门票、酒店等旅游产品的预订。

据咨询公司 L2 研究显示，60% 的酒店品牌拥有某种类型的移动业务。多数酒店会选择移动网站，33 个酒店品牌在中国的 APP 商店中提供英文 APP。总体来看，中文的移动旅游 APP 每个月可以触及到 9000 万人。

这其中，洲际酒店的 APP 在全球下载量总计为 86.2 万次。紧随其后的竞争者喜达屋酒店的 APP 下载量为 36.9 万次，雅阁酒店 23.8 万次，万豪酒店 23.4 万次。2013 年洲际酒店的移动预订业务贡献了 6.11 亿美元的收入，较 2012 年翻了一倍。

在国内的连锁酒店行业中，据布丁酒店提供的数据，布丁酒店 APP 现在有 30 万累计用户，日均可以带来的预订单是1000多单，占整体预订单的10%。而在2012年，布丁酒店所有移动端的订单占2%不到。

从使用的功能上看，国际高端酒店打造APP的方式与国内快捷连锁酒店有着巨大的不同。国际高端酒店会开发出APP上更多的新功能，以科技上的创新来增加用户的黏度；而国内快捷酒店则在APP上传递了更多的优惠促销活动，以此来吸引消费者——无论方式如何，这都与酒店的定位有着直接的关系。

以喜达屋集团的"SPG"为例，日前推出了"Keyless"的功能，即无须使用门卡，直接通过手机就可以入住房间。这也是全球范围内第一家实现智能入住的酒店。喜达屋集团相关负责人表示："我们并不是为了小工具或小发明本身而采用这些工具或发明，而是力图探索如何让技术帮助我们实现客人的期望。"

喜达屋集团一直对数字创新大力投入。为了以技术推动业务，他们正把移动科技领域的创新成果融入客户体验的各个方面，包括预订酒店、行政规划以及实际在酒店的体验。除了iPhone、iPad和Android这些"基本款"，喜达屋集团还为Apple Watch量身订做了一款APP，也是第一个支持Apple Watch的酒店APP。除此之外，喜达屋集团还推出了Google Glass的测试版，这些都无疑为喜达屋酒店拓展了更多的高端用户。

在国内的快捷连锁酒店中，布丁酒店以"时尚、新概念"的定位吸引了诸多"85后"和"90后"，这个群体也是使用互联网最广泛的一个群体。布丁酒店是第一家免费高速Wi-Fi全覆盖的经济连锁酒店，也是第一家与淘宝旅行合作，第一家使用NFC技术自助Check-in，第一家与微信合作，提供微信订房功能，在百度地图上第一家上线集团直销，第一家上线支付宝钱包公众账号服务的酒店。

布丁酒店在最新的APP版本中就推出了"夜销酒店"功能，即每晚18:00到次日6:00，消费者可以在布丁酒店手机客户端以超低价格预订酒店房间。布丁酒店通过大量用户调研发现，在移动互联网平台上，主要预订的人群以爱生活、爱旅游、爱美食、爱交朋友的年轻人为主，他们习惯于入住当天预订，而这部分客人占到了布丁酒店整个移动互联网平台用户的58%。于是，布丁酒店把"夜销酒店"这一功能作为重点设计到手机客户端里面，意在为习惯通过手机等移动客户端订房的用户带来最好的用户体验。布丁酒店的渠道推广基本上是无孔不入的，在整个酒店里，从大堂到电梯、走廊，直到进入房间，甚至在马桶上都可以看到二维码，这样才便于客人进行扫描。

对以OTO商业模式来运营的酒店行业，必须建立起一个良好的线下渠道。布丁酒店市场部兼国际事务部高级总监章蔚指出："因为整体操作下来我们发觉，单纯的只是把码铺到线下，其实引过来的用户数量还是有限，更重要的是你线下的工作人员的一些引导，他们只要用一两句话，向你的用户做解释以后，用户就会更乐意来进行扫码和激活，所以，渠道上面的一些推广是非常重要的。"[5]

然而，目前来看，除少部分品牌连锁酒店运营的效果尚可之外，大部分酒店所开发的APP下载量较少，效果甚微，加之较高的开发成本和后期维护升级乏力、用户体验较差，大多处于进退两难的停滞地步。

在移动互联网时代，客户体验好、平台强大、资源整合能力强的APP往往更受青睐。酒店 APP 若不愿沦为鸡肋,必须找准市场定位,在用户体验上下更大的功夫。

参考文献

[1] 劲旅网. http://www.ctcnn.com/html/2014-02-21/717780822.htm.
[2] 艾瑞网. http://wireless.iresearch.cn/owireless/20140522/231480.shtml.
[3] 艾瑞网. http://ec.iresearch.cn/reservation/20140224/227313.shtml.
[4] 雷锋网. http://www.leiphone.com/news/201409/lPTinD6QoS9vCK8g.html.
[5] 新浪科技. http://tech.sina.com.cn/i/2014-12-07/08019858218.shtml.

第十四章 攻略类旅游APP

第一节 发展现状

一、攻略类APP含义

攻略类APP指的是由开发者撰写或者汇编内容成集,供用户浏览或下载的移动应用。在2014年12月国内攻略类旅游应用APP下载量排名中,旅游攻略、百度旅游、大拇指旅行占据了攻略类下载量的前三位。

从表14-1中可以看出来,攻略类的APP大多为创业型公司,大型OTA在线企业在攻略APP方面略有不足。

表14-1 2014年12月国内攻略类旅游应用(APP)下载量TOP10(安卓系统)

排名	APP名称	下载量(万次)	排名	APP名称	下载量(万次)
1	旅游攻略	3448.1	6	玩伴	291.6
2	百度旅游	1988.7	7	去哪儿攻略	282.7
3	大拇指旅行	1234.0	8	全国旅游景点	160.2
4	多趣旅行	403.7	9	旅人攻略	46.2
5	景点通	399.2	10	趣旅游	42.9

资料来源:劲旅网 http://www.ctcnn.com/html/2015-01-28/14063959.html。

二、攻略类APP分类

目前,在旅游市场上攻略类APP有很多,但根据开发者和开发目的来分类,大致可以分为两大类型。

一类是旅游目的地或旅游景区官方撰写或汇编的攻略型移动应用,如智慧浙江、济南旅游APP、迪士尼乐园APP等,此类旅游APP可以提供旅游目的地当地的住宿、餐饮、娱乐、门票、交通出行等各方面的信息,但由于局限于地区,旅游者使用目的地移动应用的APP使用率较低。同时,由于官方撰写或汇编的攻略主要注重当地关于衣食住行的全方位系统介绍,实际上内容却十分有限——尤其是住宿、餐饮方面,基本无法面面俱到。

第二类是指由企业开发的旅游攻略类APP,如Touch china开发的一系列景区

APP。相比旅游目的地的移动应用,此类的移动应用覆盖景区数量较多,在旅游者重复使用率方面相应较高。

三、攻略类 APP 现状

在旅行所处陌生的环境中移动终端可以帮助游客增加见闻,体验目的地风光与文化,自由地从一个目的地到另一个目的地,提供各方面的攻略。

就目前攻略类 APP 在景区建设的进展而言,游客能够感受到的功能包括:游览观光过程中的各项旅游活动引导、在网上购买电子门票、在景区可以看到二维码信息提示等。此外,APP 还可实现人流情况实时在线转播,通过景区摄像头获取的景区人流影像发布到移动终端,让需要到景区的游客实时了解人流情况,如果景区人流大,游客可以选择错峰游览。

和传统的导游相比,可回放、可重复收听旅游自动讲解是攻略类 APP 最大的优势,然而与能在很多景区租到的讲解器最大的不同在于,大部分景区 APP 除提供景点的级别和描述、景区酒店价格和剩余房间数、景区演出、餐馆优惠活动等信息外,还可进行规划游览线路,整理照片及微博互动等互动交流。

游客可以根据自己的兴趣点提交游览起点和终点位置,获得最佳路线建议。也可自己选择路线,APP 提供沿途主要的景点、酒店、活动、购物等资料。在游览过程中,旅游者把导游装到移动终端里。不但能听到原汁原味的经典故事,还能完整地玩遍景区,读懂景区的人文内涵,此外,点击感兴趣的对象,如景点、酒店、餐馆、娱乐、车站、活动等,还能获得关于兴趣点的位置、文字、图片、视频、使用者的评价等信息,深入了解兴趣点的详细情况。

然而,旅游者在使用攻略 APP 时面临的问题是 APP 提供的各式各样攻略较多,游客无法快速找到匹配的优质内容并形成出行计划、用户日活跃度降低等。而与之相矛盾的是,越来越多用户的个性化和自由行需求日益凸显。

由于 4 英寸大的手机屏幕容不下太多内容,移动攻略类 APP 给用户的体验就至关重要。许多 APP 界面过于复杂、导航不清晰,部分 APP 更是经常出现"闪退",这些都给用户的使用带来了极大的不便。

国内现有的旅行类 APP 在如何更好地提升整体的旅行体验方面还存在着相当大的创新空间。如何分得、占据这一块蛋糕,还需要企业多动脑筋。

第二节 案例分析

案例1:小软件大旅行——浙江 APP

"去西湖,还请导游? 你 out(落伍)啦,现在下一个西湖 APP 软件,就能自己玩啦,有讲解有线路图,还能定位呢!"智能手机发达的今日,越来越多的旅游达人都成为旅游目的地 APP 的粉丝。

旅游目的地攻略 APP 就像是一本拥有海量旅游信息的随身旅行指南,可以随时随地查看每个城市的美食、住宿、购物、游玩路线、特色活动、文化地理等各种各样的实用信息,同时针对旅游景点还有门票、电话、交通方式、详细地址等全面的旅行信息。对于用户有兴趣的旅行目的地,还能够查看其他用户分享的游记和攻略,随时调整行程。

相较于历经严苛前期调研开发的商业应用型 APP,景区、政府和一些第三方机构主导开发的 APP 则更多侧重的是服务和信息发布,基于此,浙江省推出了几款非盈利性质的旅游目的地 APP 软件。[1]

(一)杭州智慧旅游

杭州智慧旅游是国内最早面世的旅游目的地 APP 应用之一。打开"杭州旅游",绿色的导航条搭配简洁的黑色背景让界面显得清爽大气,清晰的条目分类和图标让使用者一目了然。首页新绿色功能条集合了天气、热线电话和关键词搜索等多项功能,其下是分两屏规整排列的 16 个功能按钮,布局明确,考量周详,涵盖了旅游"吃住行游购娱"六要素的方方面面。每一个功能按钮下又隐藏着更为详尽的子菜单。游客只需登录 APP Store 等各大应用电子市场,下载使用杭州智慧旅游手机 APP,就可以轻松玩转杭州。

1. 细致贴心的随身导游

值得称赞的是,杭州智慧旅游手机 APP 充分利用了 google 地图、搜索引擎等公共互联网技术,结合政府背景加以二次开发,赋予了软件更多的附加功能。用户在搜寻酒店、餐厅等商户时可以根据距离进行排序;在地图状态下可以直观地看到所在地点周边的酒店、景点、餐馆等旅游设置。直接、主动、及时和方便是杭州智慧旅游手机应用的最大特征。借助定位功能,地图上会显示出周边的旅游信息,游客可以根据导航功能,查询自驾、乘公交车、步行三种不同的方式确定如何前往,保证游客可以顺利无误完成游览行程。

杭州智慧旅游手机 APP 应用的"导游功能"不仅于此,它在为游客提供景区导览的同时也附带了语音讲解功能。此外,它还可以充当"导购",为游客推荐杭州餐饮、土特产、酒店、农家乐、购物、娱乐场所等信息,并附上地址、电话、价格等参考信息,结合地图定位及导航功能为游客找到最近的商家。融导览、导购、导航等多项功能为一体的杭州智慧旅游手机 APP 应用,俨然是一位熟谙杭州、细致贴心的"金牌导游"。

2. 装在口袋里的"百科全书"

如果说私人导游式的定位技术是让游客畅游杭州的定心丸,那么"百科全书"般的应用内容则让游客轻松认识杭州。杭州智慧旅游手机 APP 应用设计,包含杭州介绍、天气预报、旅游动态、景点、住宿、美食、购物、娱乐、交通、专题旅游、推荐线路、旅游咨询、实用信息、周边旅游、美图欣赏等 15 个板块,每个板块各有特色,整合了杭州数百个景区、旅游行业的深度信息,以图片、文字、图表、微博等多媒体的形式展示杭州活力、摩登又不失淳厚雅正的江南韵味,实现了杭州旅游信息服务平台的差异化、精细化。其中,根据游客不同需求设计的"专题旅游"栏目,可以让游客如"点菜"一般选择自己心仪的游览杭州方式。对于喜欢赏花的游客,有春季杭州赏花之旅专题。对于来杭登山的游客,有最翔实的登山攻略专题(见图14-1)。

图14-1　杭州智慧旅游手机 APP 应用页面

此外,杭州智慧旅游手机 APP 应用也提供了实用信息查询,提供包括旅游集散中心、出游常识、常用电话、旅游常见问题等相关信息查询。杭州的贴心和魅力就从翻开这本"百科全书"开始,当游客遇到旅游难题时都能从中找到答案。

3. 便捷畅通的互动桥梁

点击此应用中的个人中心板块,可以看到"我的游记""线路设计""信息纠错"等分类,这是杭州智慧旅游手机 APP 应用给游客带来的另一个惊喜,它为游客和杭州旅游架起了沟通的桥梁。注册会员游客可以定时收到杭州旅游委员会推送的杭州旅游资讯和优惠等最新信息,为会员个性化设计旅游线路。游客也可以通过"信息纠错"对杭州市旅游委员会提供的信息进行指正,进一步提高应用中信息的准确度。而在"我的游记"板块,游客不但可以和杭州旅游的管理部门互动,还可以和五湖四海的旅游爱好者沟通。游客还可以随时随地记录微游记,通过定位系统标记方位,上传照片,还可以将照片同步传到新浪微博、腾讯微博,与亲人朋友分享旅行中的美景和趣事。

除此之外,杭州智慧旅游手机 APP 是先有英文版本的,而且英文版并不只是翻译了中文版,而是针对外国游客做了很多定制。如景区地址或者酒店地址这栏,除了显示英文地址外,增加了一个"Chinese Address"的按钮,弹出比较大的中文字,可以问路用或者给出租车司机看。

杭州智慧旅游APP应用的设计从根本上都是依据游客的实用角度和体验角度考量,其设计开发已经具备了相当专业的水准,各种当下主流网络功能都在软件上得到了应用,小小一个软件给游客带来的不仅仅是便捷的信息体验,更极大地提升了旅游效率。

(二)舟山旅游

"自在舟山"旅游APP几乎涵盖所有的舟山公众服务内容,导游、导览、导航、导购、语音讲解,景区酒店的直接电话接入,游程分享,投诉建议,还包括紧急服务信息的推送,与官方微博的互联等(见图14-2)。

图14-2 自在舟山APP应用页面

更重要的是,"自在舟山"旅游APP从游客需求的角度对旅游服务内容进行分类。如游客未到舟山之前打开应用这个系统,"怎么去"这个模块会在首页,利用交通导航功能,引导外地游客准确快速到达舟山。到达舟山后,这个模块就会自动翻到第二页,重点显示的就是"我的周边"的吃、住、游等旅游商家信息检索的功能模块,提供直接的服务。

"自在舟山"APP另外一个功能是它根据打开时间不同配合不一样的页面视图:APP首页的配图会依照不同的时间甚至不同的天气进行变换,如早晨打开APP,首页配图是海上日出；夜晚打开 APP，首页配图是海岛夜景。

通观"自在舟山"旅游 APP，界面设计具有鲜明的舟山海洋群岛的特色，功能模块也十分齐全和人性化，旅游过程当中的每一个环节所需要的信息都可以在这个 APP 当中找到，并且是依照旅游过程依次排列，使用起来相当之顺手，你需要用什么，什么就在你指尖。

除此外，"自在舟山"旅游 APP 还将增加更多的多媒体功能，导入更多的旅游攻略等，从而更全面地展示舟山的旅游资源和文化。

(三) 衢州旅游

早在 2004 年起衢州妹子周迅就免费成为家乡的旅游代言人，明星效应的实际作用暂且不提，但登录衢州旅游 APP 的页面，周迅甜美清新的形象着实让这个软件生动拟人起来。衢州旅游首页借鉴了 win8 系统的风格，醒目活泼，8 个功能区块清晰明了（见图 14-3）。

图 14-3　衢州旅游 APP 应用页面

"景区景点"集合了衢州区域内各大知名景区的详细介绍，并提供 3 种排序方式，方便使用者查询。具体景区页面内风光照片、地址、电话、门票、导航等信息一应俱全，特别贴心的是软件开发者还上传了景区内部的导览图（见图 14-4），点击小图标即可听到相关的语音讲解。这一设计准确地迎合了年轻人作为智慧型手机使用主体偏好自由行的游览特点。

图14-4 衢州旅游APP景区导览图页面

在消费合作方面,酒店、娱乐、购物等信息查询功能一应俱全,游客可以在手机上直接下单购买优惠门票和自由行套餐。

在首页向左向右滑动屏幕,可以看到隐藏的两个二级菜单,紧急求助电话、天气情况、安全须知、旅游动态等比较次要的功能区块都设置在这个区域。同时,也增加"满意度调查"选项,使APP更加亲民(见图14-5)。

图14-5 衢州旅游APP满意度调查和优惠预订页面

(四)楠溪江旅游

楠溪江旅游 APP 可以帮助游客在景区游览时,提供游览路线规划、同步电子语音导游讲解、推荐周边景点与商铺、公众信息发布等功能的服务。

打开楠溪江旅游 APP,栏目和导航都非常清晰和大气,包括天气、介绍、娱乐、交通等 15 个板块,并提供了一日游、二日游和三日游等路线。全方位的定位导航和资讯非常实用,还有贴心的每日天气提醒,无论从实用性来说还是功能性来说,都较为齐全(见图 14-6)。

图 14-6　楠溪江旅游 APP 应用页面

不可否认,浙江省各旅游目的地 APP 的开发已经具备相当专业的水准,各种当下主流网络功能都在软件上得到了应用,这些软件给来浙的游客带来的不仅仅是便捷的信息体验,更极大地提升了旅游效率。

案例 2:玩伴——最佳私人导游

对于喜爱旅游的网友来说,旅行箱里除了途中必备的用品外,常常还躺着一本厚厚的地图,或是花费九牛二虎之力制作打印的攻略。旅行者们走在城市的大街小巷,穿过茂密的森林,跨过清澈的小溪,他们翻开书籍,费力查找眼前陌生的景象,或徒劳搜寻通往下一个目的地的捷径,可最后还是迷路了。烈日之下,眼前一片迷惘……

（一）玩伴发展

由 Hiker 海客科技推出的智能导游平台玩伴在 APP Store 上架了，这款方便易用的软件涵盖吃、行、游、购等信息，提供景点语音解说、景区手绘地图、线路规划、特色美食、本地特产推荐等服务，覆盖了全国 91 个旅游城市和 3000 个以上的景区，并且不断更新数据信息。可以说，这款软件，基本上同时解决了景区导游与城市导览的问题。

玩伴在 2009 年 9 月发布了 Windows CE 版，主要是为景区提供导游机服务，Android 版和 ios 版分别上线于 2011 年 5 月和 7 月。[2]

玩伴目前的核心功能是目的地城市导游，其中的景区导游为游客提供真人语音解说、文字介绍、地图等服务。真人语音解说和玩伴的"自动播放"发明专利相结合，当游客到达某景点附近时，玩伴会自动播放该景点的语音解说，不需要游客触动播放，这样游客就有比较好的体验。景区地图也是玩伴的一个特色服务，玩伴提供了全景图，不仅有景点，还包括配套设施，另外在地图中还推荐了景区的游玩路线。玩伴的内容更丰富，除了语音解说，还有地图、文字、图片、推荐游览线路，游客在去景点前就能通过玩伴了解景点的信息，比如门票、开放时间、交通等。

玩伴除了致力于解决游客在景区内的导游问题，同时也搜集整理了旅游地的特色旅游线路、本地美食、本地特产、城市介绍等本地信息，方便游客查询。玩伴的目标用户是自助游、城市游、周边游的游客。

（二）核心功能

玩伴拥有上千条精华旅游路线，不同的主题游、路线游、节庆游，只要你选择了相关的主题或需求，即刻自动匹配精选路线供你选择，完全不需要人为的过多操心。比如这个假期我想好好休闲放松一下，玩伴就有"逛吃逛吃的放松之旅"，让身处这个城市但繁忙的都市人，在假期不再是匆匆一瞥的过客，而是能融入到城市的每个角落，去发现这个城市平凡的美丽，体验悠闲慢生活。不同的线路将带给游客不同的旅游体验，而玩伴从游客创建这次旅程开始，就为游客精心准备好了一切。

在景区，尤其是一些历史人文景区，如果没有导游的讲解，一般是很难自己理解景点的内涵的。而不管是跟团、景区雇导购，都不够自由；如果是电子导游呢，又很难精准。对于初来乍到的旅游者而言，出现迷路也是常有的事。而玩伴提供基于 GIS 定位的景区精准导游服务，定位可以精确到 2 米以内，即便是移步换景的苏州园林景区，也可以做到完全根据你的脚步实时讲解。而且可以为你预设最优的景区路线，方便游客游览景区。

打开玩伴，软件的载入界面就非常吸引人，许多景区图片让人忍不住想走个遍。如果打开了定位功能，可以直接锁定到用户所在的城市。不过它的搜索速度不太令人满意，工程师在景点开启了定位功能，程序加载过程有点缓慢，然后加上定位的时间，总共需要 10 多秒才能定位到三个景点。

初次定位之后，使用玩伴来当导游就十分流畅了。也可以选择手工定位，在界面中点击"中国"，然后手动选择到想要游玩的城市，就会罗列出所有的景点，非常方便。人们可以在出行前，点击右上角的"下载"按钮，在 Wi-Fi 环境下将该城市的景点信息下载到手机中,到了景点之后就可以离线查看并收听景点介绍了,可以节省许多流量(见图 14-7)。

图 14-7　玩伴 APP 页面

看过《还珠格格》的朋友一定记得那句"皇上,你还记得大明湖畔的夏雨荷么?"在济南游玩的游客来到大明湖,可以使用玩伴当作自己的导游。玩伴将大明湖的 14 个特色景点以照片墙的形式展现出来,点击任意一张图片即进入该景点的详细介绍,并且是文字加语音一起展示给游客。游客可以戴上耳机,边听边走。如果打开网络链接,沿着推荐路线走,就可以精确定位到每个景点,自动触发新的语音播报,走到哪听到哪,非常惬意。

(三) APP 应用介绍

在"我的旅行"或者玩伴官网录入旅游计划,随时查看和修改,手机端和网站可互相同步。

1. 景区导游,专业解说

玩伴根据游客位置自动播放所在景点的真人语音解说,同时提供文字介绍和景点图片,并推荐景区最佳游览路线,让游客省时省力全面玩转景区。

玩伴的语音解说为游客讲解原汁原味的景点故事,让游客移步换景,带游客品味景区的人文历史;玩伴为游客规划游玩的最佳路线,带游客省时省力玩转景区;你是外国游客?没问题,玩伴的语音解说有英文。

2. 本地向导

玩伴 APP 带游客穿梭于大街小巷,吃遍本地特色美食;为游客寻找合适的住所,让游客住得安心舒心;向游客推荐特色旅游线路,深度体验本地文化;去哪儿,怎么走,一键索引,轻松便捷;想买本地特色物品,玩伴可如数家珍;需要休闲娱乐,玩伴第一时间为游客找到娱乐场所。

3. 自由评论

旅程很精彩,要与朋友分享很简单,游客告诉玩伴自己的 SNS 账号,玩伴 APP 会帮游客把所见所闻所想分享给微博、QQ、豆瓣、人人、开心网等 SNS 好友。

新版玩伴 APP 添加了评论功能,让游客呈现最真实的旅游感受。

4. 贴心服务

玩伴 APP 的"私人秘书"可帮游客管理旅游行程安排,什么时间出发,吃什么,住哪里,怎么走,"私人秘书"都一一记录,随时修改,即时更新。玩伴还能帮游客和亲朋好友自助组团,确定旅游行程与安排后一起出发。

玩伴可以为游客做落地规划,安排吃、住、行、游、购、娱,让游客体验最具当地特色的旅程(见图 14-8)。

图 14-8　玩伴 APP 相关内容介绍页面

参考文献

[1] 浙江旅游网. http://gotrip.zjol.com.cn/system/2013/07/09/019456566.shtml.

[2] 环球旅讯. http://www.traveldaily.cn/article/65806.

第十五章　工具类旅游 APP

第一节　发展现状

一、工具类 APP 含义

工具类旅游 APP 是为了满足旅游途中的具体要求而出现的。这类 APP 功能单一,特点鲜明,如地图、翻译、打车等 APP 都属此类。在 2014 年 12 月国内工具类旅游应用 APP 下载量排名中,滴滴打车、快的打车、航班管家占据了分享类下载量的前三位(见表 15-1)。在下载量统计表中可以看出,旅游配套服务尤其是交通出行类服务的 APP 是用户尤为注重的。而这类 APP 大多辅助于自由行或者是自驾游用户,这是在旅游产品上没有特别高需求的人群。

表 15-1　2014 年 12 月国内工具类旅游应用 APP 下载量 TOP10(安卓系统)

排名	APP 名称	下载量(万次)	排名	APP 名称	下载量(万次)
1	滴滴打车	27 636.2	6	高铁管家	3475.4
2	快的打车	22 823.6	7	超级指南针	2169.0
3	航班管家	8127.8	8	8684 火车	1606.5
4	飞常准网	7809.1	9	旅行翻译官	1258.1
5	智行火车票	3612.5	10	航旅纵横	1081.5

资料来源:劲旅网 http://www.ctcnn.com/html/2015-01-28/15490931.html。

二、工具类 APP 分类

根据现有工具类移动应用,可以将工具类 APP 分为两大类:一类是服务于旅游交通服务的,集中在交通工具出行类和地图类移动应用上;另外一类则是辅助于游览观光服务的 APP,如语言类移动应用。

工具类 APP 旨在应对旅行者在旅行中会产生的个别细节需求。比如穷游网推出的"穷游清单",可轻巧记录行前事项、出行物品、购物清单等作为备忘;比如蚂蜂窝的"旅行翻译官",以翻译旅行中会遇到的外语、方言的词汇、语句为卖点;再比如一些查询火车时刻表、地铁公交线路图的应用,简单易用便可省去出行中的诸多麻烦。

对于用户,理想的工具类旅游应用应该是功能实用简洁纯粹的,Android 平台尤其应该注意软件应用对硬件的占用,否则用户体验满意度将会下降。对于开发者而言,工具类的 APP 往往不会是主菜,更多的是扮演旗下无线应用矩阵中某一环的角色。

三、工具类 APP 现状

工具类 APP 应用所面临的共同局面是:开发门槛相对较低和竞争对手众多两个不利局面。然而,这些应用能够留存到现在,已经说明了其具备可观的用户价值。

以 Camera360 应用为例,这款 2010 年 6 月诞生的 APP,是比 Instagram 还要早的拍照类 APP 之一,并且在 2012 年初就拥有了 3000 万用户。Camera360 的用户数量在很长时间内都与 Instagram 的用户数量相当。截止到 2012 年上半年,Camera360 已经拿到了三轮融资,这在当时拿到第二轮融资都屈指可数的中国开发者团队里面的确是凤毛麟角。

一款大众工具类 APP 若想实现商业模式,必须经历几个门槛:第一道是拥有大量用户,第二道是拥有良好的产品体验,第三道是满足用户个性化需求,第四道是能使用户长时间停留。

由于门槛低却想象空间大,加之流量变现有待时日,致使工具类 APP 仍旧处在一个前途不太清晰的探索阶段。但因为工具类 APP 有着巨大的用户价值,所以各开发者已经有了比较明确的产品定位和方法论。只不过,他们各自的成长道路却往往相差很大。就像 PC 互联网的 2002 年,每一款大众 APP 的最终市场饱和量就是 2~3 家,这是一致的。而且即使最后被收购,那也是一种成功。

第二节 案例分析

案例 1:地图类 APP

游客在外地旅游,最害怕的就是迷路,因此让旅游者随时随地知道自己在哪里就非常有必要。目前,地图类 APP 一般都提供步行、驾车、公交三种导航模式。以百度地图为例,可以在输入地址或点击地图地点来实现导航和查询公交换乘。手机地图中不但会列出公交换乘路线和打车的金额,还会描绘出到达最近公交换乘的步行路线,使用者只需按图索骥就能到达目的地。

除了公交路线功能外,主流地图类 APP 还支持可以清楚地查看建筑物、道路的卫星视图和实时路况功能。目前,手机地图类 APP 非常丰富。调查发现,在安卓应用市场和 APP Store 市场上,谷歌地图、高德地图(见图 15-1)、百度地图、凯立德导航和老虎地图下载量都名列前茅。

图 15-1　高德地图

地图工具之所以如此受到重视,除了它是最基本的指路工具以外,它还是一个基础的给其他应用场景提供增值服务的工具,就像社交工具一样,围绕社交建立起来的多功能体系,和社交不同的是,地图工具更像是现实生活。

百度地图、高德地图、腾讯地图纷纷开放了 API(Application Programming Interface,API,应用程序编程接口)接口,以提供给开发者借助地图工具完成更多的应用场景开发,比如社交工具、音乐类 APP、酒店类 APP 等,都可以应用地图工具来开发出更丰富的使用场景。[1]

对于大部分用户来说,地图工具首先是一个指路工具,为用户正确指引路线,其次才是一个提供酒店预订、餐饮预订等生活服务的平台,没有指路这一基本功能,其他的功能就会坍塌。

对于地图厂商来说,特别是高德导航、百度导航纷纷免费以后,就需要通过底层用户来盈利,盈利的方式无非是用户通过地图工具订酒店、订餐、订电影票这些增值服务,基于此,地图就需要有大量的用户通过地图来服务才能赚钱。

首先,几大地图的登录方式,其中百度地图支持手机号、邮箱、百度账号、新浪微博、QQ 账号、人人网、腾讯微博的登录;腾讯地图支持微信、QQ 登录;高德地图支持手机号、淘宝账号、新浪微博、QQ 账号、联通 WO 的登录。

从账号登录体系来看,百度的选择最多;腾讯地图最具有优势,无论是 QQ 还是微信用户量都是另外两款产品所不能企及的;高德地图的优势是可以使用淘宝账号登录。三家自身的资源在这里出现了初步竞争。

阿里巴巴集团收购高德公司很重要的一点是,用户可以使用淘宝账号在高德地图上使用高德地图的增值服务,用户在高德地图上的使用习惯可以和阿里巴巴的数据进行互通,而在商业化的道路上,势必能够让营销更精准。

从用户基础系统上看,腾讯地图完全依赖于自身的 ID 体系;百度一部分接入自身 PC 端的账号体系,一方面借用第三方;高德方面淘宝的 ID 体系是最有优势的。这三家不同的 ID 体系方式预示着各自不同的战略,其中腾讯地图和高德地图最有优势,百度地图反而是最弱的。

用户使用ID体系有哪些好处呢?

(1)位置共享。用户想要将位置共享给其他用户,需要打开地图工具,找到位置共享,并通过社交工具进行位置分享,这样其他用户就能通过用户分享的位置相互沟通,位置共享应该说是"路痴"的绝对福音。微信自身带有此插件,但是腾讯地图在精准性以及其他方面存在一定的缺陷,所以百度地图和高德地图在这方面也是有机会的。

(2)订单管理。用户通过地图工具订酒店、订餐厅等,很多都是直接平台往外的,通过ID体系,用户可以查阅自己的订单管理,方便用户自己管理。

(3)参与地图活动。几大地图工具为了抢占市场份额,肯定会发布一些地图方面的活动,市场的竞争对于用户总是有利的。

(4)路线收藏。用户可以通过ID系统对过往的路线以及用户试图去的地址进行路线收藏,有利于出行的时候因网络问题无法找到路线和位置。

ID体系对于地图厂商又有哪些好处呢?

(1)数据互联。地图工具可将用户使用增值服务的习惯,有效地针对用户的喜好进行服务推荐,让商户的信息更精准;同时用户使用服务的习惯,可以将数据进行互通,比如高德地图和淘宝方面的数据,腾讯地图和微信购物的数据,百度地图和百度团购、百度微购等方面的数据配合。

(2)服务互联。通过ID体系,特别是高德地图和阿里巴巴的结合,用户使用高德地图订酒店、在线订餐等,再通过支付宝进行支付,同时享受体系内的团购服务。从整个服务上门来说,用户ID体系是有利于服务之间相互关联的。没有几个用户希望通过A超市去买洗发水,却需要通过B超市去购买护发素,或者其他不方便的支付工具进行支付,最好是一条龙服务。

(3)激活"僵尸粉"。地图也像微博和twitter一样存在"僵尸粉"吗? 答案是肯定的,单个用户并没有形成地图工具服务习惯,永远只把地图当作指路工具,即使能通过类似于百度的大数据来分析出用户的迁徙路径,构建出百度迁徙这类产品。但是从产品盈利的角度来分析,用户只有通过ID体系,成为活跃的地图用户,使用地图的增值服务,才能算是活的粉丝,否则单个用户和"僵尸粉"有什么区别呢? 用户只是用地图来指路,地图厂商丝毫不受益。

地图用户量并不少,但是从当前的形势来看,怎样把"僵尸用户"激活,使用地图的增值服务才是当前的重中之重。用户体系是根本,促进用户激发自己进行ID方式登录。比如积分模式,用户使用ID体系使用服务,可以进行积分积累;再比如和第三方机构的合作,团购方面,商家合作,都是一种很好的合作模式。地图厂商的ID体系,也是未来其商业化的基石。

案例2:打车软件

(一)背景

全国一二线城市普遍存在"打车难"问题,一方面乘客打不到车,另一方面出租车司机选择性接单,空驶率居高不下。究其原因,出租车市场供求失衡是最主要原因,而乘客和出租车司机之间的信息不对称也是加剧这一问题的助因。

以北京为例,北京实行尾号限行、严查酒驾、停车费提价等政策,很多市民弃私家车改乘公共交通出行,打车需求只增不减;另一方面,北京市实行出租车总量不增加的调控政策,出租汽车总量维持在6.6万辆。出租车供求市场的一增一平,是造成"打车难"的关键。从出租车司机角度考虑,司机更愿意接中长途生意,在交班或收工时愿意接顺风车生意,所以在某些情况下存在拒载。司机这种选择性接单就造成了空驶现象,运营效率偏低。

市场需要一个集中统一的出租车资源调度平台,解决乘客和出租车司机之间的信息不对称,其信息撮合机制可以让乘客更容易打到车,让出租车利用率更高,从而能够在一定程度上解决"打车难"问题。在此背景下,打车软件逐渐兴起,并成为人们生活以及外出旅行不可或缺的一部分。

(二)发展阶段

2011年底,摇摇招车在北京成立,标志着国内首家手机打车应用的出现。手机打车软件在2011年悄然兴起,主要是通过"LBS + 客户端"解决出租车供求失衡的问题。在起步阶段,手机移动应用的数量呈井喷式增长,最先在"打车难"的一线城市开始流行。

手机打车应用最早出现于2012年初,经过1年多的发展,市场上先后涌现出近百款打车应用。2012年手机打车应用陆续上线,一年时间市场获得400万注册量。2013年更是市场加速增长期,用户注册数高速提升。到2013年底,中国手机打车应用累计用户数达1800万,2014年增至3000万。

2012年5月,快的打车在杭州成立,同年8月APP上线;2012年6月,滴滴打车在北京成立,同年9月APP上线;接着,2013年大黄蜂打车和易到用车旗下的打车小秘书相继上线运营。在发展阶段,手机打车运营商推出了APP的乘客端和司机端,乘客和司机用户数量激增,覆盖区域深入二三线城市,竞争逐渐激烈化。

2014年开始,手机打车应用市场逐渐接近成熟,用户使用习惯养成,市场上出现滴滴打车和快的打车两强相争的格局。

(三)滴滴打车

滴滴打车是一款免费打车软件,是时下最热、最酷、最帅的手机"打车神器",是覆盖最广、用户最多、最受用户喜爱的"打车"应用软件,入选"APP Store2013年度精选",荣登日常助手类应用榜单冠军。

2012年,滴滴打车在北京中关村诞生,9月9日正式在北京上线,此后便与正在火热发展的移动互联网行业相互交融,激发创新灵感。现在,滴滴打车每天为全国超过1亿的用户提供便捷的召车服务和更加本地化的生活服务,让正在高速发展的中国移动互联网真正渗透到用户心中。目前,滴滴打车已经成为了全国最大的打车软件平台。

1. 产品特点

滴滴打车APP改变了传统打车方式,建立并培养出大移动互联网时代下用户现代化出行方式。比较传统电话召车与路边扬招,滴滴打车的诞生改变了传统打车市场格局,颠覆了路边拦车概念。其利用移动互联网特点,将线上与线下相融合,从打车初始阶段到下车使用线上支付车费,画出一个乘客与司机紧密相连的O2O完美闭环;最大限度优化乘客打车体验,改变传统出租司机等客方式;让司机师傅根据乘客目的地按意愿"接单",节约司机与乘客沟通成本;降低空驶率,最大化节省司乘双方资源与时间。

截至2014年3月底,滴滴打车在全国已经突破1亿用户,日均订单量也突破了521.83万单,覆盖了包括北、上、广、深等超过178座一二线和三四线城市,使用滴滴打车的司机也超过了90万人。

2. 使用教程

滴滴打车原理非常简单,与电话叫车服务性质类似,与微信用法大同小异。即乘客启动滴滴打车软件客户端,点击"现在用车",按住说话,发送一段语音说明现在所在具体的位置和要去的地方;松开叫车按钮,叫车信息会以该乘客为原点,在90秒内自动推送给直径3千米以内的出租车司机,司机可以在滴滴打车司机端一键抢单,并和乘客保持联系。乘客到达目的地下车需要支付车费时,可使用滴滴打车合作伙伴微信支付和QQ钱包进行线上支付,既可享受免找零烦恼,也避免了假币、丢钱包等现象发生,完成了从打车到支付的一个完美闭环服务,让用户的出行尽在自己掌握。

3. 产品优势

出租车拒载已经成为大城市的普遍现象,滴滴打车的最大价值是匹配用户和司机的需求,减少了司机的空载,提高了效率。

造成出租车拒载最重要的原因是乘客和司机之间的不理解。"出租车每天都有必去的方向。例如我家在亦庄,交班就必须往那个方向走。每个月要开例会,我也必须去五方桥方向。"北京出租车司机季师傅说,"现在乘客一上来,第一句话就是'走吗?'我要是说'走'。乘客马上就上车,不再管你要去哪,是不是要交班。"季师傅说:"所以很多司机如果需要去指定方向时,宁肯空载,看着乘客在路边招手,也不敢过去问。一旦问了,方向不对,拒绝了乘客,就可能会被投诉拒载。"他继续说道:"现在每天有数以万计的出租车,空载着在路上。乘客和司机连最基本的沟通都没有了,多说两句话问问'您方便去哪'都做不到。"季师傅强调,出租车司机很多时候并不是挑选路途远的乘客,而是选择合适的方向。"这就要乘客和司机互相理解,好好沟通。如果方向合适,没有司机愿意空载。因此需要类似滴滴打车这样的东西,解决需求匹配的问题。"

滴滴打车CEO程维在接受《上海第一财经》采访时表示,目前每个月有数千新增的司机用户。"我们没有向司机送过一部手机,都是他们主动购买的。买个智能手机装上滴滴打车对司机来说是一种投资,也许每天只能多赚几十块钱,但一个月就是上千块。掌握滴滴打车这种叫车工具,以后可能就是生存的一种手段。"程维说。

4. 市场合作

滴滴打车在推广初期,与北京市两大出租车调度中心之一96106达成战略合作,系统互通,并且还为96106定制客户端。

2013年,滴滴打车与入口级应用运营商高德地图、百度地图达成合作,开启了与地图类应用合作联运新模式。

2013年12月12日,滴滴打车宣布与携程旅行网达成战略合作,此次合作主要基于携程客户端功能支持送机服务及城市打车。

2014年1月6日下午,滴滴打车宣布独家接入微信,支持通过微信实现叫车和支付,该功能已在IOS版本中实现,安卓版也在同年1月8日开通。在接入微信后,用户可以在"我的银行卡"中打开"滴滴打车",并完成叫车和微信支付;滴滴打车客户端也接入了微信支付,目前使用微信支付付款的乘客可立减10元车费,支持微信支付收款的司机可立享10元奖励。

与腾讯微信的战略合作再次打开移动互联网生活工具类软件新舞台,将滴滴打车推上历史新高度,作为首个接入微信的移动叫车应用软件,滴滴打车带来的变革并不只是简单的出行方式的改变,更多的是移动互联网O2O模式被大众的认可和支持。据滴滴打车目前的数据状况显示,新用户从下载注册到呼叫的周期越来越短,二次呼叫频次越来越高,也就是说,越来越多的人会主动了解、安装滴滴打车软件,首次叫车成功体验过后,便将之纳入实用类生活工具,随之而来的自然是无尽的正向口碑传播。

2015年2月14日,滴滴打车与快的打车进行战略合并。新公司将实施Co-CEO制度,滴滴打车CEO程维及快的打车CEO吕传伟同时担任联合CEO。两家公司人员架构上保持不变,业务继续平行发展,并将保留各自的品牌和业务独立性。

5. 服务管理

业内人士认为,巨头砸下巨额资金后,已经在打车领域基本完成了移动支付各自圈地,如此大力度的补贴很难再重现。而打车软件的路今后还是要靠自己走,如何留住用户,主要拼的将是产品和服务。

2014年6月起,滴滴打车将提高对司机、乘客爽约行为的处罚力度。使用滴滴打车的司机和乘客,首次爽约的,禁用该打车软件3天;第二次爽约禁用1个月;第三次爽约则永久封禁账号。滴滴打车称,此举是为了更好地为乘客服务,打造诚信平台。业内人士认为,在返现补贴取消、导致订单流失的情况下,为了使乘客、司机继续使用打车软件,保证服务质量至关重要,因此不难理解滴滴打车为何提高爽约处罚力度。

第十六章 分享类旅游 APP

第一节 发展现状

一、分享类 APP 含义

旅游本身是一件极其容易诱引人们留下点东西的活动,包括文字游记和摄影图片,大多数旅游者也非常情愿在社交网站上分享出旅游行程中记录的数字信息,让亲朋好友们分享。正因如此,分享类 APP 便是为了满足用户这样的需求而推出的。

旅游体验分享,就是用户在进行了一个旅游项目之后,将在旅行过程中的所见所闻、体验感受以游记的方式记录下来,然后发布出来让其他没有参与过某个景点某个地区旅游的人们来一起分享的过程。这种方式在很大程度上影响着人们对初选旅游地点的再次斟酌或者是兴趣的加深。另外也培育了潜在用户,即使他们没有马上出行的想法,但他们很可能就会去注意到其他旅客的旅行分享。

2014 年 12 月国内分享类旅游应用 APP 下载量排名中,到到、面包旅行、在路上占据了分享类下载量的前三位(见表 16-1)。

表 16-1　2014 年 12 月国内分享类旅游应用 APP 下载量 TOP10(安卓系统)

排名	APP 名称	下载量(万次)	排名	APP 名称	下载量(万次)
1	到到网	6410.7	6	旅行家游记	210.0
2	面包旅行	2457.9	7	去哪儿旅图	81.0
3	在路上	1244.1	8	驴行天下	37.9
4	搭伴玩旅行交友	427.2	9	一起游吧	27.2
5	蝉游记	312.3	10	嗡嗡	26.1

资料来源:劲旅网 http://www.ctcnn.com/html/2015-01-28/15334433.html。

二、分享类 APP 与攻略类 APP 的区别

分享类移动 APP 着重为用户提供一个社区平台,利用 APP 的方便、快捷程序进行旅行行程图片、文字、视频记录,主要目的是将自身游览经历进行分享。攻略类移动 APP 侧重为游客提供目的吃、住、行、游、购、娱各方面的介绍,以方便游客游玩。

在 Web2.0 时代,每一个互联网用户都能生成自己的内容,而 SNS 的兴起基本就是由用户渴望分享所引发的潮流。这种分享的欲望,在旅行社交中尤为明显。

2011 年以前的互联网上,旅行社交主要以社区的形式存在,穷游网、蚂蜂窝、到到网、岛多多等旅行社交社区最常见的功能是:当人们想要进行一次短途或者长途的旅行时,他们会提前在这些社区寻找合适的地点,查看别人的攻略。旅行结束后,如果他们有诉说的欲求,则会登录这些社区发布自己的游记和攻略。

但无论是分享照片还是发布攻略,几乎都是在出游前和出游后,一般不出去旅行的日子,他们极少会登录这种旅行社区,因此,这种轻社区的活跃度很低。

直到移动互联网近几年的发展,UGC 才显得更为容易和轻便。对于出游当中的人们来说,随时随地发布自己的旅行记录这种碎片化的内容似乎更适合通过手机端进行。更重要的是,手机端的灵活快速和自由,恰好弥补了以前的旅行社交社区所无法做到的事——用户活跃、量的提升。

三、分享类 APP 面临的困境

(一)从内容生产转向产品销售

除了 2014 年年初被携程旅行网收购的游记 APP 蝉游记,现在基本已经没有单纯的旅游社区了,无论是 PC 端还是手机端,旅游分享社区都或多或少开始涉足产品销售,毫无疑问,这是一条商业化的必由之路。

蚂蜂窝和穷游网这两家从 PC 时代成长起来的旅游攻略网站,产品线已经在最近两年逐渐完善,他们提供酒店、机票预订以及自由行折扣产品预订等。他们和多家 OTA 合作,OTA 获得订单,蚂蜂窝和穷游网获得佣金。

而这种方式效果如何? 蚂蜂窝 CEO 陈罡表示,蚂蜂窝酒店预订给 OTA 带去的流量比 OTA 自身的流量高 300%;穷游网 COO 蔡景晖表示,穷游网为 Booking 带去的转化率能达到 8%~10%。[2] 不过,据调查二者自身目前尚未盈利。

移动端较有代表性的两家——在路上以及面包旅行,2014 年商业化的动作也很快。在路上也有阿里巴巴的投资,原本打算为淘宝旅行的产品资源做一些精选及导流的工作,但是后来调整为自己直接对接供应商。在路上旗下的"淘在路上"这款销售当地游产品的 APP 实际上是一个手机上的 OTA。面包旅行 2014 年 4 月宣布全资收购北京山水假日旅行社,其后推出自有品牌的自由行和半自由行产品,这种自成体系的模式也是一个尝试的方向。

(二)以结构化数据为优势

用户在 APP 上上传图片、游记,进行经历分享,从而形成分享社区,这些旅游社区最大的优势是有 UGC 内容。APP 经营者利用用户分享的 UGC 内容,大多目的主要是形成自己结构化的数据,即能够从海量的、杂乱的游记中提炼出 POI(Point Of Interest,POI),例如用户喜欢去哪些景点、对某家酒店的评价如何等,这些提炼出来的 POI 不仅可以为其他到此地旅游的用户提供帮助,还使得社区自身可以针对这些需求提供更精准的产品。

然而,结构化数据第一要求是要有海量的UGC内容,第二要求是要有很强的语义分析技术、搜索技术。但是对于大多数早期以分享类为主的企业例如蚂蜂窝来说,早期的UGC内容都是非结构化的,投入时间和人力重新梳理是一个不小的工程。

对于从移动互联网成长起来的在路上和面包旅行,得益于手机天然具有的地点、时间等属性,较为轻松地获得了不少结构化数据,但他们的不足之处在于以图片为主的游记不够详细,有效的点评较少。

旅游分享社区企业都希望借助结构化数据,将原有的游记攻略内容与现在的产品交易结合,走出一条不同于OTA的道路,但是这条路并没有那么容易。

(三)注意巨头的收购

目前,很多创业型的分享类社区APP已有不少被大公司投资或者收购,比如蝉游记已经成为携程旅行网旗下一员。

携程旅行网、百度、去哪儿网等公司纷纷发力做自己的旅游攻略社区,他们看中的不仅仅是旅游社区可以带来流量和订单,更重要的是可以用大数据反过来做产品。旅游信息及产品的一站式服务,以及用户的点评互动,这都是大型电商所重视的。

而大企业做旅游攻略社区最大的不足之处,其一是该项目在企业内部可能得不到重视,其二是给用户塑造的品牌认同感不够,因此收购是很好的方式。巨头在寻找机会,旅游社区被投资并购可能是其未来持续发展的障碍。

然而,独立的旅游社区的商业化转型会越来越向OTA方向发展,可能会失去原来社区的本质,而且必然会面临巨头的竞争,所以"趁早抱大腿是有好处的"。

四、分享类APP前景

简单的信息分享已经无法满足用户需求,APP的开发需要通过有效信息帮助不同用户快速做出最好的消费决策,并解决行程中产生的一系列问题。首当其冲的挑战是,要把分散的海量信息数据进行结构化加工。

将旅游攻略结构化并提供消费决策的线上机构,国外已经初具规模,譬如在美国纳斯达克上市的TripAdviser,市值一度高达150亿美元。游记应用在路上也早对外公布双APP战略,除了原有游记应用在路上,将重点推广新的APP淘在路上。淘在路上前期会通过邀约制引入各个供应商,发展目的地自由行长尾市场,并在在路上APP里面进行产品的精准推荐、发放优惠券和奖励。

如何从具体的方面提高APP的综合竞争力?

第一,旅游APP要体现移动旅游同步性、互动性、移动性等特性。

在实际旅行过程中,无论行程记录,还是提供景点及商家信息,游客随时都存在着分享和互动的需求,而大型OTA公司往往专注于为用户提供景点及商家的预订信息,却忽略了用户在分享和互动方面的需求。如何将PC端产品搬到APP上,又能完美呈现移动旅游的功能是当前大型OTA公司在开发分享类APP时需要认真考虑的问题。

第二,PC端与APP端产品兼容的问题。

由于传统UGC网站将旅行线路、景点门票、旅游度假产品等移植到手机端,PC端的产品服务如何完美呈现在 APP 上就成了问题。有许多 PC 端的用户管理功能在 4 英寸大的手机屏幕上就难以实现。如何实现手机 APP 端与 PC 端产品服务的完美兼容,也成为 APP 开发者必须要认真考虑的问题。

第三,游记的形式与内容有待改进。

对于用户来说,长篇游记要耗费较多的精力去阅读,APP 已基本不采用这种形式,大多采用带有照片、简短文字、地理位置、时间甚至是语音等丰富的手段来展示。

第二节 案例分析

案例 1:在路上

移动互联网的发展使得人们在履行过程中就可以分享游览经历,而基于此背景,2012 年 1 月 19 日,在路上的 PC 端网站和 APP 同时上线,上线之初就同步推出了 iOS 和 Android 客户端。[3]

提供出行计划与记录的功能几乎每个旅行社交 APP 都具备,但是细微之处才能彰显优势,无论是地图导航还是分享的设计与体验,社交互动性和网站同步率,都十分考验技术团队。

在路上的核心价值是引发用户的旅行冲动,并在将来为旅行者的消费决策提供帮助,但并非是满足比较空泛的旅游攻略需求。事实上,针对用户产生内容的 UGC,一旦技术上得到支持,内容越个性越叫座。毕竟旅游本身就是一个高度个性化的行为。这也是在路上 PC 端和 APP 同时发布的缘由所在,其不仅想抢占旅游途中的 SNS 市场,也不想放过游前与游后。

(一)在路上 APP 介绍

在路上这款 APP 应用,最初与现在的目的都是为了方便用户使用手机记录每一段旅行。用手机打开在路上可以发现,用它记录行程,内容简短,文字简练,更重要的是,系统会按照图文记录的时间进行位置的排列。旅行结束后,呈现在网络上的就是一份很清晰的依据时间轴的图文游记。

可以说,能够在旅行途中随时随地发布碎片化的图文记录是 APP 优于 PC 端的旅行社区之处。而按照时间轴进行游记的发布,则基本是同类旅行 APP 都能做到的服务。显而易见,既然都是 UGC 为主导,那么如果想要获取更多的用户,则更加考验该款 APP 功能的细节。

在路上的总体功能大体分为两块:一块是提供给暂时没有出行计划,但是有着旅行欲望的年轻人,他们可以在在路上看到很多人直播的旅行;另一块则是提供给正在出游的人群,能够边走边记录,也可以在微博上做直播。这种出游记录,还能离线保存,方便没有流量或者网络的用户。毕竟如果能在移动端降低 UGC 的成本,用户会更乐意分享。简单来说,在路上 APP 的用户群体定位于暂时没有出行计划但有旅行欲望以及正在出游的人。

（二）多渠道获取用户

2012年春节，在路上刚上线，活跃用户就达到了10万人。到2013年7月已经拥有用户500万人，日平均活跃用户超过20万人。一年中旅行市场有五个高峰期，包括从春节开始的第一个高峰期，到清明节和五一劳动节、暑假、中秋节、国庆节期间，以及圣诞节和元旦节。节假日高峰期，在路上的日活跃度可以达到30万人，寻常淡季或者双休，日活跃度也有10万多人。

在路上在上线第一年的时候精力主要集中在安卓市场上扩展。做安卓市场有一个好处：能把用户的数据尽快拉起来。所以在路上在第一年的时间内做了100万。第二年开始，在路上开始集中做iOS，iOS用户的质量要高于安卓的4到5倍，连续两年在路上的重点都放在iOS上面。

刚开始由于在路上知名度较低、用户数量少，因此，在路上在最初借助CMO浦明辉是绿野的前市场总监这一人际资源，吸引了户外品牌对在路上的赞助。刚开始在路上会选择户外人群切入主要是因为户外人群密集度很高，他们的分享欲望比一般的旅游用户高，而且用户比较垂直、比较封闭，一抓就是一大把，沟通成本比较低。

但是从2013年开始，在路上开始把所有和户外相关的品牌合作全部砍掉了，因为担心让用户产生一个感觉：认为在路上是一个户外的传媒，而这点会对在路上未来的商业化是有影响的。所以，在逐渐把市场打开以后，就需要向全旅游、泛旅游转化。

在转化过程中，旅游圈对在路上的产品逐渐有了一定认同，这就很快影响到旅游圈子里的一些达人和用户，通过和大量不同垂直纬度的旅行达人合作，形成了一个去中心化的传播模式，这使在路上的用户量迅速增长。

对于已经获取的用户，在路上后期会通过平台内部形成体系的运营活动，不断拉升用户的活跃度，比如2013年8月在路上启动的"寻找旅型家"活动，通过旅"型"的定位，运营了一系列线上和线下活动，让用户活跃度大大提升。

在路上的产品平均两周至少会有一到两次的迭代；同时和用户保持比较频繁的互动，实时了解用户的诉求，了解他们想要什么、不想要什么。而在路上对于用户数据的挖掘则是做产品迭代、满足用户需求很有力的策略。

（三）商业化道路

对于分享攻略类APP，盈利是一个美好的梦，在早期一般被行业认为APP具备媒体属性，即做广告。在旅游APP上发布的游记和攻略都来自于用户，这和虾米网的音乐不一样。虾米网的音乐可以用产品来定义，可以团购，可以上聚划算，因为音乐本身是可供出售的。而在路上的用户生成的内容，并不能拿来盈利。因此这种游记社交类APP想盈利，多半只能靠推广合作商家的产品。

但很显然，在手机上进行推广，会直接给用户带去负面情绪。假设用户想旅行，但还没决定去哪儿，他正在查看其他用户发布的游玩攻略时，手机上却弹出了各种酒店、机票的推广信息，那么他原先的旅行冲动可能就会下降。虽然不能用"自寻死路"来形容，但用户体验必定会受到影响。毕竟，一款APP能否获得用户的青睐，必须从用户黏度来考量。尽管通过移动端进行推广是必须走的一步,但为防止用户流失,追求极致的用户体验仍然是在路上开发产品的首要目标。但当用户数积累到100万、500万并且还在不断增长时,商业化的进程才可以提前。

在路上发展初期就特别强调品牌性。这主要体现在在路上初期就选择和品牌合作,或者自己做品牌,同时非常注重强调品牌的质感、层次,选择合作伙伴都是在业内或者在行业内比较有口碑的,而不会选择那些受众面虽然比较大、但品牌形象没有那么好的进行合作。此外,在路上创始人认为和品牌合作要有延续性,希望在合作完之后能产生叠加的效应,再附加一些影响力。比如在路上和汉莎合作,首先合作成功以后,就得到很多类似品牌的关注,这是一个影响效应;在合作以后,在路上会抓住品牌本身的产品效应,进行二次营销。

2014年,在路上整合上游目的地资源和下游旅行社产品的分销和生产资源,打包起来形成了在路上自己的产品。在路上同时推出6999元的最低产品价和5万多元的高端产品在移动平台上售卖,总共卖掉50多单,而这个数字验证了在路上的用户活跃度是相对比较高的。

旅游社交APP本身只是一个应用,基于这款应用,在不伤害用户情感的前提下,可以以分享为主适时做一些活动。2013年8月起在路上发布的一个"寻找旅型家"的活动,便是在路上和凯撒旅游、德国汉莎航空公司、淘宝旅行一起合作举办的。这个活动入围400名"旅型家",入围的"旅型家"可以免费换取旅行装备,而最后决出的200个名额则可以免费获取机票。当时参加"旅型家"活动的报名人数过万。

由此可见,移动端的应用结合旅游产品的形态也许可以成为未来旅游APP盈利的一个常态,但对于投资人来说,盈利与否并不重要,移动互联网的本质还是产品。

(四)重新定义自由行

一款成功的APP,会面临产品、模式、资本、资源、人才等全方位的竞争。在路上希望对用户价值和社会价值进行双重整合,把握用户的核心诉求,并最终使之得到落实交集,实现交易链的闭环。

在路上旗下的"淘在路上"专注在移动端的旅游电商平台,着力开发境内外当地游、本地游产品及自由行精选套餐,与在路上APP互相呼应——一个是碎片化的旅游商品,一个是碎片化的旅行记录;一个是随走随订,一个是随走随记;一个以商品带内容,一个以内容带商品;同时通过有机整合,确保用户和商业模式形成自我造血的良性循环。

淘在路上前期通过邀约制引入各个目的地最优秀的供应商,通过自己本身商品的吸引力,攻入目的地长尾市场,并基于"Travel Like a Local"的产品理念,重新定义自由行。

现在自由行是非常重要的旅游模式。但很多人比如到了三亚、到了普吉岛,机加酒买了以后,去哪儿玩什么,心里并不太清楚。所以淘在路上的概念就是APP是随走随订,买完机加酒,到了目的地后打开APP它就会告诉你身边有哪些产品,足够让你的旅行丰富多彩。

在整个互联网交易和旅游交易里面,无非是要找到很好的供应商,能够提供非常好的产品,并且这些产品能够公开透明化地向所有市场去展示。因此淘在路上可以让用户通过自己的行为去体验之后,再来评价这些产品,同时通过对产品进行不断的分析、筛选和淘汰后,建立一个更透明、更公开的场合。

(五) APP营销的竞争形态

说到底,在路上旅游APP本身就是一个产品,而就产品层面而言,APP的开发难度并不高,几款游记社交类APP的功能都是大同小异。

用户在使用这些APP的时候,都是在细节上发现不同。比如在路上可以将游记分享到人人网、新浪微博;而面包旅行不支持人人网;蝉游记则能分享到豆瓣网,但必须生成整个游记才能成功,不能发送单条记录。又比如在路上不仅可以添加航班信息,还能添加火车信息,面包旅行却只能添加航班信息。

正是这种细微的地方才能区别于其他APP,而想要商业化,无论是运营还是内容,都是APP综合能力的一种竞争。

在路上创办之初,恰逢2012年春节,团队成员在产品上线前,就在微博进行宣传,在创业团队看来,前期的微博营销和预热是春节期间用户突破10万的关键所在。除此外,团队成员还接触各种媒体和沙龙,试图增加曝光率,进行口碑营销。

(六) 合作

2013年,在路上先后与携程旅行网、阿里巴巴进行了合作。在这个过程中,在路上有两次尝试:一次是2013年淘宝"双十一"的时候,在路上APP售卖活动产品,24小时之内卖了200多单,这证明在路上用户的购买力是强的。[4]

如今旅游社会化平台与SNS是密不可分的,淘宝旅行做的是旅游市场的电子商务,而在路上做的是移动端旅游市场的SNS,这两者的结合,能够打造一个垂直电商与SNS的闭环。

比如很多人想旅游,那么在旅行前,他会查看各种旅行攻略,会订购机票、预订酒店,或者购买旅游当地的景点门票,能够促成这一系列行为发生的,是用户的旅行冲动。而在路上作为淘宝旅行移动端的入口,可以触发用户的这种旅行冲动。相应地,淘宝旅行提供的有关酒店、机票等业务恰好可以为用户的旅行计划提供选择。

蚂蜂窝等竞争对手一直在布局POI,对接大型的OTA,想借助这些来盈利,而在路上未来和淘宝旅行进行产品对接,则可以获得淘宝旅行海量用户的数据和信息。未来作为淘宝旅行的移动端入口,显然它的形态不会局限于一个纯粹的APP应用,反而更接近于旅游的O2O平台。

尽管才两年多时间,但是在路上的用户忠诚度已经很高。在路上也可能成为淘宝旅行用户的一个SNS分享聚集地,能通过淘宝旅行的大数据中心来更为精确地分析用户,同时移动端的支付问题也会得到解决。

案例2:蝉游记——旅行回忆画卷

近年来,自助游的兴起,使得UGC与旅游网站所构成的"自助游攻略类旅游网站"逐渐被人们熟知。传统的做法是,游客常借助旅行社查找旅游路线、最佳游览目的地以及当地美食等信息。同时,在以往旅游旅途中,记录旅行中的美景、美食,留下所感所想也是一件无法实现实时同步的事情。只有当脚步停留下来,花费时间精力才能达到回忆旅行的目的。

跟着别人旅行的脚步虽未能身临其境,但是对于视觉感觉的享受以及为此而无限遐想的心境也是一种体验与收获。在今天,借助互联网,打开手机应用 APP 或者网页,就可以轻松实现查找行程路线攻略以及旅行回忆整理工作。

对于喜欢旅游的人来说,查看精美游记、感受别人的旅行乐趣仅是开展旅行的第一步,记录旅行的美好、分享快乐更是值得动手去做的事情。

旅途中轻松制作游记,摆脱游记拖延症,将旅行中拍摄的图片上传稍加编辑即可完成一篇游记。记录美好旅行,浏览精美游记,让手机应用与游客一起经历旅行的感动。当手机 APP 碰上旅游,火花才开始碰撞。

(一)十分钟记录旅行

"那些一生只见一次的美景你怎么舍得遗忘。"蝉游记,幻灯片一样的界面,满载着每个用户拍下这个世界的不同视角。一款旅行游记产品,因旅行诞生,因旅途美好存在。

蝉游记是一款游记制作工具,2012 年 8 月蝉游记网站公开版上线,2013 年 1 月其 APP 正式版上线。产品由蝉游记网站和 iOS 应用两个部分组成,用户可以自由上传旅行图片、文字、音频和视频(见图 16 – 1)。蝉游记不仅提供流程引导与模版选择,帮助用户轻松制作游记,同时还支持旅行后的网站制作游记以及旅行中的 APP 实时制作游记。

图 16 – 1　蝉游记 APP 页面

在产品的表现形态上,蝉游记有不少可圈可点地方,它通过高质量的全屏大图和横向的流式布局给用户带来完全不一样的旅行游记赏阅体验;而在创建游记的过程中,网站通过极简和半自动化的操作流程,让用户即便在整理的过程中也充满乐趣和惊喜。蝉游记给了用户一种全新的记录旅行的方式:"十分钟"创建一篇旅行游记,自动按拍照日期排序;照片为主,文字为辅;可视化的编辑方式,照片可通过拖动排版,自动标记地图等。这些都降低了用户写一篇游记的时间成本并增加了游记展示的丰富性。

图16-2 蝉游记界面

除此外,蝉游记拥有独特大图封面(见图16-2),进行横向丰富模版浏览,单张大图查看都是非常好的视觉体验;而其展示则按日期自然划分行程,将照片按景点分类,展示方式非常清晰。禅小队认为以图片为主的游记适合观赏和展示,更多的是引起用户的一种向往和对自己经历的一种"回忆",定位与攻略类的游记完全不同。

(二)蝉游记保持独特性秘诀

1. 定位精准

不同于其他游记类应用做社区广告和产品引流的方式,蝉游记定位于工具性应用而不是社区社交类应用,注重用户所产生的结构化数据而不是用户留存率和活跃度。可以说,蝉游记是通过捕获数据、分拆打捞数据、组织数据推荐给用户精准的旅行指南,而不仅仅是一个简单的精美游记生成器。

2. 游记制作独特

蝉游记以图片主打,鼓励用户上传原图,生成不同尺寸和输出高分辨率图片;同时考虑人们日常看书习惯以画卷式展开,给用户带来不一样的体验效果,这比文字攻略更为真实直观。

3. 行程安排器

蝉游记不只是一个旅行记录工具,更是一个行程计划安排工具。禅小队将旅行数据进行整理,使用户只需在一个地方就可以看到线路信息和最精准、最真实的评价数据,因此,用户不需四处翻看攻略即可查找信息安排行程。

4. 易于操作,注重用户体验

蝉游记APP使用方便,设计简洁,从处理新手引导到简化导航布局,禅小队充分从用户角度出发,去除全屏蔽层的引导,使干净清晰的操作界面更易接受,尽可能扫清新用户熟悉产品的障碍,引导用户理解产品价值。

(三)被携程旅行网收购

2013年9月,蝉游记与携程旅行网达成合作协议。蝉游记在获得携程旅行网资本投入后,发布了3.0版本,淡化过去"写游记,看游记"的定位,主打"境外旅行指南"。携程攻略社区做得很好,游记数量也不少,而携程旅行网投资蝉游记之后,蝉游记正式启动了目的地资讯业务,并且3个月做出了15个目的地。之后,蝉游记与携程旅行网的合作关系从获取游记变成了获取蝉游记加工后的目的地资讯。对携程旅行网而言,可以获得蝉游记高质量的目的地资讯,包括POI资讯、目的地专题和正在做的使用贴士。2014年1月,携程旅行网正式宣布对定位于游记工具和旅行指南的蝉游记完成控股。

参考文献

[1] 爱盈利. http://www.aiyingli.com/1528.html.
[2] 艾瑞网. http://ec.iresearch.cn/reservation/20140623/233088.shtml.
[3] 博报网. http://www.bobaow.com/u/190/article/58331.html.
[4] 劲旅网. http://www.ctcnn.com/html/2013-07-29/1281394426_1.htm.

责任编辑:张　萍

图书在版编目(CIP)数据

中国在线旅游研究报告.2015/李宏主编.--北京:旅游教育出版社,2016.6
ISBN 978-7-5637-3367-5

Ⅰ.①中… Ⅱ.①李… Ⅲ.①旅游业发展—研究报告—中国　Ⅳ.①F592.3

中国版本图书馆 CIP 数据核字（2016）第 076382 号

中国在线旅游研究报告 2015
李宏　主编

出版单位	旅游教育出版社
地　　址	北京市朝阳区定福庄南里 1 号
邮　　编	100024
发行电话	(010)65778403 65728372 65767462(传真)
本社网址	www.tepcb.com
E - mail	tepfx@163.com
排版单位	北京旅教文化传播有限公司
印刷单位	北京甜水彩色印刷有限公司
经销单位	新华书店
开　　本	787 毫米×1092 毫米　1/16
印　　张	15.75
字　　数	272 千字
版　　次	2016 年 6 月第 1 版
印　　次	2016 年 6 月第 1 次印刷
定　　价	45.00 元

(图书如有装订差错请与发行部联系)